모래사막에
심은 희망의 씨앗,
아쿠와스

모래사막에
심은 희망의 씨앗,
아쿠와스

● 김정완 지음 ●

이담
Books

들어가기 전에

2013년 초부터 2017년 여름까지 아랍에미리트(UAE, United Arab Emirates)에 있는 UAE 대학의 평생교육원에서 아랍 여성들을 대상으로 한국어와 한국 문화를 가르쳤다. 프로그램의 이름을 KLCC(Korean Language and Culture Center)로 정하고 비정기적으로 한국어 수업을 개설했다. 5주의 짧은 과정이 끝나면 학생들은 아쉬워했고 한국에 대해 더 많이, 더 깊이 알고 싶어 했다. 그들의 열망을 마중물로 해서 2016년 알아인(Al Ain)에서 아랍 여성들의 단체인 아쿠와스를 만들었다. 바로 아랍-한국 여성 소사이어티 (AKWS, Arab-Korean Women Society)이다. 아쿠와스는 영어 약자, AKWS를 아랍식으로 발음한 것이다. 그렇게 해서 한국을 사랑하는 아랍 여성들의 역량 강화를 목표로 하는 비영리 단체, 아쿠와스가 세상에 나왔다. 한류가 있었기에 가능한 일이었다.

이 책은 아랍에미리트에서 한국어와 한국 문화를 가르치면서 목도한 젊은 아랍 여성들의 꿈과 비전을 알리고, 동시에 그들의 뜨거운 열정이 지역사회에서 구현되는 과정을 읽는 작업이다. 한국어와 한국 문화를 통해 현지의 젊은 여성들과 소통하고 아쿠와스라는 이름으로 그들과 동행하면서 한류의 발자취를 따라간다. 인도의 격언에 "꽃이 피면 알게 될 것"이라는 말이 있다고 한다. 내가 통과하는 계절에는 알지 못했지만 시간이 흐르면서 그 시절의 의미를 알게 된다는 비유이다. 나 또한 10여 년간 살았던 아랍을 떠나고 나서야 아랍 생활이 내게 준 의미를 알아가고 있다. 열정 넘쳤던 아쿠와스 회원들과의 시간을 추억하면서 서랍장의 손잡이를 조용히 당긴다.

아랍에미리트라는 길고 묵직한 서랍 속에 담긴 이야기를 3개의 주제로 정리했다. 시작하기 전에 밝히고 싶은 두 가지가 있다. 우선 첫째, 이 책은 아랍에미리트 지역의 한류 열풍을 이야기하는 밑그림의 이해에 필요한 경우에 한하여 최소한의 이슬람교 이야기를 할 뿐, 결코 종교가 목적이 아님을 분명히 밝힌다. 둘째, 이 책에서 사용하는 아랍 여성이라는 말은 대부분 아랍에미리트에 살고 있는 여성에 국한하여 사용했다. 예외적으로 아랍 전역의 여성을 말하는 경우에는 그 의미가 분명히 전해지도록 했다.

첫째 서랍의 첫 이야기, '아랍을 떠나는 여인들'은 아랍 여성들이 삶의 정체성을 찾아가는 여정이다. '결혼이냐, 학업이냐, 둘 다 해요'에서는 결혼압력에서 조금은 자유로워진 젊은 세대들의 결혼과 부족 문화를 이야기한다. '차라리 취업을 포기하겠어요'에서는 히잡의 두 얼굴과 취업관을 다루었다. '세이크 자이드(Sheikh Zayed) 로드와 알아인(Al Ain) 로드'에서는 두바이와 알아인의 도로 풍경을 통해 아랍에미리트 사회의 독특한 사회구조를 들여다볼 것이다.

둘째 서랍의 첫 이야기인 '세계 최고, 최초, 최대를 꿈꾼다'는 다각화된 미래 비전에 초점을 맞추었다. 두 번째 이야기 '타블레 샐러드(Tabbouleh)와 피시 앤 칩스(Fish and Chips)'는 모로코와 영국의 전통음식이다. 음식을 통해 현재 두바이와 아부다비를 각각 이끌고 있는 두 지도자의 성향을 짐작하고 자이드 대통령이 추구한 통합의 리더십을 살폈다. 세 번째 이야기 '위-아래와 아래-위'에서는 아랍에미리트와 사우디의 여성 리더십의 양상을 비교하고 두 나라의 영향력 있는 여성 지도자 12명을 소개한다. 아랍 여성의 리더십은 내가 이 책을 쓰게 된 출발점이기도 하다. 네 번째 이야기 '엄마는 우리 부족 퀸카'는 알아인에 있는 26명의 젊은 아랍 여성들을 인터뷰한 내용이다. 아랍 여성들의 삶의 궤도를 통해 딸과 어머니 세대 간의 소통을 알아보는 작업이다. 마지막 이야기인 '한국은 또 하나의 희망이다'에서는 아랍의 젊은 여성들에게 한류가 갖는 의미에 초점을 두었다.

셋째 서랍에는 8가지 이야기를 차곡차곡 담았다. 첫째, '비즈니스하고 싶은 나라, 한국'에서는 2013년 UAE 대학에서 했던 특강을 시작으로 한국과 아랍에미리트 간의 경제 교류에 대해 이야기한다. 둘째 이야기, '송중기, 그가 왔다'는 한류를 배경으로 한 중동 의료관광의 흐름을 살폈다. 세 번째 이야기인 "'천국의 계단'을 걷다'는 KLCC(Korean Language and Culture Center)에서 공부하던 학생들의 한국어 입문기이다. 네 번째 이야기인 '매듭으로 잇는 아랍 속의 한국'은 KAC(Korean Arts Club)를 통해 아랍 여학생들과 나눈 한국의 전통 공예와 문화 수업에 관한 내용이다. 다섯 번째, '장옷과 아바야 그리고 K-POP'은 한국 드라마와 K-POP을 통해 중동 한류의 현황을 살펴보았다. 여섯 번째 이야기인 '우리들의 퀘렌시아(Querencia), 아쿠와스(AKWS)를 만들다'에서는 아쿠와스(Arab-Korean Women Society)가 탄생하게 된 과정을 적었다. 일곱 번째 이야기인 '씨앗이 싹을 틔우고 꽃을 피우다'는 아쿠와스의 활동상을 소개한다. 특히 매듭 공예와 소망 나무 프로젝트를 통해 본 아랍 여성들의 소망 리스트를 별첨으로 추가하였다. 이 책의 마지막인 여덟째 이야기 '사막을 바라보며'에서는 아랍을 떠난 후의 아쿠와스 뒷이야기를 담았다.

목차

첫 번째 서랍

과도기에 있는 여성들에 대한 이해와 오해

1

아랍을 떠나는 여인들

2018년, 자신이 라티파 공주라고 밝힌 한 젊은 아랍 여성이 올린 짤막한 동영상 하나가 세계를 발칵 뒤집었다. 영국 BBC2 방송에서 방영된 다큐멘터리에 나타난 그녀는 여권 사진을 보이며 자신이 아랍에미리트의 부통령 겸 수상이자 두바이 토후국의 왕인 세이크 모하메드 빈 라시드 알 막툼의 딸임을 밝혔다. 아바야를 벗어 던지고 편한 운동복 차림을 한 라티파 공주(Sheikha Latifa bint Mohammed bin Rashid al Maktoum)가 두바이를 탈출하기 직전에 찍은 자신의 신상에 대한 비디오다. 자유를 찾아 아랍에미리트를 탈출한다고 말하는 그녀의 목소리는 비장했다. "여러분이 이 영상을 보고 있다면, 나는 이미 죽었거나 매우 나쁜 상황에 처했다는 뜻"이라며 "내가 살아서 탈출에 성공하지 못하더라도, 최소한 이 영상은 남겠지요"라고 말했다. 그녀가 자신의 삶은 자유가 없었다며 "이동하는 시간, 장소, 먹는 것까지 감시받는 삶을 살았다"라고 말했을 때, 사람들은 국제도시 두바이에 대해 갖고 있던 환상과 현실의 괴리에 당황하였다. 2016년 '글로벌 여성포럼'에서 여성에게 영감을 주는 나라로서 아랍에미리트보다 더 나은 곳은 없다는 기조연설을 하며 세계의 각광을 받았던 두바이, 그 토후국의 최고 지도자의 딸이 "여자라는 이유로 중학생 수준 이상의 교육은 받지 못했다"라고 고백하였다. 충격인 것은 이 영상을 마지막으로 라티파 공주의 행방이 몇 개월간 묘연해졌다는 사실이다. 공주의 안전은 국제적인 이슈가 되었다.

BBC다큐멘터리 <두바이로부터의 탈출: 사라진 공주의 비밀>(Escape from Dubai: The Mystery of the Missing Princess) 방송에 따르면, 라티파 공주는 과거 16세 때도 탈출을 시도했다가 국경에서 붙잡혀 3년간 학대를 당했으며 두 번째 탈출 계획은 무려 7년간 준비했다고 전했다. 라티파 공주의 탈출을 도왔던 이들의 증언도 방영하였다. 공주의 지인들은 다큐멘터리를 통해 공주의 강제 송환 이후의 안전에 의문을 제기하였다. 암살당했다는 뒷소문이 떠돌았다. 아랍에미리트에서 공주의 탈출은 라티파 공주가 처음이 아니었다. 언니인 샴사 공주(Sheikha Shamsa bint Mohammed bin Rashid al Maktoum)도 이전에 두바이를 탈출한 적이 있다. 두 공주는 세이크 모하메드의 여섯 아내 중 한 명인 알제리 태생의 후리야 왕비(Sheikha Houria bint Ahmed al-Maash)에게서 난 자매이다. 샴사 공주는 2000년 영국 여행 중 런던의 혼잡한 시내 거리에서 경호원의 눈을 피해 사라졌었다. 샴사 공주는 런던에서 숨어지냈지만, 운 좋게 아무도 샴사 공주의 행방을 알지 못했다. 공식적으로 그녀는 존재하지 않는 공주였다. 그러다가 실종 후 8개월쯤 지나 영국 케임브리지에서 샴사 공주의 행방이 포착되었다. 공주는 대낮에 케임브리지의 도로에서 두바이 경찰에게 납치되었다. 영국 경찰이 손쓸 틈도 없이, 바로 몇 시간 후 샴사 공주는 두바이 왕의 전용 비행기로 런던의 하늘을 날고 있었다. 라티파 공주의 영상이 나오자 케임브리지의 도롯가에서 벌어졌던 샴사 공주의 체포 현장을 기억하는 BBC 방송은 두바이 왕족 내부에 어떤 문제점이 있지 않을까 하고 라티파 공주의 탈출을 추적하는 다큐멘터리 방송을 한 것이다.

공주의 탈출 계획을 담은 BBC 방송이 큰 반향을 몰고 오자 아랍에미리트 당국은 라티파 공주가 납치된 것이라고 주장했다. 하지만 공주의 탈출은 충동적인 것이 아니었다. 그녀와 오랜 친분을 나누었던 핀란드 여성 티나와 전직 프랑스 첩보원에게 도움을 받은 치밀한 탈출 계획이 있었다. 티나의 증언에 따르면 두바이를 빠져나갈 때 "우리가 영화 <델마와 루이스>(Thelma and Louise)의 주인공 같다"라는 대화를 하면서 엑셀을 세게 밟았다고 한다. 그때 라티파 공주는 "그 영화는 해피엔딩이 아니라서 싫어!"라는 농담을 했고, 그러면서 세이크 자이드 도로를 빠져나왔다고 한다. 라티파 공주가 오만으로 가는 자동차 안에서 셀피 비디오를 찍으며 행복해하는 영상은 사실상 델마와 루이스를 연상시켰다. 공주의 탈출 경로는 오만을 거쳐 인도로 가는 것이었다. 오만에서 인도로 가는 배를 탈 때까지도 탈출은 성공적인 것처럼 보였다.

하지만 라티파 공주의 자유는 오래 가지 않았다. 인도 고아(Goa) 주 인근 해역에서 두바이 정보 경찰망에 포착되었다. 공주를 태우고 인도로 향하던 배는 서너 명의 필리피노 선원들이 모는 작은 통통배였고, 그들은 공주가 인도 경찰에 체포되는 장면을 생생히 증언하였다. 공주는 두바이 경찰에 의해 끌려나가면서 소리 지르고 저항하였지만, 결국은 강제 송환당했다고 한다. 인도 경찰은 아무런 절차 없이 라티파 공주를 두바이 경찰에게 곧바로 인계하였다. 해양 관련한 국제법도 무력할 만큼 두바이의 존재감은 그렇게 컸던 것이다. 나중에 인도 정보 경찰은 그런 사실을 알지 못했다는 발표를 냈다. 마침내 공주는 바다에서 돌아왔고 사건은 종결되었다. 그 후로 공주의 모습은 더 이상 보이지 않았다.

두바이의 이미지는 훼손되기 시작했고 여성 인권에 대한 우려의 목소리가 끊이지 않았다. 진실을 규명하라는 인권단체의 목소리 또한 커졌다. 이러한 상황이 지속되자 아일랜드의 첫 여성 대통령이자 유엔 인권 고등 판무관을 지냈던 인권운동가인 메리 로빈슨이 나섰다. 공주와의 면담을 요청하면서 유엔 인권위원회(United Nations High Commissioner for Human Rights)에서 자체 조사에 들어가고 아랍에미리트 정부와 접촉했다. 마침내 침묵으로 일관하던 두바이 정부가 대응했다. 곧이어 유엔 인권대사가 공주가 살고 있는 저택을 방문한다는 보도가 나왔다. 인권대사와 라티파 공주의 만남은 공주의 집 안인 듯 보이는 공간에서 부엌의 테이블을 마주 두고 이루어졌다. 두 사람이 함께 의자에 기대앉은 사진 한 장이 크리스마스 전날에 언론에 배포되었다. 두바이 정부는 언론에 보도한 그 사진과 함께 라티파 공주의 신변은 안전하다고 공표했다. 공주가 무사히 집으로 돌아와 가족들과 함께 평화로운 시간을 보내고 있다는 보도자료를 끝으로 라티파 공주의 탈출극은 종결되는 듯했다.

하지만 사건은 끝나지 않았다. 이번에는 국제 언론에 배포한 자료 사진에 대해서 설왕설래가 있었다. 억지로 설정된 사진이라는 것이다. 멍한 눈빛으로 카메라를 응시하는 라티파 공주의 표정을 두고 몇몇 지인은 약물 주입 의혹을 제기했다. 그 배경에는 라티파 공주가 언니인 샴사 공주를 두고 평소에 지인들에게 한 말 때문이기도 했다. 샴사 공주는 영국에서 두바이로 강제 송환되어 집에 돌아온 이후 줄곧 약물에 의지하며 살고 있었다고 한다. 어린 라티파 공주는 언니의 그런 모습을 보면서 자신은 절대 잡혀 오지 않겠다는 결심을 세웠다고 지인들에게 수차례 말한 바 있었다. 가장 서구적이고 개방적인 아랍 국가 아랍에미리트, 그중에서도 아랍 여성 인권과 역량 강화의 상징적인 도시국가 두바이에 살고 있는 샴사 공주와 라티파 공주의 두바이 탈출극은 현재 두바이가 직면하는 여성 인권에 대해 의문을 제기하게 하는 동시에, 일반 사람들이 부러워하는 특혜 계층인 로열패밀리 공주들의 삶이 결코 행복하지 않음을 시사해주었다. 라티파 공주의 헤프닝이 끝나고 채 일 년이 안 되어 세이크 모하메드는 또 다른 사건에 휘말렸다.

이번엔 초대형 사고였다. 왕이 가장 아끼던 두 번째 공식적인 아내, 하야(Princess Haya bint al Hussein) 왕비가 열한 살 딸, 일곱 살 아들과 함께 두바이를 탈출했다. 왕비는 독일로 망명을 신청하였다. 2019년에 일어난 하야 왕비의 두바이 탈출은 라티파 공주의 탈출보다 훨씬 파장이 컸다. 하야 왕비가 2004년 두바이의 세이크 모하메드와 결혼할 때 이들 부부의 나이는 스물다섯 살 차이가 났다. 하야 왕비는 남편인 세이크 모하메드와 함께 영국의 승마 축제와 같은 스포츠 행사를 포함하여 다양한 국제 행사에 나타난 활동적인 여성 리더였다. 국제 올림픽위원회(IOC)와 유엔 세계식량 프로그램(WFP) 친선 대사로 활동하면서 두바이뿐 아니라 아랍에미리트 전역에서 존경받는 여성 리더 중 한 사람이었다. 두바이 여성의 역량 강화와 여성의 권리에 대한 연설을 하곤 했던 왕비, 현대적인 데다가 아름답기까지 한 그녀는 영국 옥스퍼드 대학에서 철학과 정치, 경제학을 공부했다. 요르단에서 존경받는 전 국왕의 세 번째 아내인 하리미 왕비의 딸이며, 현재 요르단 압둘라 국왕의 이복동생이기도 하다. 뛰어난 승마 기수로 범-아랍 승마 경기(Pan-Arab Equestrian Games)에서 메달을 딴 유일한 아랍 여성이며, 국제 승마 스포츠에서 요르단 국가대표 선수이기도 했다. 세이크 모하메드가 가장 자랑스러워하던 아내였다.

하야 왕비는 틈나는 대로 두바이 여성 인권을 지지하는 발언을 해왔기 때문에 국제사회의 충격은 더욱 컸다. 불과 몇 달 전에 있었던 라티파 공주의 사건 당시에만 하더라도 그랬다. 세계의 인권 단체들이 라티파 공주가 납치당했다고 주장했을 때, 그녀는 두바이 왕실의 편을 들었다. 두바이 정부의 공식 입장을 발표하듯이 두바이 왕실에 대한 신뢰와 충성스러운 입장을 보였다. 라티파 공주는 성격 자체가 "이용당하기 쉬운" 성향이며, 그녀는 송환되거나 압송된 것이 아니라 본인의 의지로 집에 돌아온 것이라고 말한 바 있다. 하야 왕비의 성명은 라티파 공주를 둘러싼 국제 여론이 진정되는 데 기여했다. 그랬던 하야 왕비가 왕실의 누구도 눈치채지 못하게 두바이를 영원히 떠난 것이다.

하야 왕비의 두바이 탈출에 대해 괴소문이 돌기 시작했다. 일각에

서는 라티파 공주의 탈출 사건을 상기하면서 여러 소문을 양산하였
다. 영국의 비영리 인권단체인 '두바이 구금(Detained in Dubai)'의
대표로 두바이 지역 인권운동가인 라다 스털링 씨는 영국 가디언지
와의 인터뷰에서 "라티파 공주에게 가해진 국왕의 학대는 이미 알려
진 사실"이라며 하야 왕비도 라티파 공주의 탈출극을 보면서 자신이
결코 안전하다고 느끼지 못한 것으로 보인다고 말했다. 국제적 분쟁
의 위험이 될 만한 논평이었다. 영국 언론에 의하면 하야 왕비는 탈
출하는 과정에서 독일 외교관의 도움을 받았다. 정착 자금도 가지고
나온 것으로 전해졌다. 망명 절차 단계에서 두바이의 방해를 받으며
여러 우여곡절을 겪었다. 결국 하야 왕비는 독일을 포기하고 행선지
를 바꾸었다. 두 아이와 함께 영국에 정착하겠다는 의사를 밝힌 것이
다. 하야 왕비가 영국 법정에 이혼 소송을 내면서 이제 영국이 곤란
해졌다. 두바이 정부는 영국에 대해 왕비를 즉시 추방하라는 압력을
넣었고, 영국은 졸지에 두 사람의 결혼 생활에 관여해야 하는 난처한
상황에 처해졌다. 하야 왕비가 영국에 정착하겠다는 최종 결정이 영
국과 아랍에미리트의 두 나라 간의 외교 문제로 번지게 되었다.

하야 왕비의 충격적인 두바이 탈출을 전혀 예상조차 못 한 세이
크 모하메드는 크게 분노하였다. 왕이 침묵할 때 정부도 침묵하였
다. 영국의 언론들이 연예 기사 다루듯 두바이 왕실의 사생활을 다
소 무례하게 파헤칠 때도 두바이는 일체의 공식 반응을 내지 않았
다. 마침내 몇 달 후 세이크 모하메드는 자신의 인스타그램을 통해
분노와 실망을 터뜨렸다. 아내를 겨냥한 듯 "당신은 배신자, 가장
소중한 신뢰를 배신했다. 당신의 거짓된 날들은 끝났고, 이제 우리

가 누구였든, 당신이 누구인지는 중요하지 않다"라는 내용의 시를 올렸다. 아내에 대한 배신감이 드러난 시임이 분명해 보였다. 2020년 현재 하야 왕비는 두 자녀와 함께 영국에 머물면서 런던의 고등법원에서 열린 예비 심리에 출석해 강제결혼 보호명령과 비(非)박해 명령을 요청하고 두 자녀 후견인 소송을 제기하고 있는 상태이다. 하야 왕비의 돌변한 태도를 두고 여러 풍문이 떠돌지만, 진실은 알 수 없다. 다만 하야 왕비가 두바이에서 결코 행복하지 않았음은 확실하다.

아랍 국가의 로열패밀리가 그들의 나라를 탈출한 것은 사실 낯선 뉴스는 아니다. 사우디의 압둘라 아지즈 왕의 네 명의 딸들이 미국으로 망명을 시도하다가 발각되어 여권이 회수된 적도 있다. 왕족만 탈출하는 것은 아니었다. 2019년 초, 사우디의 10대 소녀 라하프 모하메드 알 쿠눈(Mutlaq al-Qunun) 같은 일반인도 마찬가지다. 라하프는 가족과 함께 쿠웨이트로 여행을 갔다가 공항에서 법적 보호자이자 후견인인 아버지를 따돌리고 혼자 방콕행 비행기를 탔다. 그녀에게는 호주 비자가 있었기 때문에 호주로 갈 계획이었다. 하지만 방콕 도착 후 비행기에서 내릴 때 여자 혼자서 여행하는 그녀를 수상하게 여긴 사우디 외교관에게 여권을 빼앗기고 방콕의 호텔에 감금되었다. 출국일이 다가오자 소녀는 오히려 사우디로의 출국을 거부하고 호텔방에서 떠나기를 거부했다. 호텔방 문 입구에 방안의 의자와 매트리스 등 집기를 쌓아두고 밖에서 문을 열 수 없게 외부의 접근을 막았다. 그리고 사우디 여성 인권에 대해 말하기 시작했다. "여성은 물건처럼 아무렇게나

다뤄졌고 노예처럼 대접받았어요. 사우디 여성들에게 일어나는 일에 대해 그리고 나의 이야기를 세상에 알리고 싶어요." 소녀는 이 모든 상황을 트위터를 통해 실시간으로 중계하였다. 사우디로 송환될 경우 목숨을 잃게 될 것이라는 소녀의 절규를 전 세계가 실시간으로 보게 된 것이다.

이번에도 국제사회의 인권단체가 나섰다. 정치 난민을 위한 유엔 난민단체의 도움으로 소녀의 망명 신청이 허가되고, 사우디를 떠난 지 일주일 만에 캐나다행이 결정되었다. 서울을 거쳐 토론토로 가는 비행기 안에서 그녀는 트위터를 통해 "나는 해냈어(I did it)"라는 문구로 자신의 안전을 알렸다. 라하프는 자신이 살 곳을 선택하고 실행에 옮겼다. 그녀는 토론토 공항에 도착한 후 기자회견을 가졌다. 자신은 이제 이슬람 종교를 포기하고 이름에 있는 알 쿠눈(al-Qunun)이라는 부족 표기도 포기한다고 선언하였다. 소녀는 자신을 행운아라고 부르면서 이렇게 말했다. "나는 독립적인 사람이다. 이제부터는 여행이든 교육이든 취업이든 나 자신이 내 인생의 결정권을 갖겠다. 결혼도 마찬가지다. 누구와 언제 결혼할지도 온전히 나의 선택이다. 이러한 결정을 스스로 할 능력이 있는 독립적인 사람임을 말할 수 있어 영광이다." 검정 아바야를 벗어 던지고 후드 티를 입고 나타난 10대 소녀의 다부진 입장 표명이었다. 라하프의 탈출 성공 스토리가 나오자 그동안 아랍 세계를 탈출하여 독일과 캐나다 등지에 숨어 지내던 여성들의 탈출 성공 스토리가 봇물처럼 터져 나왔다. 모두가 드라마보다 더 흥미진진한 탈출극이었다. 이들은 한결같이 자유가 그리웠고, 그들 나라를 탈출한 지금이 행복하다고 말한다.

여성 인권의 측면에서 아랍 사회는 전환기에 접어든 지 오래다. 석유 개발 이후로 아랍은 급속한 속도로 교육과 사회화가 진행되었다. 도시 문명이 익숙하고 서구 문화의 유입이 당연시되지만 현실은 여전히 부족 문화의 틀 안에 있다. 그 속에서 아랍의 젊은 여성들은 자신의 사회적 위치 및 정체성에 대한 질문과 마주하게 되었다. 다행히도 2011년 '아랍의 봄' 이후로 변화의 속도가 빨라지고 있다. 철벽같던 가부장 제도가 조금씩 완화되고 있다. 가장 놀라운 변화는 보수적이고 엄격한 율법의 나라인 사우디에서 시작되었다. 모하메드 빈 살만(MBS) 왕세제가 집권한 이후로 여성의 운전이 허용되고 여성의 경제활동에 대한 제한 또한 완화되었다. 여성에 대한 자유 제재를 두고 남자 후견인 제도가 종식된 것으로 성급한 보도가 나오기도 했다. 적어도 겉모습으로 보면 사우디 여성의 인권이 향상되고 사회도 매일 변하고 있다. 사우디의 여성인권 운동만큼 극적이지는 않지만 아랍에미리트 역시 젊은 세대를 중심으로 한 변화의 흐름 속에 있다. 예를 들면 가장 큰 변화로서 대통령령에 따라 모계 혈통의 국적 취득이 가능해진 것도 그렇다. 그동안 중동의 아랍 국가 대부분은 부계 혈통 중심의 국적법에 따라 국적의 취득·승계와 관련해 여성이 차별을 받아왔다. 즉 부계가 아니면 아랍에미리트의 국적 취득이 불가능했다. 하지만 2011년부터 외국인 아버지와 UAE 국적의 어머니 사이에서 태어난 사람도 만 18세가 되는 해에 UAE 국적 취득을 신청할 수 있게 되었다. 중동 지역에서는 튀니지, 알제리, 모로코, 이집트 등이 모계 출생자와 외국인 남편에게 국적 취득권을 부여하고 있다. 그럼에도 아랍 사회에 대한 많은 정보는 산발적이고, 아랍은 여전히 서먹하다. 맥락을 알아도 뭔가 석연치 않은 아랍의 이미지는 무엇일까?

아라비아 반도에 살기 전에 나 역시 아랍 여성 인권의 부당함에 대한 편견과 고정관념이 있었다. 아랍 여성은 억압의 기제에 희생 당한다는 선입견이 있었다. 아랍 바깥의 많은 여성과 마찬가지로 아랍 여성들이 탄압받고 있다고 느꼈다. 그런데 정작 많은 아랍 여성을 만나 내밀한 이야기를 나누면서 소통해보니, 이들과 바깥세상은 여성 문제에 대한 관점이 다르다는 것을 알게 되었다. 이들 중 상당수는 남녀의 역할이 다를 뿐이지 남녀 차별이 아니라고 말한다. 자신들이 구별될 뿐 차별받는다고 생각하지 않는다. 오히려 이슬람교가 이슬람 이전인 자힐리아(Jahiliyya) 시대 여성의 낮은 위상을 상승시켰다고 말한다. 이슬람교는 창시 때부터 여성에게 상속권을 주었음을 예로 들기도 한다. 자힐리아 시대의 부족사회에는 여성의 인격을 인정하지 않았기 때문에 오직 남성만이 상속에 관여할 수 있었지만, 이슬람이 등장하면서 여성을 동등한 존재로 보고 여성에게 재산권과 상속권을 부여했다는 것이다. 그들은 이슬람이라는 종교가 이슬람 이전 시대의 부조리를 개선하였다는 인식에서 여성 문제를 바라본다.

여전히 명예살인으로 소중한 목숨을 잃는 비극적 사건이 국제 뉴스의 한 귀퉁이를 차지하고 어린이 조혼, 여성 할례 같은 심각하고도 끔찍한 주제가 있지만, 현지에서 그런 주제를 드러내고 이야기하는 경우는 거의 없다. 이들은 이런 이슈를 문화의 문제로 보고 종교와 분리한다. 문화상대성 논리에 입각하여 종교와 문화는 다르다는 것이다. 많은 사안에 있어 가부장적 아랍의 유목 사회가 만들어낸 토착 관습과 종교를 구분한다는 것이다. 남녀의 역할도 마찬가지다. 남녀는 생물학적으로 다르다는 대전제 하에 여성의 권리에 대한 담론을 시작한다. 여성과 남성은 서로 부족한 부분을 채우며 역할을 분담하고 있고. "남녀 신앙인은 서로가 서로를 위한 보호자"라는 코란 구절을 가슴으로 암기하며 살고 있다.

남성 후견인 제도를 보는 시각도 이와 비슷하다. 한국어 수업을 받았던 일부 여성들을 예로 들면, 여성이기에 알아인에서 1시간 반 거리의 아부다비로 가는 여행을 허락받지 못했을 때도, 열 살 이후로 만난 적도 없는 사촌과 결혼이 예정되어 있었을 때도, 그들은 불평하지 않았다. 여성들이 겪는 불편과 제도의 부당함을 차별이나 부조리로 여기지 않는다. 오히려 각박하고 거친 사회로부터 보호받고 있다고 생각한다. 외부인이 보면 여성 차별이고 부당하게 보이는데 그들 자신은 자신들이 보호받고 있으며 여성이 남성에게 그러한 권한을 부여했다고 말한다. 여성의 권리를 남성에게 부여했으므로 남성은 여성을 책임지고 있을 뿐이라는 것이다. 그러므로 여성은 평등하고 자유롭다고 결론을 내린다. 이러한 사고체계가 여성 권리의 바탕에 있다. 아랍 지역에서 섣불리 아랍 여성의 인권에 대해 말할 수 없는 이유가 여기에 있다. 아라비아 반도의 두 나라, 사우디와 아랍에미리트에 10여 년을 살았다. 두 나라에서 산 경험은 나에게 아랍 여성의 인권에 대한 궁금증을 풀어주었고 동시에 많은 의문을 남겼다.

사우디의 리야드에 도착한 첫해, 남편이 일하던 프린스 슐탄 대학 (Prince Sultan University)의 동료 교수가 나에게 한글판 코란을 선물했을 때를 기억한다. 한국 사람이 거의 없는 아라비아 반도의 사막 한가운데에서 한국인이 도착 즉시 한글로 된 코란을 선물 받았다는 사실 하나로도 그들이 얼마나 종교에 신실하고 전도에 열심인지 알 수 있었다. 이슬람 교인들에게는 코란을 능가하는 믿음이나 가치, 철학은 결단코 없었다. 사우디와 아랍에미리트 두 나라역시 대외적 이미지는 다르다. 넓은 의미에서 보수 정책과 개방 정책으로 대별되었다. 그렇게 두 나라는 다른 체제라는 속단을 할라치면, 다음 순간에 나의 발목을 이끄는 현실은 결국 두 나라가 동일한 아랍권 문화에서 동일한 이념을 공유하고 있음을 깨우치게한다. 다만 이상이 실현되는 현실의 환경적 요인으로 사안마다 차이가 있을 뿐이었다. 아랍을 바라보는 관점이 단순할 수 없는 이유이기도 했다.

이 책에서 풀어나갈 아랍에미리트 여성들의 삶의 궤적을 따라가기 전에, 아랍을 이야기할 때 알아두면 도움이 되는 용어 두 가지를 상기하고자 한다. 바로 중동과 아랍의 정의, 그리고 수니파와 시아파의 구분이다. 먼저 '중동(Middle East)'은 지리적 개념이다. 서구는 동양을 바라볼 때 극동(Far East), 중동(Middle East), 근동(Near East)으로 범주화하였다. 중동은 영국 및 유럽 쪽에서는 동쪽이지만 우리나라 입장에서 보면 극서에 가까운 서쪽이다. 즉 중동이라는 말 자체가 서구적인 관점이다. 지금까지 유럽의 조리개를 통해 아랍을 바라볼 수밖에 없었다. 한편 '아랍'은 민족적 개념이다. 아랍인은 아랍어를 사용하고 같은 문화를 공유하며 아랍 민족주의, 즉 아랍의 정체성을 가진 사람으로 정의된다. 그래서 이슬람을 믿는다고 해서 모두 아랍인이 아니며 중동 지역에 산다고 해서 모두 아랍인인 것도 아니다. 터키나 이란이 아랍이 아니고 아프리카 나라인 수단이 아랍 국가인 이유이다. 이런 연유로 이슬람 국가는 세계 57개국, 약 15억 인구이지만, 아랍이라 부르는 아랍 연맹 국가는 22개국이며 인구는 약 3억여 명으로 추산한다.

수니파와 시아파의 구분은 이 책에서 언급하는 부족 문화의 뿌리가 어디서 시작되는 지 이해하고 이슬람 국가 간의 이해관계를 파악하기 위한 중요한 출발점이 될 것이다. 이슬람교도의 약 90%는 수니파이고 약 10%가 시아파라고 한다. 이슬람 종교는 창시자 무함마드(The prophet Muhammad)가 사망한 후, 큰 난관에 부딪힌다. 바로 후계자 계승 문제였다. 예언자 무함마드의 뒤를 이어 정통성을 지킬 사람이 누구인가 하는 문제에 봉착하면서 종파는 두 갈래로 갈라졌다. 계승자의 기준을 어디에 둘 것인가를 두고 한쪽에서는 능력에 따라 후계자를 뽑자는 주장을, 다른 한쪽은 직계 혈통에 따른 계승자를 뽑자는 주장을 하며 의견이 나뉘었다. 능력에 따른 후계자를 주창하던 그룹은 수니파라는 세력을 결집하고, 상대적으로 소규모 집단인 혈통계는 시아파를 형성하였다. 이러한 갈등 구조가 심화되며 나중에는 완전히 대적 관계에 놓였다. 현대 사회에서 이들은 함께 섞여 있지만 넓은 의미에서 수니파는 이슬람교가 창시되었던 사우디아라비아가 있는 아라비아 반도를 차지하고 시아파는 이란 쪽으로 밀리듯이 옮겨가면서 수니파와 시아파의 지역 분

포가 정리되었다. 수니파의 중심인 사우디에서는 엄격한 이슬람 정신에 기초를 둔 강력한 지파인 와합파가 사우디 부족과 정략 결혼함으로써 와합비즘 (Wahhabism)의 정신이 지배하였다. 이와 달리 이란은 16세기 이후 이란의 정통 왕조인 사파비(Safavid) 왕조가 시아파를 국교로 받아들임으로써 시아파의 중심 국가가 되었다. 수니파와 시아파 간의 알력과 갈등은 분야를 막론하고 지금까지 아랍 국가 간 이해관계의 핵심이다.

세계화가 지속적으로 진행되면서 세계가 한마을이 된 지 오래다. 아랍권 지역을 여행하는 사람들이 해마다 늘고 다방면에서 중동과의 교류가 활기차다. 우리의 독자적인 시각과 관점으로 아랍을 이해하고 소통하는 작업이 곳곳에서 진행 중이다. 이 책은 아랍에미리트에 직접 살면서 함께 소통하고 목격한 아랍 여성들의 삶에 대한 이야기가 될 것이다. 여전히 가부장 권력이 흔들림 없고 어머니와 아내의 역할을 이상적인 여성의 역할로 간주하는 문화이지만, 아랍에미리트는 여성 인재 양성에 많은 노력을 기울이고 있다. 양성균형은 국가 정책의 주요 관심사 중의 하나이다.

아랍에미리트 여성 권익 옹호에 관한 한, 2015년은 획기적인 해이다. 아랍 지역에서 처음으로 양성균형 위원회(GBC, Gender Balance Council)라는 정부 기관이 생겼다. 양성평등(Gender Equality)이라는 용어 대신에 양성균형(Gender Balance)이라는 단어를 사용하는 것이 흥미롭지만 대단히 의미 있는 사건이다. 이들은 2021년까지 남녀평등 상위 25개국 진출을 목표로 했고 2020년 올해 26위에

도달했다. 양성균형 위원회는 창설과 함께 여성 지도자상(Personal Leadership Award)을 제정했다. 정보 통신 분야를 통해 양성균형에 기여하고 여성 권익을 옹호한 개인이나 단체에게 주는 취지로 마련된 상이다. 여성 인권과 양성평등 활동과 관련한 가장 큰 상인 셈이다. 세이카 마날 의장은 2016년 12월에 첫 수상자로 세이카 파티마를 지목하였다. 세이카 파티마는 초대 대통령의 세 번째 아내로 현재까지 활발한 활동으로 전 국민의 존경을 받고 있는 여성 지도자이다. 아랍에미리트에서 양성균형 위원회의 출발을 알리는 의미 있는 수상자였다. 이듬해에는 어떤 여성 리더가 수면에 떠오를지 자못 기대가 되었다.

다음해에 양성균형 위원회는 여성의 인권과 양성평등을 증진한 공로상을 7개 영역으로 나누었다. 수상자는 모두 남성이었다. 여성은 단 한 명도 없었다. 여성 군인을 위한 출산휴가 제도를 도입한 공로를 인정받은 최고의 인격상도, 최고의 연방기관상도, 최고의 추진력상도 모두 남성이 받았다. 이 뉴스에 대해 두바이 바깥에서 의견이 분분하였다. 두바이의 양성평등은 거꾸로 가고 있다고 비난하기도 하고, 여성들이 없는 남성만의 축제라고 평가했다. 이와 같은 외부의 평가에 대해 세이카 마날 의장은 당황하지 않았다. 수상자들은 여성의 위상이 높아지고 발전하도록 도왔으며, 여성들이 경계를 넘어서도록 격려한 공로가 있음을 상기시켰을 뿐이다. 양성균형 위원회가 첫해에 이룬 성과는 출산 복지이다. 출산휴가 시 1년 이상 근무한 여성에 대해서는 45일간 기본급의 100%를 주고 1년 미만 근무했을 경우에는 기본급의 50%를 지급한다. 출산휴가일 수가 90일까지 늘어났고, 남성 역시 3일의 출산휴가를 사용할 수 있다. 출산 복지 부분의 다양한 혜택은 일하는 젊은 여성이 점차 늘고 그들의 인권이 수면 위로 떠오르고 있는 현실을 반영한다. 아랍에미리트의 양성평등과 여성 인권의 두 다리에 힘이 생길 때까지 우리도 세계와 함께 그들을 지지하며 응원한다. 연대의 힘을 알기 때문이다.

2

결혼이냐, 학업이냐, 둘 다 해요

"선생님~." 쇼핑몰에서 덩치 큰 여인이 다가왔다. 니깝으로 얼굴을 다 가린 아바야 여인의 한국말에 어리둥절하고 있는데 얼굴을 살짝 보여주었다. 세이카였다. 그녀의 모습을 본 나는 충격을 받았다. 앵두빛 뺨이 빛나던 10대 소녀 세이카의 모습은 초롱초롱한 눈빛에만 가늘게 머물 뿐, 그녀의 얼굴은 삶에 지친 여인의 모습이었다. 세이카는 부족의 관습에 따라 18살에 약혼하여 19살에 결혼했고, 곧바로 아이를 가지면서 학업을 중단하였다. 세이카는 나의 손을 잡고 쇼핑몰 안의 식당가로 이끌었다. 세이카의 사촌들이 우르르 앉아있었다. 관습적으로 아랍 여성들은 쇼핑이든 학교이든 어디를 다녀도 함께 몰려다닌다. 수업할 때 세이카의 총명함과 재기발랄함은 유독 눈길을 끌었다. 세이카는 모든 활동에 진취적이었다. KLCC의 과정이 끝나는 마지막 시간에는 각자 재능 프로젝트를 한다. 네일아트 준비물을 들고 온 세이카는 동료 학생들의 손톱에 한글 알파벳을 그린 네일아트를 해주어 큰 인기를 끌었다. 그뿐만 아니라 그녀는 코리안 아츠 클럽(KAC)에서 한국의 전통매듭 수강생을 모집했을 때 기다렸다는 듯이 제일 먼저 등록해서 나에게 힘을 실어주었던 사랑스러운 학생이다.

세이카가 유독 기억에 남는 일화가 있다. 한번은 수업 시간에 한국의 전통 춤에 대한 공부를 하다가 "아랍에도 여성들이 추는 춤이 있느냐?"라는 질문을 했다. 개인적으로 그때까지 아랍 여성들의 춤에 대해 아는 바가 없었다. 아랍 문화권에서는 음악, 미술, 체육과 같은 예술 활동이 교육제도에 포함되어 있지 않다. 사우디에 살 때 국가 문화유산의 하나인 자나드리아(Janadria) 축제에 갔을 때조차도 여자들은 언제나 관람객이었다. 춤도 노래도 악기 연주도 남자들의 문화였다. 여성들은 침묵하는 그림자였다. 아랍에미리트의 축제에서도 다르지 않았다. 아바야 뒤에 숨어 슬픔도 웃음도 보여주지 않는 존재였기에 그들의 속내가 늘 궁금했다. 그때 손을 번쩍 들던 세이카. "선생님, 우리에게도 춤이 있어요, 그럼요, 아름다운 춤이 있어요. 제가 보여 드릴게요." 세이카는 교단까지 나오더니 과감하게 히잡을 벗었다. 허리까지 오는 긴 머리카락이 드러나자 학생들은 열광하였다. 그녀는 묶었던 머리를 풀었다. 아랍 여성들이 자신의 머리카락을 보여준다는 것은 결코 일반적이지 않다. 세이카는 허리를 세웠다. 상체를 축으로 머리카락을 흩어지게 옆으로 비스듬히 흔들었다. 그때마다 깃털이 날리듯이 긴 머리카락이 춤추었다. 강의실의 칠판 앞에 선 세이카는 허리까지 내려온 새까만 머리카락을 휘날렸다. 단순하고 정적인 움직임의 물결이 부드럽게 때로는 포말이 부서지듯이 격하게 지나갔다. 아름다운 움직임이었다. 아랍 여성들이 결코 단순히 소리 없는 그림자가 아님을 보여주었다. 음악이 없어 아쉬운 듯 긴 머리카락을 매만지며 세이카가 말했다. "이것이 아랍의 춤이에요." 교실은 한바탕 축제였다. 환성으로 소란해지고 즐거운 박수가 넘쳤다. 그렇게 모든 일에 호기심과 열정이 있던 세이카가 어느 날 결혼 소식과 함께 사라졌다.

2년 사이에 세상 근심을 다 가진 듯한 얼굴로 나타난 세이카, "선생님, 한국에 언제 가요? 저, 한국에 데려다주세요. 재미있게 놀고 싶어요." 마치 아이가 엄마에게 조르는 듯한 말투가 애잔했다. 갑자기 다가온 상황 속에서 나는 할 말을 잃었다. 유모차에서 자던 세이카의 갓난아이가 때맞추어 울기 시작했다. 사촌 동생들이 한 명씩 자리에서 일어나고 세이카도 서둘러 자리에서 일어났다. 세이카가 자리를 뜨기 전에 부질없을지라도 세이카와 약속하고 싶은 게 있었다. 비록 결혼과 출산으로 잠시 학교는 휴학했지만 공부를 꼭 마쳤으면 좋겠다고 했더니, 세이카는 살포시 웃으면서 그러겠다고 했다. 일 년이 지나 집 앞의 여성센터에서 그녀를 다시 만났다. 다행히도 세이카는 약속대로 학교에 다니고 있었다. 가사와 육아의 힘든 길 사이에서 복학의 약속을 지킨 세이카가 자랑스러웠다. 갓 20살의 나이에 가정과 학업의 균형에 힘겨워하면서도 며느리와 아내, 엄마의 역할을 온전히 해내는 세이카가 한없이 자랑스러웠다. 함께 차를 마시면서 나는 또 다른 기도를 혼자 하고 있었다. 둘째 아이는 공부가 끝나고 갖기를 말이다. 나의 희망 사항이었다.

22세인 아이샤의 경우는 다행히 어머니의 지지로 결혼에서 자유로웠다. 아이샤가 18살이 되고 결혼 문제가 불거지자 어머니는 직계 방계 가족들에게 선언했다고 한다. "이제부터 내 딸들을 공부 못 하게 하거나 혹은 공부 중인데도 시집가라고 부추긴다면 다시는 가족들을 안 본다." 아이샤의 엄마는 15살에 결혼하였다. 그 당시에 15살은 결혼하기에 아주 빠른 나이는 아니었다. 하지만 결혼을 했고 곧바로 연이은 출산을 했기 때문에 학교를 다닐 수 없었다.

그런 배경 때문에 아이샤의 엄마는 딸들의 결혼에 초 강경한 입장을 보였다. 아이샤의 집안에서 여자의 미래는 결혼보다는 공부가 우선이었다. 아이샤 어머니의 선언 이후 아이샤의 결혼 문제가 잠잠해질 무렵에도 할머니는 가끔씩 손녀의 결혼을 부추기곤 했다. 그 사실을 안 아이샤의 엄마는 할머니 앞에서 절규하였다고 한다. "제발 우리 딸들을 내버려 두라." 이제 할머니도 더 이상 결혼이라는 말을 꺼내지 않는다. 아이샤는 엄마를 자랑스러워하며 말했다. "부족 어른들에게뿐만 아니라 나와 동생에게도 말했어요. 대학까지 공부해서 직장을 가질 때까지는 절대 결혼하지 말아라." 아이샤는 엄마의 선언을 통해서 결혼보다는 일을 갖는 것이 인생에서 매우 의미 있는 가치임을 가슴 깊이 새겼다. 동시에 부족의 풍습 때문에 15살이란 어린 나이에 결혼해야 했던 엄마에게 안타까운 마음이 들었다고 했다.

부족 문화가 젊은 아랍 여성들에게 미치는 영향 중에 가장 큰 사안은 결혼이다. 도시 문화와 유목 문화의 관습이 아슬아슬하게 균형을 이루어가는 상황에서 극적인 변화는 여성들의 의식과 위상에서 선명해진다. 결혼 제도는 여성들이 처한 현실을 가감 없이 보여준다. 현대 사회에서 부족이라는 말이 후진적인 옛 단어로 들릴 수 있지만, 부족 문화의 이해 없는 아랍 세계의 이해는 피상적인 말장난이다. 수박 겉핥기다. 거칠고 황량한 사막은 사람들의 성품과 성향을 포함하여 생활 전반의 문화에 영향을 끼쳤다. 유목민들은 부족적 유대감으로 이슬람을 받아들였고, 세력을 확장하기에 어려움이 없었다. 단합된 공동체 의식이 있는 부족 문화였기 때문에 아라비아 반도의 드넓은 지역에 흩어져 있는 많은 사람을 이슬람으로 개종시킬 수 있었다. 막막한 사막 한가운데 살지만 모래언덕 너머 나와 같은 부족의 사람들이 산다는 느낌만으로 이미 공동체가 형성되는 것이 아닐까? 종교와 삶이 분리되지 못한다. 전통의 가치는 세대를 이어 전승되고 이들의 사회생활에 지대한 영향을 미친다.

부족 문화와 개인의 문화가 충돌할 때 개인보다 막강한 영향력을 행사하는 것은 부족이다. 이슬람이란 종교의 뜻도 복종, 순종이다. 순종의 종교가 외부인에게는 편안함보다는 낯선 두려움의 대상으로 인식될 때도 있지만, 그만큼 이슬람권의 삶에서 부족 문화는 결정적이다. 개인은 부족의 보호를 받는다는 신념이 있다. 세속적 가치가 전통적 가치와 충돌할 경우 그들은 부족의 기준으로 판단한다. 부족 문화의 영향력이 큰 까닭은 아랍 문화가 결혼 정책을 통해 공동체의 단결과 단합을 유지했기 때문이다. 유목 시대부터 동맹이 필요한 부족과 혼인함으로써 부족 간의 연대를 유지했다.

현대화의 급속한 발전이 진행되면서 아랍에미리트의 문화도 변화하고 있다. 여성들의 삶을 통제하던 부족 문화의 강제성이 조금씩 완화되기 시작했다. 그중 하나로 운전도 마찬가지다. 파티마는 운전한 지 2년째이다. 결혼하지 않은 28살 여자가 운전이 왜 필요하냐고 반대했던 가족이었다. 하지만 한국어 수업을 들으러 갈 때면 하룻밤에 두 번씩 남동생을 불러야 하는 일은 날이 갈수록 번거롭기만 했다. 남동생 역시 학교에 다닐 때는 불편했지만 참았다. 하지만 직장에 다니자 불편함은 가중되었다. 파티마가 일이 있을 때마다 동생은 직장에서 잠시 나와야 했고, 나이 드신 부모님이 병원에 다니는 일이 잦아지면서 일은 더욱 복잡해졌다. 파티마는 운전을 하기로 결정했다. 운전은 합리적인 선택이었다. 당뇨병이 있는 아버지와 관절이 안 좋은 어머니를 병원에 모시고 다니는 일 사이에 짬짬이 그녀의 일을 볼 수 있는 것도 자신이 직접 운전하기 때문에 가능했다. 시간을 자기가 통제함으로써 삶의 질이 바뀌었다고 한다. 이제 더 이상 부모님들과 형제들은 파티마의 운전에 대해 불평을 늘어놓지 않는다. 오히려 파티마 없이는 부모님들이 병원에 가지 않으려고 할 정도이다. 결혼 안 한 여자가 무슨 운전이냐며 못마땅한 시선으로 바라보던 친척들이 이제는 파티마를 부러워한다. 그녀의 용기 있는 도전이었던 운전이 가족들의 응원을 받기까지는 시간이 걸렸지만, 그녀는 해냈다. 일상의 사소한 선택이 힘을 얻어가기 시작했다.

언젠가 사라의 집에서 그녀의 결혼식 앨범을 보았다. 여자 가족끼리만 돌려보는 앨범이라고 했다. 아랍은 사진을 찍지 않는 문화인 줄 알았다. 수업 시간에 기록으로 단체 사진을 찍으면 그들은 행여 얼굴이 보일까 봐 베일로 감추면서도 전전긍긍한다. 혹여 앞머리카락이라도 삐져나오면 사진을 지우고 다시 찍자고 한다. 그리고는 대화를 끝낼 때면 언제나 마지막 말을 덧붙인다. "선생님만 보세요." 그 당시에 KLCC 블로그에 수업 내용을 올렸는데 간혹 학생들과 찍은 사진을 업로드할 때면 나를 제외한 모든 얼굴에 일일이 스티커를 붙여야 하는 불편함이 있었다. 스티커를 붙여야 하는 나중 작업에 지쳐서 자료를 업로드하고 싶지 않을 때도 있었다.

사라가 보여주는 앨범에는 사진이 넘쳤다. 주로 파티 사진이었다. 결혼식 피로연 사진은 아찔했다. 가슴을 드러낸 파티복에 짙은 화장을 한 아랍 여인들의 관능미에 눈이 휘둥그레졌다. 아랍권은 여성의 몸매를 드러내지 않는 문화이지만 파티나 수영장 같은 특수한 환경에서는 여자의 가슴 노출에 대해서 어느 정도 자유롭다. 하지만 허벅지를 노출하는 것은 완전한 금기다. 아랍에서는 버키니(Burkini)라는 수영복이 있다. 버키니는 부르카(burqa)와 비키니(bikini)의 합성어로 온몸을 가리는 수영복이다. 부르카는 가장 보수적인 형태의 베일로 아프가니스탄의 탈레반이 강요했던 베일 형태이다. 언젠가 영국 런던의 디자인 박물관 (London Design Museum)에서 <시대를 바꾼 발명품>이라는 제목의 전시회에서 발명품 코너에 버키니가 놓여있는 것을 보고 신기해했던 기억이 있다. 버키니가 발명품이라는 시각이 신선했기 때문이다.

결혼식 파티 사진들 보고 놀란 것은 여인들의 과감한 포즈와 사치스러운 드레스의 디자인만은 아니었다. 다름 아닌 그녀들이 하고 있는 금 액세서리의 크기였다. 신부를 포함하여 여성들이 예외 없이 큼직한 금목걸이를 두르고 있었다. 온몸을 감싸듯 장식한 금은 화려한 세공으로 더욱 눈길을 사로잡았다. 결혼 생활 중에 자신의 위상을 굳히는 방법의 하나로 금이 사용된다고 한다. 여성들의 경제력에 대한 보호막인 셈이다. 소형 핸드백 크기의 금목걸이가 결혼식 같은 큰 행사 때 흔하게 사용되는 것은 놀라운 일이 아니었다. 그녀들의 세계에서 금은 부의 상징이었고 동시에 권력이었다. 한 남성이 네 명의 아내를 맞이할 수 있는 일부다처제가 법적으로 허용되는 문화이다 보니 결혼에 대한 불안감이 있다는 것이다. 경우에 따라서 결혼 서약서에 서명 칸이 4개인 서식 종이도 있다고 한다. 그런 경우 여인은 나머지 3칸이 영원히 비어있을 수도 있지만 내 옆 칸에 다른 여인의 이름이 채워질 수도 있다는 것을 인지하고 자신의 칸에 서명한다. 그런 이유인지 몰라도 미래에 대한 저축으로 여성들은 돈이 생길 때마다 금을 사 모은다고 한다. 골드수크(Gold Souk, 금 시장)까지 가지 않더라도 도시의 구석구석에 있는 금방은 언제나 손님들로 북적인다. 특히 이슬람의 최대 명절인 이드 알 피드르(Eid al Fitr)나 이드 알 아드하(Eid al Adha), 라마단(Ramadan) 기간에는 가게 밖에까지 손님들이 줄을 서서 기다릴 정도로 붐빈다. 쇼핑몰에는 금 자판기까지 있다. 돈을 넣으면 커피 자판기에서 나오는 커피를 그 자리에서 마시듯이, 금도 그 자리에서 바로 나온다. 그들이 좋아하는 향수 자판기도 마찬가지다.

결혼식은 해마다 화려해지고 웅장해진다. 여인들은 최대한 밝고 눈부시게 치장하고 집안에 보관하고 있는 보석을 한껏 자랑한다. 예식은 더욱 호화롭다. 정부는 남자를 대상으로 자국 여성과 결혼하면 최대 7만 디르함 (약 2천 3백만 원)의 비용을 지원한다. 그럼에도 결혼 비용을 조금이라도 줄이기 위해 형제간에 합동결혼식을 하는 까닭은 결혼식이 갈수록 규모가 커지면서 식장 비용이 많이 나가기 때문이다. 모우자의 두 오빠도 합동결혼식을 하였다. 결혼식에 초대받은 나는 설레었다. 부의 결정판이라는 아랍의 결혼식에 대한 일화를 많이 들었지만, 정작 그때까지는 초대받은 적이 없어서 더욱 궁금했다. 예식은 마을회관에서 있었다. 초대받은 시간인 밤 10시에 도착했다. 주차장의 빈 공터는 끝이 안 보였다. 어디선가 한줄기 새어 나오는 불빛을 따라가니 여자들의 파티 장소였다. 아랍에서는 남녀의 파티 장소가 다르다. 여자는 여자 전용 식장에 남자는 남자 전용 식장에 있다. 여자 하객이 가는 홀의 입구에 들어서니 별천지라는 표현이 딱 맞는 장소였다. 홀은 요지경이었다. 대여섯 명의 여자들이 일렬로 줄을 서서 허리까지 늘어지는 긴 머리를 흔들며 춤을 추고 있었다. 세이카가 교실에서 보여주었던 아랍 여성들의 춤을 보았다. 여인들은 한결같이 완벽한 무대 화장과 할리우드 영화제를 연상시키는 긴 드레스 차림이었다. 그중에 한 명이 서툰 한국말로 "선생님~" 하고 불렀다. 화장한 모우자는 마치 살아있는 인형처럼 이뻤다. 늘 니깝으로 눈만 드러내고 거기다가 테 굵은 안경을 끼고 있어서 모우자의 얼굴을 제대로 볼 수 없긴 했다. 그녀의 미모에 감탄하면서 "이렇게 이쁜 얼굴을 가리고 다녔구나"라고 말하는데 대형 스크린으로 예식이 중계되니 얼른 자리에 앉으라는 안내 방송이 나왔다. 테이블의 음식은 산더미처럼 쌓여있다는 표현이 나올 만큼 풍성했다. 드디어 신랑 신부가 동시에 무대에 등장하고 웨딩 촬영이 이루어졌다. 두 사람이 옆방에 들어서면서 본격적인 예식이 시작되고 하객들은 영상으로 결혼식에 참여했다. 큰오빠의 예식이 끝나자 작은오빠의 예식이 이어졌다. 결혼식의 여흥은 자정이 가까워져도 끝날 것 같지 않아 나는 슬며시 자리를 떴다.

아랍에미리트의 법적인 결혼 연령은 18세이다. 1990년까지도 10대의 결혼이 일반적이었지만 이후 크고 작은 설문조사에 따르면 여성의 70% 이상이 21살 전에 결혼하기를 원치 않는다. 부족의 특성이 큰 변수여서 알아인에서 내가 만난 여성 중에는 10대에 약혼해서 20살을 전후로 결혼하는 사례가 많았다. 10대 중반에 이르면 결혼의 압박이 시작된다고 한다. 하지만 이제는 결혼도 학업도 개인의 선택이다. 부족 문화 역시 현실의 변화를 감지하고 있는 것처럼 보인다. 그런데 현실에서는 여성이 공부를 마치고 나면 결혼이 어려워진다. 고학력이거나 특히 외국에서 공부한 여성은 결혼 제도에서 더 불리하다. 파티마는 31살이다. UAE 대학에서 컴퓨터 프로그램을 공부한 후 미국에서 석사 공부를 하고 알아인에 돌아왔다. 결혼은 우선순위가 아니라고 했지만 집안의 압력에서 완전히 자유로울 수는 없었다. 4살 어린 남동생이 결혼을 서두르면서부터 중매쟁이들이 집에 드나들기 시작했다. 중매쟁이들은 한결같이 파티마가 너무 똑똑하다는 말로 중매를 피하였다. 고학력 여성, 특히 서양에서 유학한 여성은 결혼 상대로 가장 꺼린다는 이야기를 서슴없이 하였다. 이렇게 되자 친척들은 파티마가 미국 유학한 사실을 숨기라는 충고까지 하게 되었다. 서구 문화 속에서 교육을 받는 동안 아랍 고유의 전통적 가치와 윤리가 해이해졌다고 믿기 때문이다. 유학한 남성이 결혼에서 유리한 입장과 비교된다. 결혼은 이제 더 이상 10대 소녀들의 유일한 진로가 아니다. 여성들이 학업을 위해 혹은 취업을 위해 결혼을 늦추는 예는 드물지만, 적어도 이전처럼 결혼만이 선택이었던 시대는 지났다. 결혼이 필수라는 강박에서 사람들은 조금씩 자유로워지고 있다. 결혼과 학업 그리고 나아가서는 취업으로 선택의 폭이 넓어졌다.

3

차라리 취업을 포기하겠어요

    히잡을 쓴 여성이 도복을 멋지게 입고 펜싱을 하다가 날렵한 운동복으로 갈아입고 피겨 스케이팅을 한다. 그리고 패션이 돋보이는 런닝 슈즈에 몸의 곡선을 보여주는 레깅스를 입고 거리를 달린다. 머리에는 땀이나 바람 등의 외부 조건에도 벗겨지지 않을 만큼 밀착된 신축성 높은 재질로 만든 '스포츠 히잡'을 쓰고 있다. 스포츠 용품 회사 나이키가 이슬람권 여성을 겨냥하여 만든 브랜드인 '프로 히잡'의 영상 광고이다. 2018년 평창 동계 올림픽에서 아랍에미리트의 피겨 스케이팅 선수로 출전했던 자흐라 라리가 광고 모델이다. 이러한 모습은 현실이 아니다. SNS에서 세상과 교류하는 젊은 20대 여성들조차도 히잡 없이 거리를 다니는 것은 상상도 할 수 없다고 말한다. 역사적으로 히잡은 이슬람 문화의 가부장적 권력을 견고하게 정착하는 과정에서 여성을 이분화하는 장치였다. 히잡의 착용 여부에 따라 사회의 보호가 필요한 제도권 여성과 사회의 보호가 필요 없는, 제도권 밖의 여성, 노예들로 구분하였다. 이슬람 율법인 샤리아(Sharia)에 "불법으로 베일을 착용하다가 적발되는 경우에는 태형에 처하거나 귀를 자른다"라고 적혀있을 정도로 히잡은 아무나 쓰지 못했다는 것이다. 히잡을 억압과 통제로 보는 이들에게 이러한 관점은 익숙하지 않다.

히잡 착용 문제로 외국 대학의 입학을 포기하는 사례도 드물지 않다. 프랑스 의회가 부르카 금지법을 정해 공공장소에서 부르카나 니깝을 착용하면 최대 150유로(약 20만 원)의 벌금을 내게 하는 법안을 통과시킨 직후에 있었던 일화이다. 19세의 한 여학생은 히잡 사용을 금지한 규정을 받아들일 수 없어서 장학금과 프랑스 유학을 포기했다. 나는 소녀의 인터뷰에 놀랐다. 학교를 포기한 것이 누구의 압력이 아닌 온전히 그녀의 선택이었기 때문이다. 소녀는 "소르본 대학에 가기 위해서 정말 공부만 했다. 하지만 히잡 착용을 반대하는 학교에 다닐 필요를 못 느낀다. 장학금도 아깝지 않다. 히잡은 나의 정체성이기 때문"이라고 했다. 마이사의 사촌은 스위스에서 대학원 과정을 공부하고 온 재원이다. 그녀는 UN에 이력서를 냈고 서류 전형에 통과하여 2차 인터뷰까지 갔지만 막판에 취업을 포기하였다. 근무 중에 니깝을 벗는 조건을 제시받았기 때문이다. 스위스에서 유학하고 본인 전공인 환경 문제를 다루는 세계적인 공공기관인 유엔에 취직이 되어도 히잡을 쓸 수 없다면 취업을 포기하는 것도 21세기의 아랍에미리트에 사는 여성의 선택이다.

한국어 수업이 개강하는 날, 수업 준비로 부산한 강의실로 두 명의 아바야 여성이 들어섰다. 신발까지 덮은 긴 아바야도 충분치 않아 아바야 위에 차도르를 입었다. 아이샤와 미리엄 자매이다. 니깝이나 히잡을 쓰는 일반 학생들과 달리 자매는 차도르와 니깝을 함께 썼다. 교실에 들어와서도 그들이 내 학생인지 아닌지 구분할 수가 없다. 정확히 말하자면 성별도 알 수 없다. 어찌 보면 아바야를 두 개 덧입은 것 같기도 하다. 거기에 손목까지 올라오는 까만 장갑을 끼고 까만 신발을 신고 검은 산처럼 서 있다. 눈 부분만 보이는데 그 위로 안경을 썼다. 아바야는 걸치는 까만 가운이고, 검은 베일은 형태에 따라 이름이 다르다. 히잡(Hijab)은 얼굴을 내보이고 길이가 어깨까지 온다. 니깝(Niqab)은 코와 입을 가리고 눈만 보이는데 주로 허리까지 내려온다. 차도르(Chador)도 눈만 보이지만 넓은 검은 천을 머리에 둘러 망토처럼 온몸을 가린다. 부르카 (Burqa)는 눈 부분은 자수나 망사로 처리하고 머리부터 발끝까지 온몸을 가린다. 자매가 동시에 "선생님" 하고 한국말로 부드럽게 인사를 건네는데 일단 잠시 경계하게 된다. 동생인 아이샤의 표현을 빌리면 차도르를 쓰지 않는 것은 알몸으로 거리를 활보하는 일만큼이나 수치스러운 일이었다. 아바야와 차도르는 그녀의 신앙심의 척도이자 안전하게 자신을 보호하는 권리였다.

모든 여성이 예외 없이 검은 장갑에 검은 신발을 신고 다니는 것은 아니다. 살마 역시 차도르를 입는다. 챠르르 휘날리는 드레스의 가운마냥 검은 자수 꽃무늬가 검은 아바야 위에서 현란하게 피어난다. 그녀에게 아바야 옷차림은 검소한 종교 생활의 표현이라기보다는 값비싼 명품의 세력 과시이다. 별처럼 초롱초롱한 그녀의 아름다운 눈도 다 가린다. 눈부분이 보이는 부분에 다시 베일을 썼다. 베일은 천이 얇고 비치는 시스루(See Through) 원단이라 보는 데는 지장이 없다. 수백만 원을 넘는 명품 아바야다. 손에는 현란한 헤나 염색의 아름다운 무늬가 꽃이 되어 피어나고, 손가락마다 다이아몬드가 알알이 박힌 보석 반지가 빛을 뿜는다. 구두 역시 미국 드라마 <섹스앤더시티>에 나와 더욱 유명해진 명품, 마놀로 블라닉이다. 구두의 앞코에서 소리 높혀 외치는 명품 특유의 반짝이는 보석 장식이 그녀가 살마임을 알려준다. 살마와 이야기를 하다 보면 세계의 모든 명품이 마치 재래시장의 플라스틱 그릇만큼 흔하고 반드시 사야 할 필수품처럼 느껴진다. 개인 과외 수업이라 학과 사무실에 딸린 작은 방에서 수업을 했다. 강의실로 오려면 학과 사무실을 통과하는데 어떤 직원도 살마의 얼굴을 본 적이 없다. 오직 수업 시간 중에만 베일을 벗었기 때문이다. 나도 얼굴을 보지 못했다. 다만 그녀의 이쁜 눈을 보았을 뿐이다. "왜 이쁜 눈을 가리냐?"라는 말에 살마는 아무에게나 특히 복도에서 일하는 청소부들에게 보여주고 싶지 않다고 했다. 청소일을 하는 외국인 노동자를 하층 계급이라고 무시하는 편견이 그녀에게도 있었다. 자신의 얼굴은 소중하기 때문에 눈이라 하더라도 쓸데없이 노출하면 좋을 게 없다고 했다. 쉬는 시간 중에 잠시 화장실에 가거나 자판기의 간식을 사러 강의실 밖 복도에 나갈 때도 완전 무장을 한다. 벗었던 베일을 다시 쓴다. 아이샤 자매와 살마가 다른 점은 장갑을 끼지 않는다는 점이다. 반짝이는 카르띠에 팔찌 때문에 장갑을 낄 수 없을 것이다. 그녀는 2주 계획으로 전 가족이 한국에 여행 간 적이 있었다. 가보니 천국이었다고 한다. 한국이 너무 좋아 아버지를 졸라서 일주일을 더 머물렀고, 3주 동안 동생들과 함께 매일 서울 압구정동의 갤러리아 백화점 명품관에 쇼핑을 다녔다고 했다.

백화점에 갈 때도 아바야와 니깝을 입었느냐고 물었다. 나는 정말로 몰라서 물었다. 살마는 나를 힐끗 보더니 선생님은 뭘 모르신다는 표정으로 "선생님, 아바야는 여기서만 입어요"라고 했다. "여기 어디? UAE?" 학과 사무실에서 오갈 때도 얼굴을 가리는 그녀가 휴가 간 서울에서는 짙은 눈화장의 얼굴을 내놓고 아바야도 차도르도 없이 쇼핑을 다녔다니 상상이 안 되었다. 아랍에서 공주가 왔다고 했을 법하다. 히잡의 두 얼굴이다. 같은 20대 초반의 연령임에도 아이샤와 살마의 정서적 거리는 멀었다. 그들은 다른 세상에 살고 있었다. 손등에서 현란한 문양의 헤나 염색 무늬가 피어나는 여인과 1㎜의 피부도 보일 수 없도록 팔꿈치까지 오는 까만 장갑을 끼는 여인이 공존하였다. 그들의 공통점은 한국이 좋다는 것이다. 무조건 좋다는 것이다. 한국의 매력이 무엇이길래.

서구의 페미니즘 관점에서는 히잡 착용의 관습을 '여성 인권 탄압의 상징'으로 인식하지만, 아랍 여성들에게는 종교적 경건함과 긍지였다. 이들은 아바야와 히잡이 그들의 온전한 선택임을 밝히면서 아바야는 종교라서 필수이지만 머리를 가리는 베일의 사용은 자유롭다고 말한다. 히잡, 니깝, 차도르, 부르카 등은 자신의 취향에 따라 결정하면 된다고 했다. 하지만 그것은 취향의 선택이 아니었다. 철저한 사회의 압력이었다. 히잡을 종교와 분리해서 생각하기는 힘들다. 더 많이 감출수록 더 정숙하고 더욱 경건한 신앙심을 가진 사람으로 받아들여졌다. 머리에 쓴 베일의 얇은 천 사이로 삐져나오는 머리카락 한 올을 정죄하고 판단하는 문화가 있었다. 머리카락 한 올이 신실한 신앙심의 척도가 되는 문화가 있었다. 한국어 과정이 끝나는 마지막 날 어두운 저녁 시간 교실에서 10여 명이 단체 사진을 찍은 적이 있다. 마흐바는 사진에서 자신의 앞 머리카락 한 올을 뒤늦게 발견하고 단체 사진을 다시 찍기를 요청했다.

사진을 찍은 후에는 핸드폰에 고개를 박고 자신의 이마 부분을 확대해서 혹시라도 삐져나온 머리카락이 있는지 숨죽이고 확인했다.

아바야에 대한 일반 아랍 여성들의 진짜 생각은 어떤지 심각하게 생각해본 하나의 사건이 있다. 시내의 중앙 우체국 뒤에 있던 알야하 모던(Al Yahar Modern) 식당에서 있었던 일이다. 아랍에미리트의 식당 대부분과 달리 이곳은 남녀의 출입 구역 구분이 있고 식당 안 공간도 패밀리 섹션과 싱글 섹션으로 나누어져 있었다. 싱글섹션은 남자 싱글만 다니는 곳이고 패밀리 섹션은 가족인 경우에 한해서 남녀가 함께 있을 수 있는 공간이다. 홀에서는 의자에 앉아 음식을 먹거나 방에 들어가서 테이블 없이 바닥에 비닐을 깔고 음식을 먹거나 선택할 수 있다. 홀에 앉아 음식을 기다리는데 요란한 하이힐 소리가 또각또각 들렸다. 하이힐의 또각또각 소리는 소란죄에 해당된다는 사실을 나중에야 알았다. 한 여자가 아바야를 걷어올린 채 들어왔는데 아바야 안은 몸에 달라붙는 핑크 레깅스 바지 차림이었다. 뒷모습만으로도 벌써 앞모습이 궁금해졌다. 구두를 좋아한다면 한눈에도 알 수 있는 프랑스 명품 구두, 크리스티앙 루부탱 구두의 특허인 빨간색 바닥이 보인다. 뾰족한 앞코와 얇은 하이힐의 굽은 대략 눈짐작으로도 족히 13㎝ 정도는 되어 보인다. 세 여성은 약속이라도 한 듯이 긴 아바야를 손으로 낚아채듯 허리에 차악 감으면서 예약된 방으로 들어갔다. 미리 주문했는지 캅사(아랍식 전통 요리로 주로 닭고기와 기침하면 날아가는 인도식 쌀밥)가 바로 배달되었고, 문 없는 방앞에 놓인 가리개가 세 여자와 함께 온 한 남자를 외부 시선으로부터 차단했다.

식당 테이블 배치상 나는 방 쪽을 향해 식사를 하고 있었다. 그때 갑자기 가리개 뒤에서 여자 중 한 명이 얼굴을 쏘옥 내밀더니 내 쪽을 향해 과장된 윙크를 했다. 멀리서도 눈에 확 들어왔다. 갑작스러운 돌발 행동에 황당해하는데 세 명의 여자가 가리개 뒤에서 한바탕 깔깔거리는 소리가 방 안을 넘어 홀을 가득 채웠다. 이번에는 반대쪽 가리개에서 얼굴을 내민 아바야 여인이 혓바닥을 길게 내밀었다가 말아 올렸다. 원형으로 감기는 혓바닥을 보자니 어이가 없었다. 마주 앉은 남편에게도 말하기가 애매하여 못 본 척하고 고개 숙인 채 아랍식 피타(pita) 빵에 애꿎은 호무스(Hummus) 소스만 잔뜩 묻히고 있었다. 어느새 음식을 다 먹었는지 다시 하이힐 소리가 또각또각 리듬을 타고 들렸다. 홀을 빠져나가는 그녀들의 앞모습에 나는 충격을 받았다. 세 사람 다 가슴 부분이 브이(V) 자로 파진 아바야를 입고 있었다. 가슴골이 고스란히 보였다. 봉긋한 가슴골을 드러낸 모습에 정작 시선을 어디에 두어야 할지 몰랐다. 믿을 수 없는 광경이었다. 뒷모습은 긴 아바야 차림인데 앞모습은 완전히 반전이었다. 아마 식당을 나가면 긴 니깝으로 다시 가릴지 모르겠다. 식당은 한가했다. 홀에는 아이들을 챙기던 메이드들 서넛이 있었다. 우리는 모두 세 여자의 위풍당당한 행진에 시선을 집중하였다. 성형한 듯한 가슴이 극대화되게 아바야의 목 부분을 디자인한 옷이었다. 그녀들의 모습을 보면서 나는 다시 혼란스러웠다. 한국어를 배우는 아랍 학생들의 극단적인 보수적 차림새와 알 야하 식당에서 마주친 자유분방한 현대적 차림새 사이에서 나는 한동안 헤맸다. 아랍 여성들에게 아바야는 무엇을 의미하는가. 다시 한 번 내가 사는 공간을 확인하였다. 나는 200여 개국의 문화가 섞인

다문화 속에 살고 있었다. 크고 작은 부족의 수는 아마 밤하늘의 별 만큼은 아닐지라도 많을 것이다. 문화의 차이를 수용하고 함께 사는 법을 배웠다.

아이샤는 영어를 능숙하게 구사하는데 몇 년째 구직 중이다. 능력이 출중한데도 취업이 안되는 이유는 의외로 단순했다. 아바야를 쓰고 눈 부분만 내놓고 일할 수 있는 곳을 찾지 못했기 때문이다. 한번은 내가 말했다. "손목까지 올라오는 장갑을 끼고 무슨 일을 할 수 있어? 그런 직장이 요즘 시대에 어디 있겠어?" 그때 아이샤는 중요한 정보를 혼자 알고 있다는 듯이 비밀스러운 미소를 지으며 "있어요"라고 했다. "어디?" "대학 행정실이요." 한국어 강사 급여를 받으러 대학 본관 건물의 재무과 3층에 들르기 전까지는 그녀가 그냥 해보는 소리이겠거니 했다. 본관의 재무과에 가니 정말로 아이샤가 말한 여성들이 있었다. 아바야 위에 발목까지 오는 긴 차도르를 덧입고 손목까지 오는 장갑을 끼고 급여 명세서를 내밀어 주는 교직원들이 있었다. 아이샤는 그중 한 명이 직장을 그만둘 때까지, 정확히 말하면 누군가가 결혼할 때까지 기다리는 것이다. 남의 인생 일정에 내 인생을 거는 것만큼 불확실한 일은 없을 것이다.

그 후에 시내의 카르푸 슈퍼마켓에서 석류를 고르고 있을 때 우연히 아이샤를 만났다. 옆에 서 있던 아바야 여성이 옆으로 다가오더니 "선생님" 하고 불렀다. 이번에는 아이샤임을 단번에 알 수 있었다. 아마 까만 장갑 때문이었을 듯하다. 알아인에서도 젊은 여성이 까만 장갑을 끼는 경우는 많지 않다. 아이샤는 다음 달에 결혼

한다고 하였다. 이제 그녀는 취업하기 위해 더 이상 기다리지 않아
도 된다. 그녀의 꿈은 현모양처라고 했으므로 그녀의 꿈을 이루어
갈 것이다. 하지만 그녀의 빛나는 총명함과 영어와 한국어라는 두
외국어에 대한 탁월한 감각을 지닌 재능이 아쉽다. 아랍 여성의 취
업률이 나날이 높아진다는데, 학생들은 일단 결혼하면 다시 만나기
가 어려웠다. 함다도 마흐바도 모우자도 사라도 그랬다. 결혼과 동
시에 모든 사회생활을 끝내고 가정주부의 역할에만 몰입하였다. 가
정과 부족 안에서만 살았다. 현실과 이론의 차이일 것이다.

이쯤에서 3년 반 동안 아바야를 입으면서 느낀 개인적인 소감을
언급하는 것이 아바야에 대한 균형 있는 시각을 위해 의미 없지 않
을 것 같다. 지금은 변혁의 태풍이 사우디를 강타하여 2011년 '아
랍의 봄' 이전에 사우디에서 경험했던 많은 경험이 낡았지만, 사우
디에서 살 때 아바야와 히잡을 의무적으로 착용해야 했다. 외국인
이라 할지라도 예외가 없었다. 사우디 생활의 초반에는 아바야에
대한 정서적 반항이 있었고 사우디 생활이 익숙해졌을 때는 아바야
의 실용성에도 익숙해졌다. 사우디의 사막에 부는 모래 폭풍의 입
자는 운무같이 엷고 미세하다. 숨 막힌다. 그럴 때 아바야는 모래
먼지로부터 피부를 보호해주었다. 직사광선으로부터의 보호는 말할
것도 없다. 또 하나, 아바야는 내게 교복이었다. 유행을 알 필요도
없고 옷에 신경을 쓸 필요가 없었다. 의생활이 단순해졌다. 걸치기
만 하면 외출복이 완성되니 시간 또한 절약되었다. 아바야는 사막
이라는 특수한 자연환경에서 발전된 자연스러운 문화였고 그런 의
미에서 아바야는 사막의 꽃이었다.

이란에서 일어난 히잡 거부 같은 캠페인은 아랍 여성들에게 있을 수 없다. 2017년 겨울에 이란의 테헤란에서 한 여성이 나뭇가지에 흰색 히잡을 걸고 머리카락을 드러낸 채 길에 설치된 청소 도구함에 올라서서 시위를 했다. 히잡을 거부하는 여성 운동 캠페인이다. 그녀는 "정부가 내 몸에 이렇게 하라, 저렇게 하라 할 권리가 없다"라고 주장하였다. 지금까지 이란의 테헤란 중심가에서는 매주 수요일마다 시위가 이어진다고 한다. 항의의 표시로 막대기에 매단 하얀 스카프를 흔든다. '나의 은밀한 자유(My Stealthy Freedom)'라 불리는 이 인권운동은 미국에 거주하는 이란 출신 여성 인권운동가 마시 알리네자드(Masih Alinejad)가 시작했다. "강요된 히잡은 이란에서 여성 억압의 가장 뚜렷한 상징이며, 여성들은 아바야 때문에 항의하는 게 아니라 정체성과 존엄, 선택의 자유를 위해 저항하는 것"이라고 한다. 억압된 여성 인권에 대한 상징으로 히잡을 착용하지 않겠다는 이런 캠페인은 이란에서는 설득력을 가질지 모르나, 적어도 아라비아 반도에 위치한 아랍 국가에서는 상상할 수 없는 일이다.

아랍에미리트에서 여성의 취업 시장은 수동적이다. 원활하지가 않다. 아랍 전역의 문제이기도 하지만 여성의 취업 욕구도 강하지 않다. 여성의 경제활동이 아예 제한되어 있는 사우디와 달리 여성의 경제활동이 보장되는 아랍에미리트이지만, 여성들의 취업이 부진하기는 마찬가지다. 부모들은 딸들을 취업의 기회가 있는 대도시로 보내려 하지 않고, 딸들도 굳이 집을 떠나고 싶어하지 않는다. 특히 알아인과 같은 작은 도시나 인근의 사막 지역에 사는 여성들에게 취업의 기회는 거의 없다. 도시를 잇는 대중교통으로 하루에 몇 차례 버스가 있지만, 이는 주로 제3세계의 남성 노동자들이 간혹 이용할 뿐 여성이 이용할 만한 환경이 아니다. 여성의 운전을 포함해 독립적으로 직장을 구하고 다닐 여건이 구조적으로 마련되어 있지 않다.

여성의 낮은 취업률은 직업에 대한 선입견과 함께 전통적인 가치관에서도 기인한다. 샤마는 메이크업에 각별한 재주를 갖고 있지만, 그러한 재능을 현지 여성들은 직업으로 연결하지 못한다. 미용 산업이나 호텔 서비스 계통은 점잖은 여성들의 직업으로 간주하지 않는다. 때로는 전문적인 자격증이 필요한 간호사조차도 진지한 직업으로 간주하지 않는다. 워낙에 여성 인구의 수가 적기도 하지만, 각 가정에 적어도 1명 이상, 때로는 메이드를 3명 혹은 4명까지도 두고 있기에 서비스직에 대한 인식이 낮다. 그래서인지 항공사는 물론이고 미용실이나 화장품 판매점, 여자 속옷 가게에서조차 남성 종업원을 어렵지 않게 볼 수 있다. 직업에 대한 편견이 심하여 여성의 경우 교육은 많이 받지만 실제로 일자리를 찾아 노동시장까지 연계되는 경우가 극히 드물다.

여성 취업의 근본적인 문제 중 하나로 무엇보다 여성을 수용할 다양한 직업군이 개발되어 있지 않음을 들 수 있다. UAE 대학에서도 학과가 다양하지 못하다. 문리대학, 공학대학, 언론정보대학, 교육대학, 정보기술대학 등을 시범 운영하였고 환경과학 학부과정도 신설했다. 글로벌 대학을 지향하면서 2015년에는 철학과를 신설하고 4명의 교수를 채용했지만 결국 철학과는 사라지고 선택과목으로 바뀌었다. 이슬람교라는 절대 종교가 있는데 무슨 철학이냐는 항의 전화가 있었다는 소문도 들려왔다. 이슬람 문화권에서 학문이 자리 잡기 힘든 점은 프랑스 문학도 비슷했다. 강좌를 열었던 불문과가 결국 문학을 다루지 않고 사라지고, 다만 어학 강좌로서만 채택되었던 전례가 있었다. 대신에 컴퓨터공학, 인사관리 등의 학과는 인기 있다.

은행 업무도 그다지 선호하지 않는다. 리바를 금지하는 풍토이기 때문이다. 리바(Riba)는 아랍어로 이자이다. 이슬람 문화권에서는 실질적인 상품과 서비스의 교환에 바탕을 둔 경제활동만 인정한다. 이자를 사악한 돈놀이로 간주하였다. 이자를 주는 은행에 저축하면 저절로 죄악에 동참하게 된다. 그래서 이슬람 계통이 아닌 은행에서 일하는 것은 아예 고려하지도 않는다. 보편적인 금융에서 중요한 부분을 차지하는 이자와 투자가 금기시되기 때문에 이슬람 금융은 독특한 거래 방식을 취한다.

이종사촌인 샤마와 미이라는 1살 터울인데 서로 옆집에 산다. 담벼락을 마주한 두 집 안에는 서로 통하는 중문이 있다. 대문만 두 개일 뿐 한 집이다. 아랍의 많은 가정이 그렇듯이 사촌들 간에는 자매애가 강하다. 태어날 때부터 줄곧 함께 다닌다. 학교도 같고 친구도 같고 가족도 같다. 심지어 결혼을 해도 이모가 시어머니가 되고 조카가 며느리가 된다. 한 번 맺어진 가족관계를 풀 수가 없다. 샤마와 미이라도 마찬가지다. 둘이서 따로 지낸 적이 없다. 샴쌍둥이 같다. 당연하게도 직장도 같이 일할 수 있는 직장을 찾는다. 한 사람 취업도 힘든데 능력도 개성도 전공도 다른 두 사람을 함께 채용해줄 직장을 구하고 있는 것이다. 그것도 집안의 운전기사가 이동하기 쉽도록 집에서 가까운 곳을 원한다. 취업에 대한 별 기대도 없다. 자국민이 생존을 위해 일하는 경우는 극히 드물다. 군이 힘들게 일하지 않아도 국가에서 받는 보상이 충분하다. 땅이 없으면 집터를 주고 집이 없으면 건축비를 주고 때로는 집안 내부를 꾸밀 비용까지 준다. 이러한 복지는 아버지가 자국민일 경우에 제한한다. 그나마 샤마와 미이라의 경우 한국어 수업이라도 들으며 따분한 시간을 생산적으로 활용하고 있지만, 다른 사촌이나 친구들은 가족 행사 외에는 집에서 무료하게 지낸다.

아랍에미리트에서 여성의 취업은 새로운 흐름이다. 사회도 적극 장려하고 구조적 지원을 한다. 하지만 아직까지 많은 수의 아랍 여성은 구직의 절박함이 없다. 자기실현의 방편이거나 결혼을 미루는 구실이거나 시간을 때우는 방편이다. 그래서인지 여성의 취업률은 낮고 실업률은 높다. 많은 경우에 여성들은 정부 기관에서 일하기를 선호한다. 공무원은 상대적으로 적은 근무 시간과 직업 안정성이 보장되고 업무 강도도 낮다. 무엇보다도 급여가 높다. 민간 사업체에 비해 큰 차이가 난다. 공무원의 66% 이상이 여성이고 이들 여성 공무원의 30%가 의사결정권을 가진 직책에 있다고 한다. 이에 비해 개인 사업체에서 일하는 여성의 숫자는 8%에도 미치지 못한다. 많은 여성이 안정된 공무원직이나 일하기에 편한 직종이 아니면 아예 취업을 기피한다. 그들의 상황에 맞는 직업 환경을 추구하면서 이상적인 직장이 그들을 찾아줄 때까지 마냥 기다린다. 직장의 상황에 자신을 맞추기보다는 자신의 상황에 맞춘 일자리를 찾는다.

히잡의 선택은 나라 밖에서도 예외가 없다. 한국 여성가족부 산하 양성평등 교육진흥원의 민무숙 원장님으로부터 연락이 왔다. 서울에서 곧 국제 여성 컨퍼런스가 있는데 혹시 국내에 거주하고 있는 아랍 여성을 추천할 수 있느냐는 메일이었다. 민 원장님은 한국에서 처음으로 아랍 여성들의 삶과 중동 한류에 대해 말할 기회를 주시고 경청해주신 분으로 양성평등에 관한 그분의 비전을 존경하여 나의 멘토로 여기는 분이다. 강연할 당시 아랍 여성들이 한국에서 인턴으로 구직할 수 있는 기회가 생기면 좋겠다고 한 말을 기억하셨던 것이다. 마흐라가 생각났다. 당시에 마흐라는 한국에 있었고 서울 신림동 고시원 골목에 숙소를 정하고 일 년째 한국어를 공부하며 지내고 있었다. 시리아 출신인 마흐라에게 한국어는 꿈이자 생존과 직결되는 언어였다. 한국에서 취업하고 한국에 정착할 준비를 하고 있었다. 마흐라에게 연락을 했다. 마흐라는 컨퍼런스 안내 아르바이트 일에 큰 관심을 보였다. 필요한 서류를 구체적으로 말해주자 목소리는 점점 들떴다. 한가지 문제는 히잡의 사용 여부인데 "원칙적으로 얼굴을 비추지는 않을 것이다. 다만 히잡을 쓴다고 하더라도 방송용 카메라가 무작위로 돌아다니다 보면 얼굴이 비칠 수도 있다"라고 했더니 마흐라는 크게 실망하였다. 집안 분위기상 안 될 것 같다는 것이다. 다음 날 전화했더니 "히잡을 벗을 수는 없어요"라고 한다. 아랍에미리트에 있는 어머니에게 말씀드렸더니 여러 사람들이 모인 곳에서 일하는 것은 좋지만 어떠한 경우에도 절대로 히잡을 벗지 말라는 조건이 있었다고 한다. 결국 마흐라의 한국에서의 일자리는 응시 서류를 내는 단계에서 성사되지 못했다. 한국에서 일할 수 있는 귀한 기회를 놓친 마흐라가 안쓰러웠다. 마흐라는 한국에 거주하면서 한국어를 배우러 다닐 때 아바야를 입지 않고 히잡도 안 쓴다며 틈만 나면 자랑했다. 하지만 막상 그토록 원하던 한국에서의 일자리가 나왔는데 히잡 착용 문제로 일을 포기하였다. 히잡은 그녀의 정체성이면서 아랍 젊은 세대의 자화상이기도 했다. 나라를 떠나 있어도 자기가 속한 사회의 완고한 관습에서 자유로울 수 없었다. 히잡이냐 취업이냐에 부딪히면 취업이 미래임을 누구나 안다. 그러나 그들은 히잡을 택한다.

4

세이크 자이드(Sheikh Zayed) 로드와
알아인(Al Ain) 로드

세이크 자이드(Sheikh Zayed) 로드에서 느끼는 아랍에미리트와 알아인(Al Ain) 로드에서 체감하는 아랍에미리트의 온도는 엄청나게 다르다. 맥락 없이 소홀히 들으면 다른 나라 다른 세계처럼 들릴지도 모른다. 일일이 비교를 하다 보면 부자와 빈자의 생활 방식으로 오해할 수 있겠지만 그렇게 일차적이고 단순한 구도가 아니다. 두바이의 인프라는 독보적이다. 아랍에미리트의 다른 토후국에 비해 특별한 위상을 갖고 있다. 세이크 자이드 도롯가에 늘어선 호텔 안은 층마다 다른 컨셉의 파티가 열린다. 기네스 맥주가 무한 공급되는 아이리시 펍이 골목에 숨어있고, 세계 각지에서 모여든 미녀들이 밤거리를 헤맨다. 두바이 호텔의 풀장에서 선탠하고 버즈 알 아랍의 뷔페에 가서 브런치를 먹는다. 쿼터 바이크를 몰고 바로 옆 사막으로 가서 사막 사파리 체험을 한다. 인스타그램에 쥬메이라 비치에서 비키니 입은 여성의 모습이 올라오고 모든 게 서구적이고 자유로워 보인다. 이에 그친다면 아랍에미리트에서 두바이의 위상을 절대 알 수가 없다.

아랍에미리트 사회는 전형적인 멜팅 팟(Melting pot)의 사회다. 자국민보다 외국인이 월등하게 많다. 10명 중 약 1명이 자국민이고 나머지 9명 정도가 외국에서 온 사람들이다. 한국과 같은 단일민족 사회에서 볼 수 없는 다문화이다. 다양성의 수용은 기본이고 다양성의 융합은 생존이다. 하나의 기준과 가치로 뭉뚱그려 말할 수 없는 다양한 문화가 한데 어우러져 있는 곳이다. 이주민 사회의 다수를 차지하는 4대 민족은 인도, 파키스탄, 방글라데시, 필리핀이다. 이외에 200여 민족이 한데 섞여 있다. 이슬람 문화와 다른 수많은 종교가 함께 또 같이 지낼 수밖에 없다. 부족 문화와 글로벌 문화가 충돌하면서도 타협하지 않을 수가 없다. 독특한 인구구조 속에서 내 것만 주장하다가는 바로 도태되어 버린다. 이주민 유입에 다른 관습과 전통이 흔들리는 것이 당연하다. 인구구조와 그에 따른 사회의 특성을 파악하는 것은 매우 본질적인 작업이다. 동전의 양면과도 같다. 개방적이고 서구적이면서 동시에 종교에 매몰된 보수적인 율법에 닻을 매달고 있다. 여성 인권의 현실이 열악하다고 단정할라치면, 어느새 세계에서 여성 장관이 제일 많은 내각을 공표하는 나라이다. 갈등과 융화의 모래언덕을 교차로 지나가면서 그때마다 만나는 신기루와 같은 비전은 현실이 된다. 아랍에미리트 사회를 관통하는 흐름을 읽어내는 일이 그래서 선행되어야 하고 필수적이다.

두바이의 축제 분위기에 휩쓸려 자유분방한 행위를 했다가 구속되는 일은 허다하다. 영국의 경우 휴가로 두바이 여행을 다녀온 여성들의 후일담이 신문에 자주 올라오는데 중산층 여성들이 즐겨 읽는 일간지에는 "두바이 공항에서 억류되었어요", "두바이에서 추방 당했어요", "다시는 두바이에 안 갈 거예요" 류의 기사가 도배하기도 한다. 두바이를 단순한 휴양지로 알고 갔다가 뒤늦게 알게 된 억울한 사건도 있고 문화에 무지한 어리석은 사건들도 넘친다. 만약 외국인이 두바이 현지인에 대해 모욕적인 발언을 해서 상대방의 기분을 나쁘게 하는 경우, 모든 처벌 기준은 외국인에게만 적용된다. 두바이에서 다른 운전자와 시비 끝에 욕설을 뜻하는 손가락짓을 한 남성에게 징역 1개월 형과 함께 추방 명령이 내려졌다. 원심의 형량이 과도하다며 항소심을 제기했지만 두바이 항소 법원은 품위에 어긋나는 행위를 저질렀을 경우 현지 법에 따라 강제 추방할 수 있다는 입장을 고수하고 있다. 두바이는 페이스북, 인스타그램 등 소셜 네트워크 서비스의 내용에 매우 민감하다. 전통 관습이나 이슬람 문화 정서에 어긋나는 포스팅이나 언행에 대한 대가는 엄격하다. 적법한 법 절차 없이 바로 구속되고 바로 추방하는 경우가 왕왕 있다. 화려하고 자유분방해보이는 두바이의 이면에 이슬람 율법에 근거한 처벌 기준이 바로 그것이다.

인터넷으로도 대중들과 활달히 소통하고 있는 세이크 모하메드는 2019년에 자신의 트위터 계정에 국민들에게 소셜 미디어에서 지킬 가이드 10개 조항을 공개하기도 했다. 자이드 초대 대통령의 인생과 윤리를 전할 수 있는 사람이 되자, 문제를 해결하는 사람이 되자, 개방성의 미덕을 갖자 등의 메시지였다. 하지만 흥미롭게도 그중 그의 진심도 들어있었다. 글로벌 마인드에 맞는 언어를 구사하고 늘 겸손하며 다양성을 받아들이는 사람이 되자는 내용이다.

요약하면 소셜 네트워크 서비스에 두바이 관련한 포스팅을 할 때 편견의 언어를 쓰지 말고 다양성을 인정하라는 메시지인 셈이다. 보이는 게 전부가 아니다. 현상의 단면만 보고 부분을 전체로 착각하는 일반화의 오류가 일어나기 쉬운 곳이다. 나 역시 내가 살면서 본 것이 전부가 아닐 수 있음을 염두에 두었다. 어느 사회이건 균형 있는 관점을 갖기 위한 물리적인 시간이 필요하다. 어느 사회나 마찬가지겠지만, 아랍 세계에서 섣부른 판단은 생각보다 위험하다. 현지 문화에 대한 포괄적인 이해는 필수적이다

개방적이고 서구적인 문화가 주류로 여겨지는 도시의 다른 한쪽에는 부족화된 자국민의 세계가 있다. 바로 베두인 (Bedouin) 부족이다. 사막에서 유목 생활을 하는 아랍인이다. 검은 염소 털로 짠 텐트를 치고 낙타 무리, 양 떼와 함께 살아간다. 자신들의 스타일에 자부심이 매우 강하다. 옷이나 말투, 행동 등에서 구별되는 이들은 그들만의 엄격한 규율을 철저히 지킨다고 한다. 고집 센 낙타와 양들을 휘이휘이 몰면서 모래바람을 친구 삼아 삭막한 모래언덕을 느긋이 왔다 갔다 하다가 어느 순간 속도 제한을 무시한 채 토요타 트럭을 몰고 도시에 나타나는 무리다. 그들에게는 사막의 문화가 기준이다. 도심의 커피점에 나타나면 금방 식별될 정도로 그들의 행동은 자유롭다. 싱글벙글거리는 얼굴에는 걱정이 없어 보인다. 가끔 카페에서 신발을 벗어 양반다리로 의자에 앉기도 하고 목소리도 요란스럽다. 그럴 때면 종업원이 다가와서 말해준다. "와건에서 온 듯해요." 와건은 알아인에서 좀 떨어진 지역인데 유목 부족이 많이 산다. 베두인에게는 도시인이 낯설 것이다. 근본을 알 수 없는

안쓰러운 존재인지도 모른다. 특히 이방의 외국인을 만나면 더욱 그럴 것이다. 카페 테이블 하나를 두고 수천 년의 부족 문화 역사와 현대 도시 문화가 공존한다.

웬만한 서양 국가보다 더 개방적인 화려한 도시 생활이 있지만 동시에 도심에서 30분 정도만 달리면 사막에서 낙타를 몰고 다니는 무리와 마주치고 함께 사진도 찍는다. 그들은 우리를 신기해하고 우리는 그들이 신기하다. 각자의 관점에서 세상을 살아간다. 두 개의 이원화된 사회구조를 멀리서 가까이서 경험하면서 환상이 걷어진 현실을 만난다. 사회정의도 그렇다. 때로는 부족의 문화에 따라 정해지고 때로는 현대의 법 구조에 따라 행해진다. 그 간극에서 헤매어 본 후에야 비로소 아랍에미리트의 전체 모습을 보게 된다. 우리는 코끼리 뒷다리를 잡고 다리의 혈관이 어디로 뻗었는지, 다리의 두께가 두꺼운 이유가 무엇인지 궁리하고 연구하면서 코끼리를 알고 있다고 말할 수 있을지도 모른다. 하지만 그런 식으로는 절대로 코끼리의 전체 모습을 볼 수 없음을 누구나 안다. 알면서도 종종 간과하는 것이 함정이다. 아랍에미리트에서 일하는 외국인 노동자는 출신 국가에 따라 서양 및 아랍권 그리고 제3세계로 나누어진다. 서양 및 아랍권은 사회 중층과 상층의 인프라를 만든다. 화려한 세이크 자이드 도로가 서양 및 아랍권 노동자의 세계를 상징적으로 알려준다면, 황량한 알아인 도로에서는 제3세계에서 온 노동자들의 세계를 읽는다.

세이크 자이드(Sheikh Zayed) 도로는 두바이 시내를 가로지르는 도로다. 아랍에미리트 초대 대통령의 이름을 땄다. 도로 양옆으로

5성 호텔들이 줄지어 서있다. 저층은 호텔이고 중층부터 아파트이다. 아파트에는 모든 가재도구가 비치되어 있다. 두바이식 유목 생활이다. 식물이든 액자이든 모든 집기와 가전제품이 호텔 소유이다. 청소부가 1년 365일 매일 청소하러 와서 실내를 점검한다. 침대의 하얀 시트를 매일 바꾸어준다. 제공된 화분에서 자라는 식물의 이파리만 닦으러 오는 청소부도 따로 있다. 한번은 고향이 어딘지 물었더니 네팔이라고 했다. 고향 포카라의 가족들은 그가 두바이에서 나무 이파리를 닦는 돈으로 살고 있는 셈이다. 벽에 걸린 액자는 물론 소파의 위치도 바꿀 수도 없고 벽에 못을 칠 수도 없다. 거실에 놓인 쿠션이 맘에 안 들면 새로운 쿠션을 비치할 수는 있지만 기존의 쿠션을 없앨 수는 없다. 이곳의 거주자는 대부분이 영국인 주재원들이다.

호텔 건물의 꼭대기에 가면 두바이 시내가 한눈에 들어온다. 풀장이 있고 술을 파는 바가 있다. 그 빌딩을 나오면 알콜 구입 허가증을 가지고 정해진 장소에 가서 술을 살 수 있지만 빌딩 안에서는 비키니를 입고 온종일 드러누워 선탠을 하고 원할 때마다 술을 마신다. 거기가 뉴욕이고 거기가 런던이다. 어떤 사람들은 두바이가 지상 낙원이라고 말할 정도이다. 세이크 자이드 로드에 늘어선 대부분의 호텔이 같은 시스템이다. 그런 곳이 바로 사람들이 일반적으로 알고 있는 두바이의 모습이다. 전 세계에서 유명한 브랜드는 다 찾을 수 있다. 거기에 중동에서 상대적으로 치안이 안전하다는 이유로 중동 국가 비즈니스맨의 대부분은 두바이를 본거지로 삼고 있다. 지인 중에는 단기간이었지만 아이들 교육 때문에 두바이를 떠나지 못해 카타르의 도하로 출근하는 워킹 맘도 있었다.

영국의 영향력이 강한 이유는 1971년 영국으로부터 독립한 이후 사회 인프라의 많은 부분이 여전히 영국 시스템을 따르기 때문이다. 당연히 서양인 중에서 영국인 근로자의 비율이 많다. 신기한 것은 작은 도시 알아인에는 술 도매상이 있어 누구나 술을 살 수 있는데, 대도시 두바이에서는 국가에서 발급한 허가증이 있어야 술을 살 수 있다. 음주에 관해서는 정해진 법이 있다기보다는 그때그때 상황에 따라 다르다. 알아인에는 시내의 허름한 건물에 술 도매상이 있다. 외부에서 보면 그냥 철문이다. 철문 앞에 서면 바로 문을 열어준다. 세계의 술은 다 있다. 한국의 소주가 처음 들어왔을 때 주인은 와인 코너에 있는 나를 굳이 끌고 소주 코너에 가면서 자랑했다. "이제 한국 소주도 종류별로 다 들어올 거예요." 두바이에서는 완전히 사정이 다르다. 외국인에게 두바이에서 술을 마실 수 있는 자격을 입증하는 신분증을 발급한다. 여행객이 아닌 거주자에게만 발급한다는 점이 카타르와 달랐다. 카타르에서는 여행객이라서 그랬는지 남편과 함께 술집 앞에서 음주 허가증을 발급받아서 술집에 들어갔다. 그래서 우리는 카타르에서 발급받은 음주 허가 면허증을 기념으로 갖게 되었다. 두바이는 종교라는 명분으로 비즈니스를 놓치지 않는다. 종교와 실익을 함께 추구한다. 대외적으로 이슬람권 문화이기에 종교를 내세우지만, 종교와 경제의 줄 위에서 영리하게 줄타기를 한다.

알아인(Al Ain) 도로의 사정은 세이크 자이드(Sheikh Zayed) 도로와 극명한 대조를 이룬다. 두바이의 정서를 기대하고 두바이에서 1시간 30분 정도의 거리에 있는 알아인에 온다면 문화 충격을 받을 지도 모른다. 두바이와 알아인의 도로에서 실감하는 풍경의 체감 온도가 완전히 다르다. 이곳이 같은 나라인가 싶을 정도이다. 알아인 도로에는 제3세계에서 온 노동자들이 듬성듬성 주저앉아 있다. 옷차림도 가볍다. 아랍 남자들의 전통 복장으로 머리에 쓰는 슈마그(Shemagh), 구트라(Ghutrah)니 아갈(Agal)이니 따끼야(Taqiya)도 없다. 그냥 몸을 가리는 디시다샤(Dishdasha) 하나면 사계절이 충분하다. 색상도 모래색이라 오염이 되거나 때가 타도 잘 보이지도 않는다. 비닐 포장지에 담은 담요 하나를 들고 다니는 사람들은 그나마 운이 좋다. 몸이 집이다. 움직이는 집이다. 이들은 메마른 모래바람이 부는 새벽 시장에 하루치 일을 찾아 나오는 인생들이다. 사람들이 다니지 않는 길가 도로에 앉아 하염없이 일을 기다린다. 새벽 시장 마감 시간 직전의 초조함도 보인다. 뭘 먹고 마시는 것도 아니다. 낮이고 밤이고 그저 앉아있는 듯한 느낌이다. 가난한 고국에서 비싼 비자비를 물고 아랍에미리트에 도착한 제3세계의 일꾼들이 가족에게 송금할 돈을 벌기 위해 매일 나온다. 안정된 직장을 구하기보다는 하루하루 때우는 일이다. 일당이든 주당이든 받으면 바로 환전소로 가서 본국의 가족들에게 송금한다. 본국의 통장에 저금한다. 이들에게 아랍에미리트는 돈을 벌기 위해 머무는 나라 이상의 의미가 없다. 본국에 집을 마련한다거나 목표한 돈이 생기면 미련 없이 떠날 국가이다. 결혼해서 아이를 낳는다 하더라도 시민권을 얻을 수도 없다. 돈에 매여 결코 떠날 수 없는 인생도 있겠지만 철저하게 돈을 벌기 위해 왔다가 목표한 돈이 마련되면 떠나가는 나라이다. 그래서 이 노동자들에게는 아랍에미리트라는 나라에 대한 귀속감이 없다. 자국민들은 그것을 너무나 잘 안다. 우리는 차 안에서 지나치는 차

창으로 그들을 바라보고 그들은 부질없이 지나가는 세속의 시간을 태운 차들을 바라보는 듯 무심한 눈길이다. 행색은 단순한데 때로 눈빛은 사유하는 철학자의 느낌처럼 깊은 인상이다.

자국 노동력이 절대적으로 부족한 구조에서 자국민의 노동력을 대체하는 외국인 노동자의 문제는 아랍에미리트가 당면한 가장 시급한 문제 중의 하나다. 자국민의 취업을 장려하기 위해 일정 수의 고용제를 의무화한다. 사우디에서 10%의 자국민을 고용해야 하는 의무가 있듯이 아랍에미리트도 10~20%의 자국민을 고용하는 할당제를 강제하고 있다. 이것을 '에미라티제이션(Emiratization)'이라고 부른다. 자국인을 일정 비율 이상 고용하거나 특정 직책에 자국인을 고용하도록 강제하는 것이다. 현지인 고용 의무 비율은 업종 및 기업 규모별로 다르지만, 공보 및 인사 관련 또는 비서직에는 반드시 자국인을 고용하도록 의무화하고 있다. 노동력의 자국민화 정책을 시행하는 이유 중에는 취업 시장에서의 경쟁력을 감안하여 자국민의 취업을 보장하기 위한 것도 있다. 높은 월급을 주고 자국민을 채용해야 하는 이유이다. 자국민과 외국인 간 임금 격차가 크다. 교사의 경우 현지인의 초봉이 외국인 교사 월급의 2배인 경우도 봤고, 현지인 초봉이 서양인 대학 강사보다 높은 경우도 비일비재하였다. 외국인 간의 월급 차이는 다국적 기업이 많아서 비교 자체가 불가능하다. 학력·경력·자격 조건·업무 능력뿐만 아니라 국적에 따라서도 임금 차이가 난다. 외국인 노동자에 대한 급여 수준은 직종별로 달라서 평균 임금을 단순화하기 어렵다.

제3세계의 남자 노동자가 길에 떠도는 하루살이라면, 제3세계의 여자 노동자의 삶은 집안의 붙박이 가구다. 그들은 메이드(Maid, 가사 노동자)이다. 고유명사인 그녀들의 이름은 사라졌다. 마담과 메이드 간의 관계는 현대의 신분제도이고 적과의 전쟁이었다. 다른 아랍 국가와 마찬가지로 아랍에미리트에서도 메이드의 존재는 필요 불가결하다. 마담과 메이드의 관계는 완벽한 갑과 을이다. 이들은 수많은 위험에 그대로 노출된 채 기본적인 안전장치 없이 일한다. 고용계약 위반이나 임금 미지급도 믿을 수 없을 만큼 허다하다고 한다. 낮은 임금이든 메이드를 대하는 사회 전체의 감수성 결여이든 간에 메이드에 대한 학대는 신문에 종종 등장한다. 얼마나 많은 메이드가 열악한 상황에 있는지 정확한 통계를 낼 수가 없다. 18년 간 월급 없이 갇혀 살았던 메이드의 증언이 나오고 부당한 이야기가 기사화되었을 때 사람들은 비로소 사실을 알게 된다. 진실은 숨어있다.

2014년 아랍에미리트 정부가 메이드 표준 계약서를 공포하면서 메이드의 최다 수출국인 필리핀 정부와 미묘한 신경전을 벌이기도 했다. 노동계약의 인증 감독 업무를 아랍에미리트 내무부가 관리하겠다고 선언했던 것이다. 그동안 메이드의 관리를 파견국에 맡겼는데 이제부터 자국에서 통제하겠다는 요지였다. 메이드에게 일주일에 하루 휴무, 연 14일의 유급 휴가, 최대 30일간의 병가까지 주는 항목도 넣었다. 겉으로 보기엔 완벽해 보였지만 실상은 교묘한 문제를 내포하고 있었다. 메이드의 경우 출신 국가에 따라 월급이 달랐는데 이제는 메이드의 출신, 국적과 관계없이 나라별 임금을 정하겠다는 지침이다. 이 말은 메이드의 월급을 자국에서 요구하는 최저임금을 지킬 필요가 없이 아랍에미리트에서는 아랍에미리트 법대로 하겠다는 말이다. 문제는 아랍에미리트 노동법에는 최저임금이라는 것이 없기 때문에 부당한 횡포가 있다 하더라도 막을 수 없다는 점이다. 가장 타격을 받은 나라는 필리핀 출신 메이드이다. 국가사업 차원에서 여성 가사 노동자들을 수출하고 있는 필리핀의 입장에서 메이드의 처우 조건과 임금 협상은 첨예한 이슈다. 가사 노동 시장에서 상위 월급을 받던 필리핀에서 메이드를 더 이상 보내지 않겠다며 즉각적으로 반발하고 국가 간 문제로 크게 비화되기도 했다. 아랍에미리트는 필리핀에서 온 노동 인력이 없다면 국가 서비스 산업이 멈출지도 모른다. 필리핀 인력이 구석구석 미치지 않는 곳이 없고, 그중에서도 메이드의 비율은 매우 높다. 그들은 가사노동 시장에서 상위 월급을 받고 있다. 기본적으로 영어를 할 줄 알기 때문이다. 메이드로 일하고 싶다고 해서 아무 국적이나 메이드 비자를 받을 수 있는 것은 아니다. 메이드 비자로 입국이 허용된 국적은 여섯 나라로 제한되어 있다. 필리핀, 인도, 인도네시아, 스리랑카, 방글라데시 그리고 에티오피아이다.

공식적으로 가정부 학대에 대한 연구나 통계는 없다. 신문에 난 사진 한 장에는 마당에 있는 큰 대추야자 나무에 어린 아시아 여자가 꽁꽁 묶여있었다. 게으른 메이드를 혼내주기 위한 벌로 더운 낮에 한 잎의 그늘조차 없는 나무에 묶어둔 것이다. 밧줄로 메이드를 묶던 손은 아마도 게으름에 분노했을 것이다. 메이드에 관련된 끔찍한 이야기는 끝이 없다. 화가 난 집주인이 주방용 냄비에 들어있는 끓는 기름을 청소하고 있던 메이드의 머리 위로 쏟아부었다. 메이드는 머리와 등에 심한 화상을 입었지만 3일이 지나서야 병원을 찾았다. 두 달 동안 몇 번을 수술하고 치료받은 메이드는 회복되자마자 감옥에 갇혔다. 불법 비자였기 때문이다. 많은 메이드가 비자 연장을 위해 학대를 참으면서 일하고, 고용주는 그러한 사실을 미끼로 학대한다. 신문 기사에 나온 라힐도, 아이마이처럼 도망친 메이드들의 스토리가 널려 있었다. 라힐은 고용주인 마담이 일 년간 그녀를 하루 4시간만 재웠다고 한다. 월급을 제때 받은 적도 없고, 집밖의 외출도 일체 허용하지 않아서 고국에 있는 부모님께 월급을 송금하러 갈 시간도 주지 않았다고 한다. 아이마이의 마담은 자상했지만, 고용주인 마담의 남편이 정기적으로 성추행을 해서 견딜 수 없었다. 결국 그 집을 떠났는데 마담에게는 그 이유를 차마 말할 수 없었다고 한다. 학대는 고용 조건을 어기거나 극심한 노동을 하게 하는 수준을 넘어서서 극단적인 신체 자해 및 성적 학대 등으로 이어졌다. 안전하고 좋은 메이드 식별법까지 나왔다. 부모는 아이들에게 메이드의 기분 변화를 살피게 하는 종이를 나누어준다. 메이드가 감정의 변화가 많은지, 혼자 말하는지, 몽상을 하는지, 얼굴에 감정 변화가 있는지 등이 체크리스트 항목에 있다. 메이드의 이상 행동을 즉각 보고하도록 가르치는 한편, 집안에 CCTV를 설치하여 메이드의 일거수일투족을 관리하고 통제한다. 물론 메이드와 좋은 관계에 있는 이웃도 많이 있지만 전반적으로 메이드는 하층 계급으로 무시되고 함부로 대하는 일꾼으로 인식하는 경향이 팽배하였다.

학대가 학대를 생산하여 메이드에 의한 보복 범죄율도 높았다. 학대받은 메이드가 돌보고 있는 주인집 아기를 학대하고 주인집 물건을 훔친다. 아즈만의 한 가정에서는 월급을 수개월째 받지 못한 가정부가 그 집의 보석을 훔쳐 달아나다가 붙잡혀서 감옥에 가기도 했다. 법은 학대보다 절도를 우선으로 다루었다. 메이드가 물건을 훔친 죄는 마담이 월급을 주지 않고 부당하게 학대한 죄에 선행하였고, 마담의 죄는 사라졌다. 상상하기 힘든 사건도 비일비재하였다. 한 가정부가 흉기로 고용주 집안의 세 아이를 위협하고 뜨거운 물을 그들 머리에 부었던 사건이 일어나기도 했다. 범행 후에 메이드는 고용주 부모의 학대와 부당한 처우에 견디다 못해 저지른 죄임을 시인했다. 말하기도 끔찍한 비극이 속출했다. 근로 계약이 끝나 본국으로 가는 비행기를 타기 위해 공항으로 가기 직전에 메이드가 저지른 범죄 사건도 크게 회자되었다. 주인이 메이드를 공항에 데려주려고 차 안에서 기다리는 동안 메이드는 잊은 물건이 있다면서 다시 집 안으로 들어갔다. 메이드는 자고 있던 갓난아기를 욕조에 담아두고 집 안의 누구에게도 알리지도 않은 채 대문을 잠그고 차에 올라탔다. 공항에서 메이드가 출국하는 것을 배웅하고 돌아온 부부는 작은 방에서 자고 있는 줄 알았던 아기가 욕조에서 숨져 있음을 발견했다. 정부는 국가 차원에서 본국으로 돌아간 가정부의 송환을 요청했다. 상상하기도 싫지만 인간으로 해서는 안 되는 악랄한 짓을 저지른 어린 메이드는 징계받아야 할 것이다. 하지만 비극이 비극을 낳는 사례들을 보면 본국의 가족을 부양하기 위해 돈을 벌겠다는 목적 하나로 외국에 온 어린 딸들의 삶의 여정이 얼마나 힘들었을지 짐작만으로도 가슴이 먹먹하다.

인신매매를 의심하게 하는 괴담도 많다. 한 여성은 17개월 동안 메이드로 일하다가 스폰서를 바꾸면서 두바이로 가는 줄 알았지만 스폰서에게 속은 것을 뒤늦게 깨달았다. 인가가 드문 사막 한가운데 위치한 작은 마을에 여성을 가두고 성매매를 강요했다. 그녀는 성매매와 강간으로 몸과 마음이 망가진 채 병원 입구의 쓰레기 더미 옆에서 발견되었다. 집단 강간을 피하려고 2층 건물에서 뛰어내리다가 등뼈가 골절되고 다리 부상을 입었다. 현장에 있던 5명의 남자가 겁을 먹고 여성을 병원 입구에 버려두고 간 것임이 나중에 밝혀졌다. 사람이 다니지 않는 빈 공사장에 방치되어 수 개월이 지나 발견된 사례는 더욱 처참하다.

학대나 성폭행 등으로 부당하게 메이드가 죽는 비극적 상황이 일어나면 양자 간에 바로 타협이 이루어졌다. 현지인 가해자는 형벌을 피하기 위해 피해자 가족에게 협상금을 지급하여 문제를 해결한다. 자국민이 중형이나 사형 선고를 받는 일은 거의 없다. 가난한 딸의 죽음이 돈으로 환산되고 협상액은 터무니없이 낮다. 그럼에도 협상금을 뿌리치기가 어려운 것이 또한 메이드 가족들이 처한 현실이다. 아버지는 딸의 시신을 찾기 위해 한 번도 와보지 못한 나라에 와서 타협금을 받고 딸을 가슴에 묻는다. 가난이 아니었으면 사랑하는 딸을 이국 만 리에 가정부로 보내지는 않았을 것이다. 사람 목숨이 파리 목숨임을 실감한다. 가난한 나라의 가난한 가정에서 태어나 가족을 먹여 살리겠다고 먼 이국에 와서 고생만 하다가 사라지는 가여운 딸들은 언제나 마음을 아리게 한다. 그리고 죽어서도 본국 가족의 생계를 책임진다. 딸들은 가난한 고국을 떠났을 때 행복했을까. 그 딸들의 젊은 청춘은 어디로 갔는가. 자식을 두고 온 여인이라면 더욱 가슴이 쓰릴 것이다. 이래저래 절대 가난은 많은 사람을 슬프게 한다.

2017년 벨기에 법원에서 있었던 아랍에미리트 왕족의 궐석 재판이 화제가 되었다. 2008년 아랍에미리트의 한 토후국 통치자의 아내와 7명의 딸이 벨기에의 고급 호텔에 머물 때 생긴 일 때문이다. 브뤼셀 법원이 첫 재판을 열기까지 무려 9년의 세월이 걸렸다. 아랍에미리트가 사건을 연기할 만큼 연기한 데다가 이미 해당 당사자들이 본국으로 돌아가 버렸기 때문에 유죄가 인정된다 하더라도 본국에서 벌금 정도 낼 수 있는 사건으로 축소되었다고 한다. 아랍에미리트 측이 법적 절차마다 이의를 제기하며 시간을 끌었다고 한다. 당시 이들 왕족 일행은 호텔의 한 층 전체를 통째로 빌려서 53개 객실을 8개월간 사용하였다. 20여 명의 메이드와 함께 투숙했는데 이들을 거의 노예 상태로 부렸다는 이유로 벨기에 현지인에 의해 신고되었다. 그중에 호텔에서 탈출한 메이드들도 있었다. 증언에 따르면 메이드들은 호텔에 머무는 기간 동안 호텔방 밖으로 일체 나가지 못했고, 하루에 4시간씩 교대로 대기하며 객실 바닥에서 자도록 했다고 한다. 식사 제공도 따로 하지 않아 공주들이 먹고 남은 음식을 먹도록 강요했다고 주장했다. 그럼에도 불구하고 최고의 일류 변호인단을 통해 왕족 여성들이 끊임없이 주장하는 것은 메이드에 대해 '특별한' 학대나 차별을 하지 않았다는 말이다. 특별하지 않다는 변명은 무감각하게 일어나는 일상이었다는 의미여서 더욱 애잔하다. 메이드가 일상에서 어떤 위치인지를 명확하게 반증하는 말이기 때문이다.

암나의 집 구경을 한 적이 있다. 현지인의 전형적인 가옥 내부 구조가 어떠한지 늘 궁금하였는데 직접 볼 기회가 생겼다. 암나를 따라가니 손님 응접실이 있는 본관 뒤에 메이드들과 운전기사 등 집 안일을 돕는 사람들이 상주하는 건물이 따로 있었다. 마치 공장 같은 느낌이 들었다. 빨래와 다림질 및 냄새나는 요리를 하는 방 등으로 가사 영역이 나누어져 있었다. 복도를 지날 때 암나는 곧바로 어느 방문을 열었다. 불을 켜지 않은 어둑한 방안에는 이층 벙커 침대가 놓여있었다. 메이드가 침대 모서리에 앉아 잠시 쉬고 있었던 모양이다. 암나가 방문을 열자마자 메이드는 자리에서 벌떡 일어나더니 부동자세로 섰다. 암나는 문고리를 잡고 이곳이 메이드 방이라면서 잠시 안을 보여주더니 바로 방문을 닫았다. 메이드를 붙박이 가재도구 정도로 취급하였다. 둘은 비슷한 또래로 보였다. 메이드의 나이를 아느냐고 물었더니 누구를 말하느냐며 메이드가 3명인데 나이를 모른다고 했다. 10여 년 동안 함께 생활했지만 개인적인 대화를 해본 적이 없다고 했다. 항상 다정하고 배려심이 있는 암나가 메이드에게 보여주는 무심한 태도는 나의 예상 밖이었다. 메이드들의 노동 가치는 절하되고 있었고 단절과 경시가 그들을 가로막고 있었다. 거기에 여성 간의 연대가 끼어들 틈은 일 센티도 없었다. 무심하게도 사회적 차별은 일상이었고 두 계급 간의 긴장과 갈등은 언제라도 터질 여지가 숨어있었다.

알아인에서 살았던 마카하니아 지역은 새 주택 단지였다. 새로 형성된 동네는 아부다비와 두바이 간의 고속도로 바로 옆에 위치해 있다. UAE 대학 교직원들을 위한 컴파운드에는 주로 서양인 가족이 살았다. 동네에 딱 하나 있는 컴파운드는 이름이 없다. 대문에 주소도 없다. 사서함을 사용하는 우편 시스템이기도 하지만 영국처럼 편지가 오고 한국처럼 택배가 올 일이 없다. 그냥 사서함 51515다. 그것도 대학 사서함이다. 대학교 직원 사서함에서 본인 물건 찾기는 또 다른 이야기이다. 컴파운드 바깥은 빈 공터로 사방이 모래밭이었고 와디(wadi, 사막의 마른 계곡) 건너편에는 작은 건물이 하나 있었다. 1층에는 프랑스식 카페 라브리오쉬와 영국식 슈퍼마켓인 스피니즈가 있었다. 라브리오쉬 커피집을 좋아했다. 카페의 종업원들은 모두 필리피노 여성들이다. 한결같이 아담한 키다. 이들은 본국의 가족을 부양하기 위해 아랍에미리트로 일하러 온 소녀 가장들이었다. 카페는 아침 7시부터 밤 12시 가까이 문을 열었고 종업원들은 기숙사에서 살면서 2교대로 일했다. 딱히 밤 문화나 오락 산업이 없는 사회에서 카페는 대체 불가의 유일한 여흥이고 문화이다. 이곳에 가면 한국 사람과 필리핀 사람만이 갖는 혹은 아시아인들만이 느끼는 유대감이 있었다. 그것은 포근했고 소소한 즐거움을 주었다.

한국어 수업이 없는 날은 카페에서 여러 가지 업무를 보았다. 가게에 들어서면 마치 고향 집에 온 손님처럼 반겨준다. 아시아 사람이라는 이유만으로 환대해주는 듯했다. 게다가 내가 한국인임을 알고는 더욱 친절했다. 서로에게 말을 붙이고 고향에 두고 온 가족의 안부를 물으며 친구의 곁을 내주었다. 국적과 언어와 나이가 달랐기에 오히려 상대에게 더욱 경청할 수 있었다. 필리핀까지 가는 비행깃값을 아끼느라 고향에 갈 수 없는 어린 친구들의 마음이 고스란히 얼굴에 묻어있었다. 그것은 그리움이었다. 그리움의 이름으로 하얀 우유 거품 위에 정성껏 하트 무늬를 만들어주던 카푸치노를 마시면서 하루를 시작하였다. 초췌한 얼굴에 언제나 머무는 그녀들의 미소, 고향에 가는 해에는 한 달 전부터 조카에게 줄 선물을 준비했다며 설레어하던 말투, 다녀온 지 1년이 지났는데도 마치 어제 휴가에서 돌아온 듯 세세히 알려주는 고향의 바닷가 풍경, 필리핀에 한국 사람이 많다는 이야기에 코리아타운에 새 가게가 열렸다는 소식까지 빠지지 않는다. 다른 문화이지만 마음이 통하여 서로 나눌 수 있는 웃음이 있어 팍팍한 이국 생활을 버티는 것 같다. 가족 부양이라는 숭고한 의무를 십자가로 껴안고 이국에서 꿋꿋하게 일하며 사는 어린 딸들을 존경하면서, 내가 그들에게 나눌 수 있는 것은 작은 미소, 작은 배려, 작은 친절이었다.

1

세계 최고, 최초, 최대를 꿈꾼다

가끔 사람들이 어디서 살다 왔느냐고 물을 때가 있다. "아랍에미리트"라고 하면 "어디?"라며 되물어 본다. 그런데 "두바이"라고 하면 "으응, 두바이" 하며 마치 아는 이웃을 대하듯이 자연스럽게 두바이를 말한다. 두바이가 7개 토후국 중 하나라는 사실을 알게 되면 그제야 아랍에미리트라는 나라에 관심을 갖기 시작한다. 수도가 아부다비임에도 많은 국제 행사가 두바이에서 개최되다 보니 UAE 혹은 아랍에미리트는 몰라도 두바이를 모르는 사람은 없는 듯하다. 두바이가 보통명사가 되었다. 두바이는 철저하게 계산된 도시이고 보여주기 위한 쇼맨십이 있는 카멜레온의 장소이다. 두바이는 모두에게 낯선 도시다. 두바이에 가면 관광객 모드가 된다. 학생들도 두바이에 갔다 온 주에는 마치 외국에 다녀온 듯 자기가 본 신기한 것들을 자랑하였다. 현지인들 눈에도 매번 새로운 곳이 두바이다.

아랍에미리트의 건물과 거리에는 유독 초상화가 많다. 가장 많이 보게 되는 사진은 바로 7명의 에미르(Emir, 토후국의 왕)가 나란히 서있는 모습이다. 7개의 토후국은 아부다비 (Abu Dhabi, 약 93만 명), 두바이(Dubai, 약 67만 명), 샤르자(Sharjah, 약 40만 명), 아즈만(Ajman, 약 12만 명), 움무 알 꾸와인(Umm al-Quwain, 약 4만 명), 푸자이라(Fujairah, 약 15만 명) 그리고 라스 알 카이마(Ras al-Khaimah, 약 15만 명)이다. 전체 석유 매장량은 세계 석유 부존량의 약 8% 수준이다. 전체 면적은 우리나라 크기이지만 인구는 약 900여만 명이다(2013년 통계). 아부다비와 두바이, 두 토후국은 필요에 따라 '따로 또 같이' 정책을 펼친다고 한다. 일례로 사용되는 예로 1980년대 이란과 이라크 전쟁이 있다. 이때 아부다비는 이라크를, 두바이는 이란을 지지했다고 한다. 이처럼 힘의 조율을 의식한 외교이다 보니 최근 중동의 극한 테러 위험에서도 아랍에미리트가 안전하게 살아남은 것 같다. 아부다비 토후국의 왕이 대통령이고 두바이 토후국의 왕은 부통령 겸 수상이다. 그래서 아부다비 왕세제는 있어도 아랍에미리트 왕세자라는 말은 없다. 7개의 부족이 하나의 국가로 연합한 역사를 상기시켜 주는 사진의 중앙에 아부다비 왕이 아랍에미리트 국기를 들고 있다. 아부다비는 전 면적의 85% 이상, 국가 석유 매장량의 94% 이상을 차지하고 있어 토후국 중에서 가장 영향력이 크다.

경제 발전에 주력하는 두바이가 국제도시라는 브랜드를 가졌지만 아부다비 역시 지속 가능한 경제 개발과 산업 다각화에 집중하고 있다. 최대 원유 매장지인 아부다비와 무역과 금융의 중심인 두바이는 각 도시의 개성이 뚜렷하다. 세계화의 흐름에 대처하는 방식 또한 선명하게 대조된다. 두바이는 세계 경제 중심주의를 채택하는 반면, 아부다비는 자국민 중심주의로 국내 자본과 문화산업에 치중한다. 한 국가 내에 존재하는 두 개의 역할이 조화롭게 주거니 받거니 공놀이를 하는 것 같다. 공동 목표는 원유 의존도의 감소와 지속 가능한 국가 발전이다. 신생 국가의 역량과 저력이 어느 분야에서 언제 어떤 형태로 나올지 모른다. 그래서 늘 궁금하게 만드는 나라이다.

아랍에미리트 생활이 생동감을 갖는 이유는 일상에서 세계 최초, 세계 최고, 세계 최대의 아이디어를 만나고 그 분위기를 편리하게 즐길 수 있기 때문이다. 두바이에는 특히 세계 최초, 최고, 최대의 상징물이 많다. 세계 최초의 7성급 최고급 호텔인 버즈 알 아랍 (Burj al Arab)을 설계한 건축가에 따르면, 두바이 시공사가 내건 조건이 딱 하나였다고 한다. 두바이를 연상시킬 수 있는 상징적인 건물. 건축가가 생각해낸 것은 아랍의 전통적인 배인 다우(dhow)의 돛 모양이었다. V자 모양을 한 두 개의 날개가 거대한 돛대를 형성 하며 뻗은 공간이 만든 결과는 성공적이었다. 버즈(burj)는 아랍어 로 타워를 말한다. 버즈 칼리파(Burj Khalifa)가 새로운 영예의 상 징이 되기 전에 돛 모양의 버즈 알 아랍은 오랫동안 두바이의 상징 물이었다. 두바이의 랜드마크가 된 세계 최고층 건물인 버즈 칼리 파는 높이가 829.8미터에 162층이다. 우리나라 삼성이 시공사로 참 여했다. 지상층에서 최고층까지 초고속 엘리베이터로 약 1분이 걸 리는 세계에서 가장 높은 인공 구조물이다. 2018년 이후 두바이의 상징은 두바이 프레임(Dubai Frame)으로 대체되었다. 투명 유리 다 리가 양쪽 타워와 연결되어 마치 거대한 액자 같다. 보기에는 단순 한 조형물처럼 보이지만 실제는 50층 건물의 전망대이다. 두바이의 상징은 매번 진화한다. 방심할 수 없는 매력의 도시이다.

세계 기록을 경신하는 데에 집중하다 보니 기록을 유지하는 데에 미처 신경을 못 쓰기도 한다. 2012년 알아인에 생긴 꽃동산이 세계 기네스 최고 기록(Guinness World Records)을 달성했다는 신문 기사가 매일 헤드라인을 장식하고 있었다. 외국 생활을 하면 신문의 작은 글자로 쓰인 정보 하나도 소중하다. 약도는 없지만 그 근방인 자카르 지역으로 갔다. 사막 속에서 꽃동산을 찾기란 숨은그림찾기였다. 우여곡절 끝에 사막으로 가는 외곽도로의 모퉁이 길에 접어들었다. 작은 농원은 골목길 안에 숨어있듯이 위치하였다. 키 작은 꽃들이 깔린 꽃밭이라 외부에서 보이지도 않고 입구가 있는 바로 앞길에서조차 입구를 찾지 못해 헤맬 정도였다. 내부는 관람객도 없이 조용하였고 관리인이 있는지 알 수도 없었다. 하지만 안쪽 꽃밭으로 들어갈수록 감탄과 환성이 절로 나왔다. 색색깔의 많은 꽃이 좁은 공간에 모여있으니 그곳이 꽃천지였다. 매달린 꽃바구니 숫자가 2,968개라고 했다. 바구니마다 빼곡히 담긴 꽃이 참으로 이뻤다. 사막 한가운데 꽃밭은 사막 한가운데의 대추야자 나무만큼 산뜻한 감동이다. 좋은 시간을 보낸 나는 얼마 후에 두바이에서 온 지인을 데리고 다시 방문했다. 하지만 그곳은 이미 완전한 폐허였다. 말라비틀어진 꽃바구니 몇 개가 담벼락에 댕강댕강 달려있을 뿐이었다. 허술했던 입구의 쪽문마저 봉쇄되어 있었다. 전 세계에서 가장 꽃바구니가 많았던 농원의 흔적이라고는 낮은 담 너머로 살짝 보이는 기네스북 기록 경신 표지판 하나다. 별 모양의 기네스 로고에 모래가루가 잔뜩 달라붙어 더욱 초라했다. 실망하지 않을 수 없었다. 결국 기네스 기록을 경신하기 위한 일회성 꽃밭이었던 것이다. 일단 세계 최대의 기록을 갖고 나면 곧장 또 다른 기록 사냥에 나서는 인상을 지울 수 없다.

다음 해에 두바이는 기적의 동산, 미라클 가든(Miracle Garden)을 개관하였다. 색색의 키 낮은 꽃으로 집 벽을 세우고 유리창에 창틀을 끼웠다. 비행기도 자동차도 색색깔로 만든 꽃동네였다. 정원 안에 사용된 꽃만 무려 4,500만 송이라고 한다. 엄청난 규모와 국가적인 광고에 힘입어 두바이 시내에서 먼 곳인데도 많은 관광객이 몰려들었다. 꽃에 관한 세계 기록은 다시 경신되었다. 미라클 가든은 2020년 세계 기록을 3개 추가했다. 세계 최대의 수직 정원, 세계에서 제일 큰 화훼 구조물, 세계에서 가장 높은 토피어리(topiary) 기록이 그것이다. 한 해는 세계 최대 꽃바구니로 기네스북 기록을 세우고 다른 한 해는 세계 최대 꽃밭으로 기네스북에 등록하는 나라, 그곳이 아랍에미리트다. 미라클 가든 바로 옆에는 세계에서 가장 큰 나비 공원이 있다. 걸프(Gulf)만 최초의 나비 생태 공원이다. 26종의 나비가 1만 5천 마리 서식하고 있다. 또 다른 세계 기록이다.

세계 최대 쇼핑몰인 두바이몰의 총면적은 대략 축구장 50여 개가 들어설 수 있는 규모이다. 두바이몰 안에 아쿠아리움이 있다. 세계 최대 아크릴 패널을 사용해서 만든 기록으로 세계 기네스북에 올라 있다. 내부에 있는 48미터의 수중 터널은 이곳이 단순한 쇼핑몰이 아니라 관광지임을 확인시켜 준다. 리스트는 끝이 없다. 두바이가 보유하는 기록의 다양함은 또 다른 기록이 될 것이다. 한 빌딩에서 공연된 세계에서 가장 긴 음향 및 조명 쇼, 눈 가리고 아랍어로 가장 빨리 문자 메시지 보내기, 세계에서 가장 긴 웨딩 베일, 세계에서 가장 높이 컵케이크 탑 쌓기, 심지어는 음주를 제한하는 나라임에도 세계에서 가장 비싼 코냑 한 잔, 폭탄주 섞기 최고 기록까지 있다. 두바이가 두바이의 기록을 깨고 있다. 두바이의 경쟁 상대는 두바이인 셈이다. 전 영역에 세계 최초, 세계 최고, 세계 최대 기록을 지향하는 정신이 그대로 스며있다.

인공 구조물도 마찬가지다. 팜 주메이라(Palm Jumeirah)는 세계 최대 인공섬이다. 세계 최대의 축구 경기장으로 축구 팬들의 성지로 알려진 영국 런던의 윔블리 경기장을 건축하는 데 4년이 걸렸다는데, 그런 축구장 600개 크기의 팜 주메이라를 건설하는 데는 6년밖에 걸리지 않았다고 한다. 이처럼 빠른 기간에 지어진 것이 두바이의 역량이다. 두바이와 1.4㎞의 다리로 연결이 되어있다. 바다를 매립해 조성한 인공섬들이 하나의 야자수 모양을 이루고 있다. 팜 주메이라가 가까워지면 차에 부착된 내비게이션의 스크린이 화려해진다. 달에서도 식별이 가능하게 만들었다는 인공섬의 들락날락한 해안선이 스크린에서 대추야자 모양을 보여주기 때문이다. 팜 주메이라는 단독으로 설명하기보다는 다섯 개의 상징이 모인 세트 중 하나로도 의미가 있다. 아랍에미리트에서 페르시아만 쪽으로 계획된 다섯 개의 인공섬은 초승달 모양의 두바이 워터 프론트, 팜 제벨 알리, 팜 주메이라, 세계 지도 모양의 더 월드, 팜 데이라이다. 이 중에 팜 제벨 알리와 팜 데이라는 재정난으로 현재 공사 중단 중이다. 신생 국가 두바이는 국제 경쟁력을 갖기 위해 더 빠르게, 더 높게, 더 많이 갖기 위해 오늘도 앞으로 달린다. 2016년 기준으로 아랍에미리트가 보유한 기네스북 세계 기록 165개 가운데 130개가 두바이에서 나왔다.

정치에서도 세계 최초의 행진은 계속되었다. 2016년 아랍에미리트 내각 선포가 그랬다. 장관 29명 중 여성 장관이 9명이었다. 여성 장관의 비율이 3분의 1에 육박한 놀라운 숫자였다. 여성의 사회 진출이 제한적이고 가부장적이고 보수적인 사회에서 과감하게 여성을 정치 내각에 기용하였다. 그 행보가 가히 파격적이라 세계의 주목을 끌었음은 물론이다. 2006년 여성에게 참정권을 부여한 아랍에미리트가 10년이 갓 지나 이룩한 업적이었다. 또한 정부 부처치고는 다소 이름이 생소한 청년부(Ministry of the Youth Affairs), 행복부(Ministry of Happiness), 관용부(Ministry of Tolerance), 미래부(Ministry of the Furure) 등의 기관도 세계의 이목을 끌었다.

내각의 평균 연령도 크게 낮추었다. 평균 연령이 38세로 세계 최연소의 젊은 내각이라는 또 다른 기록을 경신하였다. 그중에 최고봉은 청년부의 샴마 장관이다. 22세의 세계 최연소 장관이라는 세계 기록을 세웠다. 그전까지 세계에서 제일 젊은 최연소 장관의 나이는 31세였다. 아프가니스탄 난민 출신의 여성인 캐나다의 민주지도부 장관인 마리암 몬세프였다. 그런데 샴마 장관이 최연소 연령을 22세로 확 낮추었다. 장관의 나이 22세의 기록은 아마도 당분간 깨지기 힘들 것 같다. 청년부 장관을 뽑을 때 부통령 겸 총리인 세이크 모하메드는 젊은 여성 지도자를 구하고 있었다. 장관의 조건은 파격적이었다. "25살 이하, 지난 2년 내 대학을 졸업했거나 올해 졸업할 예정인 자"였다. 두바이의 변화를 세계에 홍보하려는 지극히 정치적인 행보이다.

종교에서도 마찬가지다. 2019년을 '관용의 해'라 이름 짓고 로마 바티칸의 교황을 초대하였다. 교황을 아랍에 초대한 사실도 역사의 한 페이지에 남을 일인데, 이에 더하여 이슬람 발상지가 있는 아라비아 반도에서 처음으로 가톨릭 미사를 집전하도록 주선하였다. 모하메드 왕세제, 즉 MBZ가 직접 공항에 마중을 나가고 이슬람교계에서 최고의 신학적 권위가 있는 이집트 알 아즈하르 사원의 이맘도 공항에서 교황을 맞았다. 자이드 스포츠시티 경기장에서 열린 미사에는 인근 국가에서 온 가톨릭 신자들을 포함해 약 17만 명 이상의 인파가 몰렸다. 4만여 관중석과 운동장을 가득 채우고도 모자라 인근 보조 경기장에서 대형 스크린으로 실황을 중계했다. 종교 간 화해와 전 인류의 박애를 강조한 가톨릭 미사가 이슬람 국가의 수도 한복판에서 열린 역사적인 날이었다. 가톨릭교회의 교황 방문일에 맞추어 아부다비의 학교는 휴교하였고 아부다비 전체가 축제 현장이었다. 교황은 갈등과 불화, 무력을 버리고 사랑과 평화를 추구하는 삶을 강조했다. 그는 특히 나무 같은 사람이 되기를 바란다는 설교를 했다. 예수를 뿌리 삼아 오염된 공기에도 불구하고 결국 맑은 산소로 되돌려주는 나무와 같은 사람이 되자는 요지가 아라비아 반도의 이슬람교도들에게 전해졌다. 이날 교황이 경기장까지 타고 온 차는 우리나라 기아 자동차인 쏘울(KIA Soul)이었다. 교황이 서울과 우간다 방문 등에서 이용했던 차량이다.

아랍에미리트에서는 이슬람이 아닌 다른 종교 시설을 부분적으로 인정한다. 자국민보다 외국인 노동자가 압도적으로 많은 나라에서 관용의 정신이 없다면 국가 자체에 위기가 올 것이다. 선교는 엄격히 금지되지만 타 종교 시설을 인정하고 외국인의 개인적 종교 활동은 보장하는 편이다. 종교 시설에 대해서도 관용적이다. 2016년에는 아부다비의 무시리프(Mushrif) 지역에 있는 세이크 모하메드 빈 자이드 알 나흐얀 모스크의 이름을 '예수의 어머니 마리아(Mary, the Mother of Jesus Mosque)'로 바꾸기도 했다. 각 나라의 종교 집회를 허용하여 동시에 4천여 명이 예배를 볼 수 있는 규모의 대단지 종교 시설이다. 한국 교회, 파키스탄 교회, 중국 교회는 물론이고 그리스 정교, 이집트 콥틱 정교 등을 포함한 50여 개의 종교 단체가 각각 독립된 공간에서 예배를 보고 있다.

또 하나의 최초 기록을 향한 성전 공사가 프란치스코 교황 방문 이후 추진 중이다. 유대교 사원이 이슬람권 나라에 처음으로 들어선다. 세계 3대 종교인 기독교, 이슬람교, 유대교가 서로 공존하며 상생하는 가치를 알리기 위한 프로젝트이다. 교황이 아랍에미리트 방문 중 만난 이맘 세이크 아흐메드 엘타예브(Ahmad al Tayyeb)와 함께 서명한 '세계 평화와 공존의 형제애 선언'의 결과물이다. 이 종교 단지는 '아브라함의 집'으로 이름을 정했다. 아브라함은 세 종교에서 공통으로 인정하는 예언자의 이름이기 때문이다. 종교의 포용성을 상징하기 위해 3개의 성전이 중앙 정원에서 출발한다. 종교의 뿌리가 결국 같다는 상징을 세심하게 배려했다고 한다. 기독교 교회는 해가 뜨는 동쪽으로, 이슬람 모스크는 메카 방향, 유대교 사원은 예루살렘 쪽을 각각 향한다. 이러한 종교 간의 공존을 이슬람 문화권의 오래된 밀레트(Millet) 전통에서 찾았다. 밀레트는 15세기 이후 오스만 제국 시기에 있었던 제도로 서로 다른 종교를 가진 사람들을 환영하는 전통에서 비롯한다.

유대교 사원뿐 아니라 이스라엘에 관해서도 올해 2020년 8월에 새 기록을 세웠다. 걸프 지역 아랍 국가 중 이스라엘과 수교한 최초의 나라가 되었다. 아랍에미리트와 이스라엘, 두 나라 외교 관계를 완전히 정상화하기로 합의한 공동 성명이 발표되었다. 그동안 이스라엘과 아랍 국가들은 팔레스타인 문제 등으로 관계가 좋지 않았지만, 이제는 상호 대사관 개설과 투자, 관광, 직항 항공편 개설 등을 협의하고 있다.

최초의 기록은 땅을 넘어 우주에도 적용된다. 2020년 7월에는 아랍 최초의 화성 탐사 계획으로 '아말(Amal)' 발사에 성공했다. '아말'은 희망이라는 뜻이다. 세계가 코로나 사태로 어수선할 때, 아랍에미리트는 일본 다네가시마 우주센터에서 6년간 개발한 화성 탐사선 '아말'을 우주 발사체에 실어 우주로 쏘아 올렸다. 아말 탐사선은 2021년 2월 화성 궤도에 들어선다. '아말'이 화성에 도착할 경우 아랍에미리트는 미국, 러시아, 유럽, 인도에 이은 다섯 번째 화성 탐사국이 된다. 현재 화성에는 6대 탐사선이 궤도를 돌고 있다. 하지만 이들은 극지 궤도에 고정돼 있어 화성 전체를 관측할 수 없다. 반면 '아말'은 경사 궤도를 돌며 화성 구석구석을 살핀다. '아말' 탐사선이 화성에 도착하면 동시에 모하메드 빈 라시드 우주센터에서 새로운 우주선을 보낼 계획이라고 한다. 아랍에미리트는 이제 우주선과 관련한 또 하나의 타이틀을 최초로 가질 것이다. 그동안 인류가 시도한 화성 탐사 프로젝트의 절반이 실패한 상황에서 역사가 짧은 국가인 아랍에미리트가 도전한다는 것은 그 의미가 막중하다.

2016년 알아인에서 아쿠와스 행사를 할 때 만난 한 현지인은 한국에 가본 적이 있다며 친근하게 말을 건넸다. 본인 소개를 하면서 몇 년 후에 우주에 갈 사람이고 유명해질 텐데 이름을 잘 기억해 달라고 했다. 그 당시에는 황당한 소리로 들었는데, 아랍에미리트는 이때 이미 '에미리트 화성(Emirate Mars)'이라는 화성 과학 도시를 계획하고 있었다. 그들은 화성에 갈 우주인을 모집하여 화성과 같은 조건에서 1년 동안 거주하는 실험 프로젝트를 진행하고 있었던 것이다. 세이크 모하메드는 이미 2006년에 에미리트 첨단 과학 기술원을 설립했고 아랍에미리트 역사상 최초로 우주인을 국제 우주정거장(ISS)에 보내는 등 지속적으로 우주 개발을 주도하고 있다.

예술에서도 예외가 아니었다. 개인적으로 가장 인상 깊은 사건은 예수 초상화 '살바토르 문디(Salvator Mundi)'의 출현이었다. 레오나르도 다빈치가 '모나리자'를 그렸던 시기인 1500년경에 그린 것으로 추정되는 이 작품은 세계 미술품 경매 사상 최고가를 기록한 화제작으로 오랫동안 위작 논란이 있다가 진품으로 결론이 났다. 1958년 소더비 경매에서 우리 돈으로 환산해서 단돈 7여만 원에 팔렸다가 2011년 영국 런던 국립 미술관에 전시된 이후에 다시 진품 판정을 받았다. 2017년 크리스티 뉴욕 경매에서는 무려 약 4,971억 원에 팔리면서 '21세기 최대의 재발견'으로 불렸다. 세계 미술계의 중심에 선 이 작품이 누구의 손에 들어갔는가 하는 것이 한동안 세계 미술계의 화제였다.

세계 미술품 경매 사상 최고가를 기록한 화가, 살바토르 문디의 화제성에도 불구하고 작품을 구매한 사람의 신원이 알려지지 않아 더욱 화제를 모았다. 그만한 거액의 돈을 주고 그림을 살 사람은 많지 않기 때문에 더욱 그랬다. 많은 추측이 난무한 속에서 알려진 서류상의 구매자는 사우디의 바데르 왕자였다. 예술품 수집가나 재력가로서 많이 알려지지도 않았던 새로운 인물이었다. 하지만 바데르 왕자가 사우디의 모하메드 빈 살만(MBS) 왕세자와 같은 대학을 졸업했고 둘이 매우 가까운 사이라고 알려지면서 바데르 왕자는 단순한 중개인이었고 실제로는 MBS 왕세자가 구입했다는 소문이 무성했다. 그러다가 그림의 최종 구매자로 아랍에미리트의 아부다비 문화관광부가 거론되었다. 이번에는 MBS 왕세제가 아부다비 왕실과의 친분을 쌓기 위해 그림 선물로 보답했다는 풍문도 흘러나왔다. 그렇게 소문만 무성하고 살바토르 문디의 실제 구매자가 나타나지 않은 미술계는 마치 탐정 소설처럼 추측과 억측만 가득하였다. 소문을 양산하던 사람들이 실 소유주의 정체에 지쳐갈 때쯤 세상에 던져진 트위터(Twitter)의 한 문장은 사람들로 하여금 탐정 소설의 접힌 부분을 다시 펼치게 했다.

트위터에 "살바토르 문디가 루브르로 오고 있다"라고 뜬 것이다. 아부다비 루브르 박물관 분관 계정이었다. '루브르 아부다비(Louvre Abu Dhabi museum)'라는 이름을 세상에 알렸다. 전 세계를 상대로 아부다비 루브르 박물관의 존재감, 세계 미술 시장에서의 파워를 확실하게 심어주는 홍보를 한 셈이다. 사람들은 그제야 루브르 박물관이 아부다비에도 있음을 알았다. 가로 45.4㎝, 세로 65.6㎝ 크기인 화폭에 가득 담긴 푸른색 옷을 입은 예수가 아부다비에 도착했다. 이슬람의 국가에서 예수의 초상화를 구매한 것이다. '살바토르 문디'는 세상을 구원하는 자, 즉 구세주라는 뜻이다. 레오나르도 다빈치가 그린 예수의 초상화로 목판에 유화로 그린 작품이다. 오른손은 축복을 내리고 왼손은 크리스털 보주, 즉 투명한 둥근 공 같은 구를 잡고 있는 예수의 상반신이다. 예수는 정면을 응시하고 있는데 그림의 배경은 검다. 다빈치는 검은색은 색이 아니라고 했지만 검은 숯과 같은 바탕색은 예수를 돋보이게 만드는 효과를 극적으로 연출한다. 하지만 2017년 예정되었던 살바토르 문디의 공개 전시는 이유를 밝히지 않은 채 연기되었고, 2020년 현재까지 그가 어디 있는지 행방을 알 수 없다. 또 다른 이유로 또다시 미스터리인 작품이다. 다음 퍼포먼스가 무엇이 될지 독자는 탐정 소설의 다음 챕터가 나오면 알게 될 것이다.

루브르 아부다비가 문을 연 것은 2017년 11월이다. 아부다비가 30년 6개월간 루브르 박물관의 브랜드 사용과 소장품을 대여하기로 합의하였다. 아랍에미리트는 세계 최고의 기관들에게 기꺼이 브랜드 사용료를 지불하고 선진국의 운영 및 관리의 노하우를 배우고 있다. 탈석유 이후의 미래가 거기에 있음을 확신하기 때문이다. 아부다비에서는 미술관 전시가 활기차다. 구겐하임, 루브르 등 세계 유명 미술관의 아부다비 분관에서 고급 미술을 관람할 수 있다. 루브르 아부다비가 정식 개관을 하기 전에 섬 전체에는 '사디야트 아일랜드(Saadiyat Island) 프로젝트'라고 이름 붙인 전시가 지속적으로 있었다. 아랍에미리트는 아부다비 북부 사디야트

섬을 통째로 미술관으로 탈바꿈시키고 있었다. 아부다비 시내에서 다리를 건너면 나타나는 사디야트 섬은 개발이 전혀 되지 않았던 곳이었다. 허허벌판 공사장이었다. 미술관에 가려면 이정표 없는 공사장의 엄중한 경비 시설도 지나쳐야 하지만 바다가 바로 붙어 있기에 늘 행복한 나들이였다. '사디야트'는 행복이라는 뜻이다. 행복한 섬에서 시작된 미술 산책은 아랍에미리트에서 시작된 끝이 없는 미술 전시회 관람이었다. 아랍의 특성상 정보가 공유되지 않고 소규모 모임인 경우가 많아 찾는 데 어려움이 있었다. 더러 실망하는 경우도 있었지만 그것마저 예술과의 만남에 갈급한 나에게는 충만한 기쁨으로 보답되었다. 신문을 꼼꼼히 읽는 덕분에 작은 정보 하나도 놓치지 않고 미술과 예술 공예의 무한한 세계를 마음껏 즐길 수 있었다. 사우디에서는 우상 숭배라는 이유로 금지되었던 미술 전시회와 작가들의 작업실을 아랍에미리트에서는 자유롭게 볼 수 있었다. 나는 오랫동안 잊고 살았던 예술이 나의 열정임을 확신했다. 그것은 우물처럼 깊고도 익숙한 상상과 창의성이 함께 하는 즐거움이었다.

루브르 아부다비는 프랑스 건축가 장 누벨이 설계했지만, 구겐하임 아부다비는 스페인의 구겐하임 빌바오를 지은 미국 건축가 프랭크 게리가 설계했다. 스페인 북부지방을 여행했을 때 가장 인상적이었던 미술관이 빌바오의 구겐하임이다. 빌바오는 아부다비의 도시재생 사업의 롤 모델이었다. 쇠퇴해가던 공업도시 빌바오는 스페인의 철강과 조선 사업의 쇠락으로 심각하게 침체되었던 도시 경제를 구겐하임 미술관을 유치함으로써 되살려냈다. 내가 만난 빌바오는 예술의 도시였다. 내가 사랑하는 예술가인 루이스 부르주아의 '거미'가 있고 제프 쿤스의 꽃 강아지 '퍼피'와 스테인레스 스틸로 만든 색색의 튤립이 반겨주는 세계적인 문화 관광 도시이다. 아부다비 해안가의 방치되었던 모래섬인 사디야트 지역이 빌바오의 도시재생 성공 선례를 따라 예술의 장소로 거듭나는 아이디어를 얻었다고 하니 개인적으로 더욱 반가웠다. 아랍에미리트의 상상력은 오늘도 세계 구석구석에서 자라고 있다.

아랍에미리트의 미술 행사로 샤르자(Sharjar) 토후국도 빠지지 않는다. 바다의 전망이 아름다운 토후국인 샤르자에서 열리는 멋진 미술 축제, '샤르자 비엔날레'이다. 샤르자의 세이카 후아 알 카시미가 시작한 이 미술 축제는 전통적이고 지역 중심적인 행사였는데, 점차 국제화되고 있는 주목할 만한 전시회이다. 격년마다 열리는 이 축제에 어느 해인가 한국 이름이 떴다. 미국에 사는 한국계 큐레이터인 주은지 씨가 미술 축제의 기획를 총괄하는 중책을 맡았다. 참여한 한국 작가들과 한국의 설치미술도 관심을 끌었지만 기획 책임자가 한국인이라는 점만으로도 아랍에미리트의 미술계에서 한국인의 위상을 올리는 계기가 되었다. 아랍에미리트는 두바이, 아부다비, 샤르자 등을 중심으로 미술 산업 육성을 위한 다양한 지원 정책을 실시한다. 토후국의 특성별로 차별화 정책을 펼친다. 이처럼 각각의 시장 상황에 따라 다른 예술 행사로 세계의 미술 시장을 저돌적으로 선도함으로써 아랍에미리트는 이웃 나라 카타르를 바짝 따라가고 있다.

현재까지 아랍 미술 시장의 중심 역할은 카타르가 주도하고 있었다. 카타르의 이슬람 박물관(MIA, Museum of Islamic Art)은 이슬람 문화에 눈을 뜨게 해주었다. 나는 MIA박물관의 다양한 영역에서 이슬람 예술의 세련미와 절정미에 큰 인상을 받았다. 지금은 모스크로 바뀐 터키에서 본 성 소피아(Hagia Sophia) 성당에서 받았던 감동에 버금갔다. 금속 세공, 도자기, 보석, 목재 세공, 섬유 및 유리를 포함한 이슬람 예술의 걸작을 보았다. 파리 루브르 박물관의 유리 피라미드를 설계한 건축가 I.M 페이가 설계한 박물관의 위용 또한 인상적이었다. 이슬람 예술에 대한 알찬 정보가 담겨 있던 훌륭한 박물관이다. 2018년 아부다비 루브르 박물관에 전시된 걸프 지역 지도에 카타르가 빠져있을 만큼 두 나라 간의 긴장이 팽팽했던 적도 있었다. 2020년 올해 초에 아랍에미리트는 카타르와 단교한 지 3여년 만에 우편을 통한 교류를 재개했다. 카타르가 테러조직을 지원하고 이란에 우호적이라는 이유로 그동안 사우아라비아, 바레인, 이집트와 함께 단교했었다. 카타르와 아랍에미리트, 두 국가가 중동의 미술 시장의 주도권을 갖고 어떤 각축전을 벌일지 기대된다. 아랍 미술이 세계 미술계에 미치는 영향이 점점 커지고 있기 때문에 더욱 흥미진진하다.

한국의 미술도 아랍 시장을 겨냥하여 해마다 규모가 커지고 있다. 아부다비의 무사파에 위치한 아트 허브(Art Hub)에서 있었던 '한국의 달' 프로그램은 아랍에미리트에서 가본 첫 미술 행사였다. 아트 허브 장소는 황무지 벌판이자 트럭 전용 고속도로 옆에 있었다. 밤길에 무섭게 달리는 트럭 사이에서 우왕좌왕 헤매다가 겨우 개막식 시간에 맞추어 도착했다. 망막한 사막 한가운데에 위치해 있지만, 한국 미술에 대한 호기심으로 다양한 국적의 사람들이 찾아온다는 사실이 신기했다.

2007년에 시작된 두바이 아트 페어(Dubai Art Fair)도 아랍 미술 시장의 중심 역할을 한다. 두바이의 자유무역 지구에서 미술품 거래 시 관세가 면제되는 혜택을 활용한 전시회이다. 두바이 아트 페어가 오픈하던 첫해 첫날에 두바이의 통치자인 세이크 모하메드가 직접 아트 페어 행사장을 방문하였다. 그는 즉석에서 김창렬 화백의 물방울 시리즈 중 한 작품을 1억 4천만 원에 구입하였다. 그 외에 배병우 작가의 소나무도 팔리는 등 한국인의 작품 4점이 팔렸다. 한국 미술의 중동 진출 가능성에 긍정적인 신호였다. 아부다비 아트 페어(Abu Dhabi Art Fair)도 해마다 성황이었다. 한국에서 중동 지역까지 그림을 들고 온 갤러리들이 해마다 늘어갔다. 규모도 커지고 작품의 숫자도 늘고 참관 오는 관계자들의 수도 늘어났다. 시장조사를 겸해서 오기도 하고 작가들이 직접 참여하기도 하였다.

예정대로라면 올해 아랍에미리트의 최대 이벤트는 '두바이 엑스포 2020'이었다. 중동·남아시아·아프리카 지역 최초로 개최되는 월드 엑스포이다. 원래 2020년 10월부터 6개월간 열릴 예정이었지만, 코로나 19의 세계적인 비상사태로 인해 2021년 10월 1일로 연기되었다. 올해 계획되었던 많은 프로젝트가 코로나 19 사태로 이루어지지 못했지만, 곧 회복되어 원하는 성과를 얻기를 기대한다. 두바이 엑스포 2020은 'Connecting Minds, Creating the Future(마음의 연결, 새로운 미래의 창조)'를 슬로건으로 내걸었다.

엑스포에는 지속 가능성(Sustainability), 기회(Opportunity), 이동성(Mobility)의 세 가지 주제가 있다. 각 주제에는 각각 아이콘이 있다. 지속 가능성은 테라, 기회관은 옵티, 이동성은 알리프라고 불리는 마스코트이다. 지속 가능성의 전시관에서 방문객은 코스로 숲과 바다를 선택할 수 있다. 숲과 바다 코스를 지나면서 관람객들은 관람과 동시에 자연스럽게 환경보호를 위해 무엇을 할 수 있는지 생각하게 될 것이다. 기회관에서는 줄, 돌 등 천연 물질을 이용해 건물을 설치하였고 이동성관에서는 주제에 맞게 지하철로 두바이 도심을 연결하였다고 한다. 3개의 건물을 연결하는 정중앙에는 연결 광장과 두 개의 공원이 있어 주변으로 미슐랭 식당을 포함한 200개 이상의 음식점이 들어선다.

엑스포 행사장 주변에 있는 알 와슬(Al Wasl) 지역에서는 이미 축제 기분이 든다. 알 와슬이라는 이름은 1820년대 영국 역사가들이 부른 이름이라고 한다. 이곳은 유럽 스타일의 카페가 많다. 일요일 오전이면 많은 이가 햇살을 맞으며 브런치를 즐기는 곳이다. 그런데 엑스포 기간에는 이곳에서 매일 60개 이상의 라이브 이벤트를 감상할 수 있다고 하니 상상만으로도 설렌다. 특히 알 와슬 근처의 오피스를 포함하는 'District 2020' 프로젝트가 눈에 띈다. 엑스포 기간에 입주하는 회사는 임대료가 무료이며 엑스포 이후에도 각종 혜택을 받을 수 있도록 제도적 장치를 세웠다. 창업기업 및 중소기업이 성장할 수 있는 비즈니스 요충지로 개발할 절호의 기회이다. 그뿐만 아니라 엑스포 폐막 이후 경제성장 효과를 지속해 나가기 위해 엑스포 시설의 대부분을 재사용하거나 용도를 변경하는 계획 또한 마련되어 있다고 한다. 서방과 아랍권의 핵심적인 거점 도시에 만들어진 인터넷 시티, 미디어 시티, 정보 마을도 두바이의 정보 기술이 지속 가능하게 발전하고 있음을 덤으로 보여줄 것이다. 특히 인터넷 시티는 1999년 세이크 모하메드가 왕세제일 때 이 지역에 내건 공약이었던 "사막을 IT 지역으로 조성하겠다"라는 의지가 실현된 꿈의 장소이다. 현재 중동 IT의 허브이다.

엑스포에서 특히 주목할 것으로는 위의 3가지 주제에 따라 개별 국가관이 조성된다는 점이다. 각 나라의 발전 상황과 함께 각국이 어떤 가치를 더욱 중시하고 투자하는지를 알 수 있는 좋은 기회이다. 엑스포 행사에는 192개국에서 500여만 명이 참여할 것으로 예상한다. 참여국마다 개별 국가관을 짓는다고 한다. 한 자리에서 세계 최고의 건축가들이 디자인한 건물을 보는 것 자체가 이미 관광거리이다. 한국관은 외관을 입체 큐브로 연결한 멋진 구조물이다. 큐브의 회전과 사막의 뜨거운 햇빛이 합작하여 나타날 빛의 예술이 기대된다. 순간마다 다른 이미지와 색상을 표현한다고 하니 더욱 설렌다. 한국관은 이동성 구역에 세워진다. 이동성이라는 주제에 맞게 한 번의 충전으로 370㎞까지 갈 수 있는 전기 자전거를 비롯해 역대 최대 규모로 조성될 예정이다. 한국관에서는 '스마트 코리아, 한국이 선사하는 무한한 세상(Smart Korea, Moving the World to You) '을 주제로 세계에 한국의 예술과 기술을 선보일 예정이다. 2020년은 한국과 아랍에미리트 수교 40주년이며 순수 한국 기술로 건설 중인 바라카 원전 1호기가 본격가동에 들어간 해이기도 하다. 엑스포를 통해 한국과의 왕성한 교류가 더욱 견고해지는 기회가 되길 기대한다.

엑스포에 들어간 광고비는 공식, 비공식 비용을 다 합치면 약 400조 원 이상으로 추산된다고 한다. 두바이의 세이크 함단 왕자 (Sheikh Hamdan bin Mohammed bin Rashid al-Maktoum)는 엑스포 유치 성공을 염원하며 버즈 칼리파 꼭대기에서 특유의 미소와 함께 엑스포기를 흔드는 퍼포먼스를 하기도 했다. 미국 경제지 ≪포브스(Forbes)≫가 2009년 선정한 '세상에서 가장 섹시한 왕족' 4위에 이름을 올릴 정도로 그의 대중적 인기는 높다. 세이크 함단은 두바이의 첨단기술과 문화의 홍보는 물론 개인 소통과 국위 선양의 기회로 인스타그램을 효과적으로 활용하고 있다. 그의 인스타그램에 나오는 사진을 보면 조카들을 매우 예뻐하는 듯하다. 그래서 생긴 애칭이 'Uncle dandan'이다. 2015년 우리나라의 한 벤처회사에 조카들을 위한 유아용 자동차를 주문하기도 했다. 핸들에 스와로브스키의 크리스털 보석 알만 2천 여개가 들어갔다고 해서 화제가 된 적이 있다. 인스타그램에서 애완견과 노는 모습, 극한 스포츠를 즐기는 모습은 일반인 같지만, 화려한 규모의 자선 파티나 예술 분야의 사진을 보면 그의 행보가 얼마나 종횡무진으로 바쁜지 알 수 있다. 우리나라에서 치료받는 친척을 방문하러 왔을 때도 한국에서의 생활을 실시간으로 인스타그램에 올리며 대중들과 소통하고 있었다.

두바이에서는 꿈을 꾸면 곧 현실이 된다. 사막에서 세계 제일의 골프 대회가 열리고, 없던 섬이 만들어진다. 세이크 모하메드는 불가능한 것을 보면 그것을 가능한 것으로 만들고 싶은 열망이 솟구친다고 한다. 그것이 자신이 도전을 좋아하는 이유라고 말한 바 있다. 시인이기도 한 그는 일찍이 자서전, ≪나의 비전: 최고의 도전 (My Vision: Challenges in the Race for Excellence)≫에서 '최고, 최초, 최대 정신'에 대해 묘사했다. "아프리카 초원에 사는 사슴은 매일 아침 일어날 때마다 잡아먹히지 않기 위해 사자보다 빨라야 한다. 사자는 눈을 뜰 때마다 굶어 죽지 않기 위해 약한 사슴보다는 빨리 달릴 수 있어야 함을 매일 깨닫는다. 당신이 사슴이든 사자이든 중요하지 않다. 당신은 다른 사람들보다는 빨라야 성공할 수 있다"라고 비유했다. 급변하는 세계를 동물의 약육강식의 세계와 동일 선상에서 파악한 것이다. 그의 비유를 음미하면서 나는 사자와 사슴이 나오는 다른 버전을 생각했다. 사자는 한 끼 식사를 위해 달리지만 사슴은 생명을 건지기 위해 달린다. 강한 육식 동물이 약한 초식동물을 사냥하지만 늘 성공하는 것은 아니라는 우화가 떠올랐다. 세계 최고, 최초, 최대 측면에서 살펴본 아랍에미리트는 다각화된 국가 비전 포스트 오일 시대에 능동적으로 대비하고 있다. 눈썹 밑에 서걱이는 모래를 보면서 앞으로 앞으로 나아가는 아랍에미리트에 정지된 현재는 없다. 모든 것이 미래를 향한 현재 진행형이다. 언제나 확장을 꿈꾸고 변화를 추구하는 나라이다. 그래서 주목하게 되는 나라이다.

2

타블레 샐러드(Tabbouleh)와
피시 앤 칩스(Fish and Chips)

타블레 샐러드는 아랍 전통 음식이고 피시 앤 칩스는 영국의 대표적인 음식이다. 아랍에미리트를 이끄는 쌍두마차격인 아부다비의 세이크 모하메드와 두바이의 세이크 모하메드라는 두 사람을 연구하면서 나의 상상력은 아랍 음식과 영국 음식으로 비약했다. 시작은 MBZ의 청년 시절 이야기에서 비롯하였다. 아부다비의 세이크 모하메드(MBZ, Sheikh Mohammed bin Zayed al Nahyan)는 초대 대통령인 세이크 자이드의 셋째 아들이고 두바이의 세이크 모하메드(Sheikh Mohammed bin Rashid al Maktoum)는 아부다비 토후국의 왕이었던 세이크 라시드 빈 사이드 막툼의 셋째 아들이다. 아랍어에서 빈(bin)이라는 단어는 아들을 뜻한다. 아랍에서 이름은 그 사람에 대한 많은 정보를 제공한다. 누구 아들, 어느 부족 출신인지가 분명해지고 부족의 명예와 역사는 그들 정체성의 본질을 이룬다. 한 사람은 자이드 알 나흐얀의 아들이고 한 사람은 라시드 알 막툼의 집안이다. 두 집안 모두 오랜 세월 동안 아부다비 토후국에서 막강한 세력을 가졌던 부족이다. 둘 다 셋째 아들이고 첫 이름이 같아서 둘 다 세이크 모하메드이다. 그래서 여기서는 MBZ와 세이크 모하메드로 구별하였다.

　MBZ는 모로코에서 청년 시절을 보냈다. 자이드 대통령이 지도자 수업을 위해 아들 MBZ를 서방 세계가 아닌 모로코 수도인 라밧(Rabat)으로 보낸 것이다. 대통령은 아들을 모로코로 보내면서 아들의 여권에 나오는 이름에서 자이드(Zayed)라는 성을 뺐다. 아들을 강하게 키우겠다는 아버지의 바람이었을 것이다. 아들은 여권상으로 자이드 대통령과 무관한 평범한 청년이 되었다. 대통령은 아들이 어떤 혜택도 없는 일반 청년으로 외국 생활을 하기를 원했다. 라밧에 도착했을 때 대통령의 아들은 그냥 아랍에미리트에서 일하러 온 청년이었다. 청년 MBZ는 라밧에 있는 작고 허름한 식당에서 웨이터로 일하면서 지냈다. MBZ는 이 시기를 회고하면서 아무런 살림살이도 없는 허름한 숙소의 냉장고를 열면 먹을 거라곤 타블레 샐러드가 담긴 그릇이 달랑 하나 놓여있었고, 샐러드 위에 곰팡이가 필 때까지 밤이고 낮이고 먹는 날도 있었다고 했다. 타블레(Tabbouleh)는 토마토, 파슬리, 양파 등을 다진 채소 위에 민트를 얹은 샐러드이다. 이 이야기를 읽으면서 나는 빈 식탁 위에 놓인 타블레 샐러드 접시를 앞에 둔 청년 MBZ를 떠올렸다. 대통령의 아들이 낯선 땅에서 식당 알바 후 자취방으로 돌아오는 밤늦은 골목길과 가구도 없는 빈 방에서 홀로 꾸역꾸역 삼키며 먹는 타블레 샐러드는 어떤 맛이었을까? 때로는 가죽처럼 질긴 샐러드의 맛도 느꼈을 것이다. 하지만 아버지의 의도를 되새긴다면 타블레 샐러드의 추억이 서글프지만은 않았을 것이다. 없는 자의 삶에 공감하고 꿈을 주는 지도자의 덕목도 떠올리지 않았을까? 아버지 자이드 대통령의 의도를 깊이 생각해 보았을 것이다. 물론 아랍 최고의 음식인 모로코의 음식의 다채로움도 맛보았을 것이다. 베르베르, 이슬람, 스페인 안달루시아, 프랑스 등 수많은 문화의 영향을 받아 풍성한 모로코 음식에서 다양한 문화의 조합도 한 번쯤은 생각했을 것 같다.

MBZ는 한국 언론에서는 모하메드 왕세제로 널리 알려진 인물이다. 사실상 아부다비의 실세이다. 아랍에미리트의 대통령은 칼리파 빈 자이드 알 나흐얀(Sheikh Khalifa bin Zayed al Nahyan)이지만 10여 년 전에 뇌졸중으로 쓰러진 이후 핵심 업무를 보지 못하고 있다. 그래서 이복동생인 MBZ가 국정에 참여하고 있다. MBZ는 사우디의 모하메드 빈 살만 왕세제(MBS, Sheikh Mohammed bin Salman bin Abdulaziz al Saud)와 구별하여 모하메드 빈 자이드(MBZ)로 불린다. 2018년 문재인 대통령이 아부다비를 방문했을 때 베두인의 문화 체험을 하고 싶다고 말을 꺼내자마자 즉석에서 헬기와 차량 수십 대를 준비해 줄 정도로 한국에 우호적이다. 또한 양국 협력의 상징으로 꼽히는 국내 첫 수출 원자력 발전소인 바라카 원전 1호기 건설 사업에서 우리나라의 APR-1400 경수로를 선정한 것도 그의 결단이다. 2011년 아덴만 여명 작전에서 총상을 입은 석해균 선장에게 자신의 전용기를 제공하는 등 한국과 우호적인 관계를 유지하고 있다. 2014년에는 한국을 방문하여 가톨릭대학교와 서울성모병원에서 입원 치료를 받고 있는 자국 환자와 가족을 위로하기도 했다. 한편으로 미국 ≪뉴욕타임스≫는 도널드 트럼프 대통령 취임 후 미국의 중동 전략에 막대한 영향을 끼치는 인물로 모하메드 왕세제를 꼽고, "아랍에서 가장 강력한 통치자는 사우디의 MBS가 아닌 아랍에미리트의 MBZ"라는 기사를 내기도 했을 정도로 그의 영향력은 크다.

한편 두바이의 세이크 모하메드는 이미 2006년에 미국의 ≪타임스≫가 선정한 '세계를 변화시킨 영향력 있는 인물 100인'에 올라가 있는 지도자이다. 그는 아랍에미리트의 정신을 묘사하면서 "꿈에는 한계가 없다"와 같은 명언을 여러 개 남겼다. 청년시절에 영국에서 널리 알려진 최고급 영어 학교인 벨(Bell Language School)에서 어학 수업을 받았다. 영국 문화원에서 인정하는 어학원인 벨 학교는 케임브리지 시내 외곽의 주택가에 있다. 처음 벨 학교를 지나갈 때 남편이 "저게 그 유명한 벨학교!"라고 말하기 전에 나의 눈은 이미 학교 정문의 담쟁이덩굴에 꽂혀있었다. 한눈에 봐도 오래된 울창한 나무들로 녹음이 짙었던 멋진 영국식 건물이었다. 학교 시설을 비롯해 커리큘럼, 강사의 자질, 학생 관리에서 뛰어나 학비가 매우 비싸다. 영국 사람들도 부러워하는 소위 귀족 학교이다.

청년 세이크 모하메드는 케임브리지 시내에서 영국 음식 피시 앤 칩스를 맛보았을 것이다. 많은 사람이 익히 알듯이 영국의 음식은 피시 앤 칩스 정도가 있을 뿐 독특한 고유의 음식이 없고 조리법이 단순하다. 어쩌면 내가 다니던 밀로드(Mill road)에 모여있는 아랍 음식점 중 한 집에 갔을지도 모르겠다. 케임브리지는 작은 도시이고 아랍 사람들이 좋아하는 곳 역시 정해져 있기 때문이다. 또한 세이크 모하메드는 자전거를 즐겨타는데 영국의 케임브리지는 자전

거의 천국이다. 13세기 초에 형성된 옛 도시라 도로가 좁아 차량보다는 자전거가 단연코 압도적인 교통수단이다. 차량도 큰 차보다는 실용적인 경차를 선택할 수밖에 없다. 도시에 주차 공간이 터무니없이 적기 때문이다. 케임브리지에서 살아봤기 때문에 누구보다도 잘 안다. 청년 세이크 모하메드는 공부를 마치고 자전거를 타고 케임브리지 시내로 돌아오는 길에 아랍 슈퍼마켓을 지나 한 번쯤은 밀로드 혹은 벌레이 스트리트의 야외 의자에 앉아 그 유명한 피시 앤 칩스를 맛보았을 것이다.

세이크 모하메드는 인터뷰에서 자전거 타기를 좋아한다고 본인이 말하기도 했고 자전거 타는 사진이 신문에 종종 실리기도 했다. 역시 자전거 타기를 좋아하는 남편은 두바이 자전거 공원에서 친구들과 자전거를 타다가 세이크 모하메드와 딱 마주친 적이 있다고 했다. 우연히 같은 도로를 달리다가 잠깐 쉴 때 옆에서 헬멧을 벗는데 세이크 모하메드였다고 했다. 경호원 없이 타고 있었다고 했다. 나 역시 두바이로 가는 고속도로에서 번호판 1번인 차를 여러 번 지나쳤다. 번호판 1번은 세이크 모하메드의 차량 번호이다. 본인이 직접 운전했는지 알 수 없지만 세이크 모하메드는 홀로 두바이 시내를 다니는 걸 즐긴다고 말한 적이 있다. 권위 의식보다는 합리적이고 소탈한 관계를 유지하는 것으로도 널리 알려져 있다. 언젠가 BBC 방송에서 두바이에 관한 다큐멘터리를 본 적이 있다. BBC의 유명한 앵커인 존 소펠(Jon Sopel)이 두바이로 취재를 왔다. 그때 세이크 모하메드는 존 소펠을 자기 차에 태우고 직접 운전하면서 두바이 명소를 소개하였다. 존 소펠 앵커가 인터뷰 도중에 경호 문제를 언급하자 세이크 모하메드는 "내가 혼자 마음 놓고 이 도시를 다니지 못하면 어떤 외국인이 이곳을 자유롭게 다니겠냐"라고 말했다. 이런저런 이유로 나는 그가 영국식의 합리성과 실용적 스타일을 갖고 있다고 생각한다.

세이크 모하메드가 가진 무궁무진한 상상력의 원천은 아마도 시인의 기질일 터이다. 아랍 유목민들의 전통 사고에 따르면 시인이야말로 부족 최고의 지식인이자 적군들 앞에 서서 시로 대적하여 그들을 물리치는 전사였다. 그가 두바이의 최고 지도자로 임명된 것은 2006년이지만 1995년 왕세제로 지명되자마자 21세기 비전을 제시할 정도로 미래 지향적인 인물이기도 하다. 그때 그는 "아랍에미리트는 전속력으로 달리는 일만 남았다. 몇 년만 파내면 고갈될 석유만 믿고 있을 수 없다. 석유 이외에서 돈을 벌자. 그것도 신속하고 획기적으로 벌자"라고 말한 것으로 알려져 있다. 이는 그의 아버지이자 건국 부통령으로 32년간 두바이의 통치자이기도 했던 세이크 라시드 빈 알 막툼(Sheikh Rashid bin Saeed al Maktoum)이 한 명언을 상기시킨다. 그의 아버지 역시 유명한 말을 남겼다. "나의 할아버지는 낙타를 탔다. 나의 아버지도 낙타를 탔다. 나는 메르세데스(Mercedes)를 탄다. 내 아들은 랜드로버(Land Rover)를 탄다. 그의 아들도 랜드로버를 탈 것이다. 그러나 그 아들의 아들은 다시 낙타를 탈 것이다." 석유가 유한함을 상기시키는 비유이다. 시 같은 표현과 구절로 국민을 감화시키고 미래를 제시하는 것은 집안 내력인 듯하다. 아버지와 아들이 함께 국민의 마음에 비전을 심어주고 국민을 설득하는 탁월한 지도자이다.

세이크 모하메드는 영국의 몬스 장교 후보생 학교(Mons Officer Cadet School)에 입학하여 6개월간 속성 코스를 마치고 22세 나이에 세계 최연소 국방장관 자리에 올랐다. 재임 중 아랍·이스라엘 전쟁을 포함한 험난한 시기를 겪으면서 두바이를 국제적인 도시로 재탄생시켰다. 그의 의사결정과 비전의 이면에는 서방 세계의 인재들로 구성된 2천여 명의 싱크탱크가 함께 한다고 한다. 그들을 "두바이 아이디어 오아시스(Idea Oasis)"라 부른다. 그는 영국 유학에서 영향을 받았음 직한 실용 외교로 두바이 신화를 만들었다. 또한 2019년에 연방국가회의 내 여성 비율을 50%로 상향 조정하는 내용을 담은 대통령령을 발표했다. 현재 아랍에미리트의 의회에서 여성 비율이 22.5%인데 이를 절반 수준으로 향상시키겠다는 것이다. 다른 나라에서 수십 년에 걸쳐 이뤄낼까 말까 한 것을 바로 추진하겠다는 정부의 결정은 단호하고 그만큼 절실해 보인다.

코로나로 인해 내년으로 연기된 두바이 엑스포 2020의 반지 모양 로고도 세이크 모하메드의 아이디어에서 출발하였다. 순찰을 위해 두바이의 상공을 비행하던 그는 인적없는 두바이 외곽에 위치한 어느 외진 사막 위를 지나게 되었다. 아래를 내려다보던 그의 눈에 아주 작은 모래언덕 지역이 들어왔다. 주변 모래언덕과 다른 형태의 모래 물결을 발견하고 그곳을 발굴할 것을 지시했다고 한다. 그곳이 바로 사루끄 알하디드 사막으로 이는 두바이와 아부다비의 경계선에 있다. 유전 탐사단은 4천 년 동안 방치되었던 그 지역에서 우물 유적을 발견했고, 세이크 모하메드는 우물의 동그란 테에서 영감을 얻었다. 다양한 원이 이어져 원형을 이루고 있는 로고는 끊임없는 연결을 의미하며 연결은 두바이 엑스포 2020의 주제이다. 기념비적인 두바이 엑스포를 앞두고 아랍에미리트가 고민한 것이 나라의 역사가 짧다는 단점이었는데 세이크 모하메드가 그 우려를 한 방에 날린 것이다. J.R.R.톨킨(Tolkien)의 ≪반지의 제왕(The Lord of the Rings)≫에 나오는 반지를 능가하는 스토리가 생겨났다. 4천 년 전의 우물과 현대 문명사회를 잇는 창의적인 연결을 두바이의 지도자가 해낸 것이다. ≪반지의 제왕≫에서 "반짝인다고 해서 다 금인 것은 아니며 헤매는 자 다 길을 잃은 것은 아니다. ... 부러진 칼날은 온전해질 것이며 왕관을 잃은 자 다시 왕이 되리"라는 스토리가 나왔다면 두바이 엑스포 로고의 반지는 4천 년을 거슬러 두바이의 역사를 새로 쓰는 콘텐츠를 생산하고 있다. 두바이의 스토리는 그렇게 매번 업그레이드된다. 세이크 모하메드의 기발한 상상력이 아니면 도저히 나올 수 없는 스토리였다. 그는 "한계라는 것은 없다. 있다면 한계는 당신의 상상력이다"라고 말할 정도로 상상력의 힘을 확신했다.

두바이의 4천 년 역사가 나오자 이제 아부다비가 나설 차례였다. 두바이와 아부다비가 형님 아우 하면서 앞서거니 뒤서거니 움직이는 공놀이가 공식처럼 보일 지경이다. 아부다비는 작년 말 아부다비 서쪽에 있는 마라와섬에서 고고학자들이 약 8천 년 된 것으로 추정되는 천연 진주를 발굴했다고 밝혔다. 문화부 장관이 나섰다. "방사성 탄소 연대 측정 결과 진주가 발견된 지층은 기원전 5,800~5,600년에 형성된 것으로 보인다"라고 발표했다. 아부다비는 16세기 베네치아의 보석상 가스파로 발비를 소환하여 아부다비가 세계에서 가장 오래된 진주를 품고 있다고 발표했다. 8천 년 된 진주는 아부다비 루브르 박물관에서 공개되었다. 진주의 역사는 아부다비 지역의 역사가 선사시대까지 거슬러 올라간다는 징표였다. 두바이가 4천 년간 버려진 사막에서 유적지를 발견하고 우물 형태에서 새 시대의 희망을 여는 엑스포를 상징하는 스토리를 만들면 그다음은 아부다비에서 8천 년 된 진주가 공개된다. 그렇게 두 도시는 독창적이고 영감 넘치는 스토리텔링으로 나라를 이끌어 가고 있다.

이와 같은 아랍에미리트의 성공적인 발전 전략 뒤에 있는 한 사람이 있다. 바로 초대 대통령인 세이크 자이드(Sheikh Zayed bin Sultan al Nahyan)이다. 그는 탁월한 리더십으로 국가의 주요 부문 전반에서 절대적인 영향력을 미쳤다. 우선 학교 교육정책을 수립하고 계몽하는 데 많은 열정을 쏟았다. 1971년 영국으로부터 독립한 시점에서 그만큼 교육이 절실했던 열악한 환경이었다. "국가의 진정한 부는 물질적 자원에 있는 것이 아니라, 그 국가의 국민에 자리 잡고 있다"라고 선포하였다. 취임 후 그는 각 가정에 방치되어 있는 자녀들을 학교에 보내라는 명목으로 자녀 수에 따른 후원금을 지원했다. 그 자신부터 교육에 대한 열망이 있었다. 어린 시절 그는 학교에 가고 싶어도 갈 수 없었다. 어린 시절을 보내던 알아인의 어느 곳에서도 학교란 찾아볼 수 없었다. 단지 이슬람교에 관한 기본적인 교육을 받을 수 있을 뿐이었다. 사막 생활이 자신에게 필요한 모든 것을 가르쳐 주었다던 그는 사막의 매사냥에서 많은 것을 배웠다고 한다. 매를 길들여 야생 상태에 있는 사냥감을 잡는 매사냥은 전통 유목 사회에서 동료애를 가르치는 가치를 인정받아 현재 세계 유네스코 유산이 되었다. 아마 아들 MBZ를 모로코로 지도자 수업을 보낸 이유도, 학교 교육에서 배울 수 없는 다른 가치와 덕목이 지도자에게 중요함을 깨달았기 때문이었으리라 짐작해본다.

단일 국가로 통합한 후 세이크 자이드가 개혁에 나선 분야는 여성과 교육 정책이었다. 여성들을 위한 교육기관이 아예 없었던 건국 초기 상황에서 그는 여성의 잠재력을 크게 강조하였다. "여성은 사회의 반쪽이고 나라의 발전을 추구하는 나라라면 그 어느 나라도 여성을 문맹과 가난 속에 빠뜨려 놓고 성장할 수는 없다"라는 말로 여성의 잠재력에 대한 관심과 주의를 환기시켰다. 외국인 노동자가 너무 많고 자국민의 인구가 너무 적어서 여성 인구를 활용하지 않을 수 없었던 시대적 상황이기도 했지만 국가로서는 위기가 기회가 되었다. 여성에게 비전을 심어주는 정책을 펼치고 여성이 사회에 기여하는 생산적인 역할을 믿었다. 국가 건설 전반에서 여성을 대상으로 국가적 차원의 전략을 수립했다. 여성의 리더십이 요청되는 새로운 전환의 시기임을 알리면서 장관직, 연방국가회의 의원 및 의장직, 세계 여러 국의 대사를 여성에게 맡겼다. 여성 지도자의 리더십이 개발되는 시대가 도래하였다.

자이드 대통령이 한 교육적 성취 중 결코 빼놓을 수 없는 것은 1976년 국립대학인 UAE 대학을 경제적, 문화적으로 낙후된 도시, 알아인에 설립한 것이다. 알아인은 내륙지역으로 단순한 농업에 기반을 두고 있어 경제적으로도 개발이 안 된 지역이다. 아부다비와 두바이의 화려한 현재의 명성 뒤에서 과거와 전통을 껴안고 담담하게 살아가는 곳이다. 도시라기보다는 마을 같은 느낌이 드는 이유는 아마도 도심에 2층 정도의 나지막한 높이의 빌딩이 태반이기 때문이기도 할 것이다. 높은 빌딩이 거의 없는 작은 도시이다. 알아인이라는 말은 아랍어로 우물, 즉 오아시스라는 뜻이다. 아부다비 토후국의 도시인 알아인, 인구 65만여 명이 사는 이 도시에는 큰 기업이나 회사가 없다. 도시의 직업군은 교사 아니면 간호사라 할 정도로 산업이 취약하다. 교육시설과 병원이 전부이다. 아랍에미리트 인구는 현대화된 두바이와 아부다비의 두 도시에 집중되어 있다. 교육을 받으려면 도시로 나가야 했는데 알아인에 최대 규모의 국립대학이 생김으로써 사막 지대에 있는 많은 청년에게도 무료 교육의 혜택이 뻗칠 수 있게 되었다는 점에서 그 의의가 있다. 그 결과 문명의 혜택에서 벗어나 있던 여성들도 문맹에서 벗어날 수 있었다. UAE 대학에는 약 1만 5천 명의 학생이 있다(2019년 기준). 자국민을 위한 대학이지만 쿼터제를 두어 걸프 지역의 학생들과 기타 외국인 학생들에게 일부 개방되어 있다.

아랍에미리트의 학제는 유치원, 초등학교(6~11세), 중등학교(12~14세), 고등학교(15~17세), 대학교이다. 국내 대학의 경쟁력을 강화시키는 해외 명문대학들도 많이 들어와 있다. 미국의 뉴욕대학과 MIT, 프랑스 소르본 대학, 하버드 대학, 영국의 런던 비즈니스 스쿨 등의 분교가 있다. 아랍에미리트는 25세에서 54세의 인구가 전 국민의 약 69.5%를 차지하는 젊은 나라이다. 그중 남성의 비율이 약 72%이다. 여성의 비율은 약 28%에 불과하다. 아랍에미리트의 현지 여성의 수가 압도적으로 적지만 이들에겐 역량이 있다. 바로 교육의 힘이다. 2008년부터 아랍에미리트의 각 대학에서 여학생의 비율이 남학생의 비율을 앞지르기 시작하였다. 일간지 《내셔널(Natonal)》에 따르면 2017년 기록으로 자이드 대학의 경우 등록한 여학생의 비율이 약 89.9%로 여자 대학생의 수가 압도적으로 많다. 아랍에미리트의 다른 대학도 비슷한 실정이다. 젊은 여성들이 가진 무한한 잠재력을 시사한다. 교육 수준이 높아질수록 여학생의 비율이 높다. 특히 눈에 띄는 것은 UAE 대학에서 스템(STEM, science, technology, engineering and mathematics), 즉 과학, 기술 공학 및 수학 전공으로 졸업한 학생의 절반이 여성이라고 한다. 그래서인지 정치, 연구, 재생 에너지, 원자력, 항공 기술 등에서 여성의 역할이 늘고 있다. 여성이 미래라는 신념으로 교육과 사회 진출을 지지하고 있다. 특히 올해 2020년에 성과를 낸 화성 탐사선인 아말 프로젝트에서는 행성 과학팀의 34%, 화성 탐사팀의 80%가 여성이다. 아울러 현재 외교 국제협력부 직원의 약 50%, 외교 부문에서 일하는 관리자의 20%가 모두 여성이다. 스페인, 홍콩, 라트비아, 핀란드, 브라질 그리고 UN 대사가 여성이다. 여성들을 위한 교육기관이 아예 없었던 1970년대 건국 초기와 비교하면 엄청난 진보이다. 이에 나아가 2071년까지 세계에서 제일 좋은 나라가 되겠다는 국가 비전의 청사진을 담은 '센테니얼(Centennial) 2071'의 주요 축으로 교육을 꼽고 있다.

미국인 친구 낸시를 통해서 알게 된 사막 프로그램이 있다. 아부다비의 교육제도인데 개인적으로 아랍에미리트에서 본 가장 인상적인 제도로 아랍에미리트의 긍정적인 미래 역량을 가늠하게 했다. 낸시는 매주 한 번 사막으로 출장 수업을 갔다. 70대인 그녀는 일주일에 세 번, 알아인에서 1시간 반을 차량으로 이동하여 어느 외진 사막의 딱 한 채 있는 집에 가서 영어 수업을 하고 있었다. 동네 이름도 모른다고 했다. 아부다비 교육청에서 보내주는 차량으로 이동하는데 사막에 그 집 하나뿐이라고 했다. 처음에 낸시가 사막에서 1명의 영어 수업을 한다고 할 때 믿기가 어려웠다. 단 한 가정의 아이 한 명의 영어 교육을 위해 원어민 강사를 보낸다는 사실은 단 하나의 영혼이라도 구제하고자 하는 절실함이다. 사막의 고립된 모래언덕에서 자란 한 사람이 교육의 힘으로 그 사막을 어떻게 변화시킬지 아무도 모른다. 새삼 아랍에미리트의 미래 지향적인 가능성에 감탄하였다. 낸시의 수업을 받던 아이의 동생이 자라면서 학생이 2명이 되었다. 10살이 안 되는 2명의 베두인 학생을 알아인으로 데려와 도시 구경을 시켜주기도 했다. 아부다비 교육청은 미래의 꿈나무들을 양성하기 위해 오늘도 교사들을 사막으로 보낸다. 사막에서 헤매는 아이 한 명까지도 보듬고 가는 교육제도이다. 소외된 자 없이 공정하게 미래의 꿈을 심어주는 제도다. 이런 제도가 있는 한 아랍에미리트의 미래는 탄탄하다. 나무 그늘의 근원인 뿌리의 힘을 믿는 것일 테다. 아랍에미리트는 중동 국가의 롤 모델이라는 자부심을 갖고 있다. 아랍권 나라의 젊은이들을 대상으로 매년 실시하는 한 조사(Arab Youth Survey, 2016년 기준)에 따르면, 아랍에미리트는 2012년 이후 '아랍 청년들이 가장 살고 싶어 하는 나라' 1위이다. 아랍 청년들이 아랍에미리트를 긍정적으로 평가하는 이유는 일할 기회, 안보와 안전, 높은 월급, 교육제도 등을 꼽고 있다.

아랍에미리트의 근대화를 이룬 지도자에 대한 국민들의 신뢰와 존경은 남녀노소 연령 불문이다. 33년 동안 대통령을 7회나 연임하였지만 누구도 그를 독재자라 하지 않는다. 오히려 그 반대이다. 살아있는 신화이고 영원한 전설이다. 축제 때는 물론이고 일상적일 때도 차의 뒷유리창에 세이크 자이드의 초상화 포스터를 붙인 채 사막으로 도시로 종횡 질주한다. 호텔이든 학교이든 공공건물이든 개인 건물이든 어디에서나 그의 초상화가 입구 로비에서 국민을 반긴다. 인터넷 계정의 프로필 사진에도 자이드 대통령은 살아있었다. 아말의 집에서도, 모우자의 집에서도 자이드 대통령의 사진 액자는 거실을 지키고 있었다. 아랍 전통차인 카약을 마시면서 죽은 전직 대통령의 교육관을 이야기하고 그의 아내 파티마의 여성 권리 보호에 대해 이야기하는 것은 아랍 가정의 일상이다. "지금 현재 살아있는 유명인도 아니고 얼굴을 본 적도 없고 고인이 된 옛날 대통령의 일화를 어찌 그리 생생하게 아느냐"라고 물었다. "엄마가 말해주고 할머니가 말해주었기 때문"이라고 했다. 세이크 자이드는 추억의 인물이면서 동시에 일상에서 살아 숨 쉬는 인물이었다. 자이드 대통령의 리더십은 빌 게이츠의 말대로 '좋은 나무 한 그루만 있으면 몇만 마리의 새가 쉴 수 있음'을 입증하였다. '통합의 리더십'의 영향력은 유효 기간이 없다.

3

위-아래와 아래-위

여성의 활발한 사회 진출과 함께 사우디와 아랍에미리트의 두 나라에서도 여성 리더에 대한 사회적 인식이 높아지고 있다. 이 장에서 두 나라에서 영향력을 행사하는 여성 지도자들을 소개하려고 한다. 아랍에미리트의 여성 리더십은 왕족이나 엘리트 지도층에서 시작된다. 사회 지도층의 책임과 의무가 막중하다. 아랍에미리트의 경우 아쿠와스를 통해 아랍 여성들과 소통하면서 느낀 점은 일반 여성들이 리더십을 발휘할 수 있는 환경은 아직 요원해 보인다. 하지만 기존의 리더십 패러다임에 긍정적인 변화가 일어나고 있음을 목도하였다. 이 책을 쓰기 시작한 것도 그런 변화에 주목했기 때문이다. 현재 아랍에미리트에서 영향력을 행사하는 여성 중에서 중요하다고 생각되는 인물 7명을 임의 선정하였다. 이들 중 절반이 한국과 연관되어 있다는 사실은 흥미롭다. 세이카 파티마와 세이카 루브나처럼 한국에서 명예박사 학위를 받기도 하고 세이카 모나와 세이카 림처럼 한국에서 개최한 국제 행사에 참여하여 인터뷰하고 연설하기도 했다. 한류를 경험하는 여성 지도자들의 역량과 열정과 비전이 아랍에미리트에서 새로운 시대의 새로운 여성 리더십으로 부각되기를 희망한다. 한류가 아랍에미리트에 유입되는 많은 외부 문화 중에서 주류로 자리 잡기를 바라는 마음은 아랍에미리트에서 뿐만 아니라 해외에서 일하는 모든 한국 사람의 희망 사항일 것이다. 이것이 내가 아쿠와스를 통해 중동 한류를 응원하고 한류 속에서 젊은 아랍 여성들의 역량 강화에 주목하는 이유이다. 그런 의미에서 아랍에미리트가 다양한 분야에서 일반 여성 리더를 육성하기 위해 교육하며 일반 여성들의 역량 발굴을 위해 지속적으로 노력하고 있음은 반가운 일이다. 최근 아랍에미리트에서 영향력을 갖는 7명의 여성 지도자들을 소개한다.

아랍에미리트 여성 리더십의 출발점에 있는 첫 번째 인물은 널리 알려진 세이카 파티마(H.H Sheikha Fatima bint Mubarak)이다. 아랍어에서 빈트(bint)는 딸이다. 그녀는 초대 대통령인 세이크 자이드의 세 번째 아내이자 MBZ의 어머니이다. 아랍에미리트에서 '국모(Mother of Nation)'로 존경받고 있다. 세이크 자이드의 든든한 동반자로 국가 발전을 위한 여성 권익 신장을 추진했다. 여성이 고등 전문 교육을 받을 수 있도록 독려하고 공공 부문에 여성이 완전히 참여하도록 했다. 교육을 통해 여성들의 재능을 지원하도록 관심을 기울였다. 1973년 이슬람 전통 가치와 도덕 기준에 상응하는 아랍 여성들의 자율적 발전을 목표로 여성발전 협의회를 결성하고, 1975년에는 여성총연합회를 창설하여 여성들의 문맹 퇴치 운동을 전개했다. 특히 1988년을 '여성 학문의 해'로 선포하고 아랍에미리트 여성 문맹을 완전히 없애는 것을 목표로 여성 교육에 큰 변화를 가져왔다. 그런 성취를 한국에서도 인정을 했는지 2012년 한국의 한 대학에서 교육학 명예박사 학위를 수여하기도 했다.

'가족 발전 재단(Family Development Foundation)'은 그녀의 뛰어난 업적의 하나이다. 이른 결혼으로 인해 배움의 기회를 잃었던 여성들, 주로 어머니들인 기혼 여성을 위한 학교인데 많은 기성세대 여성이 여기에서 공부를 마쳤다. 인터뷰했던 여성뿐 아니라 여러 경로로 만났던 많은 여성들이 출산 후 여기서 학교 공부를 마쳤다고 했다. 정규 학교가 아니지만 여성의 문맹 퇴치에 실제적이고 구체적인 기여를 했다. 아랍에미리트는 1998년에 아부다비 대학에 처음으로 여성의 입학을 허용하였다. 여성들의 교육이 눈부신 성장을 하면서 고급 인력이 축적되기 시작하였다. 교육 기회의 제공과 여성의 권익에 앞장서는 기관인 '아부다비 여성발전협회(Abu Dhabi Women Development Society)' 역시 세이카 파티마의 업적이다. 현재 그녀는 걸프 지역 여성협력위원회 의장을 맡아 아랍에미리트뿐만 아니라 아라비아 반도 여성들의 국내, 국제 활동 영역에 이르기까지 폭넓게 일하고 있다.

두 번째 인물은 세이카 루브나(Sheikha Lubna al Qasimi)이다. 샤르자의 전 통치자의 딸이자 현 통치자의 조카이다. 1962년생인데 1981년부터 경력이 시작되었으니 20살이 채 되기 전에 이미 사회 지도층이었다. 자이드 대학의 총장이기도 한 세이카 루브나는 한국에서 명예박사까지 받은 인물로 많이 알려진 장관이다. 맡은 직책이 막강하고 다양하다. 아랍에미리트 최초의 여성 장관이며 경제기획부라는 행정직을 보유한 최초의 여성으로 미국에서 공부한 IT 전문가이다. 2019년에는 미국 경제지 ≪포브스(Forbes)≫가 선정한 43번째로 영향력 있는 인물로 선정되기도 했고, 세계의 영향력 있는 100대 여성 중 한 명으로 뽑힌 적도 있다. 관용부 장관인 그녀는 국경일과 성탄절이 같은 달에 있어서 그랬는지 크리스마스 시즌에 아부다비와 두바이에 있는 교회 전체에 아랍의 대표적인 열매인 대추를 선물했다. 성탄절을 축하한다는 메세지와 함께 아랍에미리트의 관용 정신을 강조했다. 그녀는 관용에 대한 많은 메시지를 남겼다. 그중에 "다른 사람들이 당신을 존중하기를 원한다면 먼저 그들을 존중하라. 당신이 살아남고 싶다면, 당신 자신에 대한 존경을 얻기 위해 정말로 다른 사람들을 존경해야 한다"라든가 "관용은 모든 문명, 종교 및 문화의 중추이다. 평화롭고 안전하게 하나의 공통된 존재를 공유하는 우리에게 관용은 세계의 안정과 번영을 보장하기 위한 핵심 요건이다"라는 인용문이 인구에 회자된다.

세 번째 인물은 세이카 모나 알 마리(Sheikha Mona Ghanem al Marri)이다. 양성균형 위원회의 부의장이면서 두바이 미디어국의 대표이기도 한 그녀는 2007년 우리나라에서 열린 세계경제포럼에 참석한 적도 있다. 당시 인터뷰에서도 그녀는 여성 리더십을 강조하면서 모든 변화는 세이크 모하마드의 지도력 때문이라고 했다. 그 근거로 여성들의 리더십을 지원하는 각종 정책이 정부 차원에서 이루어지고 있다고 말했다. 여성의 역량 중점 정책이 아랍에미리트를 특별하게 만들었고, 여성들에게 희망과 기회의 장소로 각인시켰다고 말한다. 글로벌 PR 기업 '버슨 마스텔라'의 중동 지역 자회사인 '지윈 피아르(JiWin PR)'의 CEO이자 전 세계 20여 개 프레스 클럽이 참여한 연합체인 '국제 프레스클럽 연합(IAPC)'을 결성하였다. 또한 두바이 쇼핑 페스티벌을 시작하여 두바이 여성

클럽을 만드는 등 여성의 역량 강화 분야에서 왕성히 활동하고 있다. 올해 2020년 두바이에서 열린 세계여성포럼을 국제사회에 성공적으로 알리는 역할을 했다. 미국의 백악관 보좌관이었던 이방카의 연설에 주목한 바로 그 포럼이다. 세이카 마리는 화려한 네트워크를 자랑한다. 그녀는 이방카에게서 "국가의 지속 가능한 성장을 위해 여성이 중요하다는 점을 인식하도록 하는 국가 전략을 추진하는 사우디와 UAE의 지도자를 칭찬하고 싶다"라는 말을 끄집어낸 장본인이다. 세이카 마리는 공석에서 자신의 롤 모델은 세이카 루브나 알 카시미임을 밝혔다.

네 번째 인물은 세이카 림 알 카시미(Sheikha Reem al Qasimi) 국무장관이다. 국제 관계와 프랑스어를 전공하고 하버드대학에서 정치·경제·철학을 공부한 재원이다. 림 장관의 연설과 호소력이 국제사회에서 인정받고 있다. 2013년 프랑스 파리에 있는 국제박람회 기구(Bureau of International Expositions)에서 두바이 엑스포 2020 개최가 결정되었을 때 최종 프레젠테이션을 했다. 그녀의 연설은 전 세계의 많은 사람을 감동시켰다. "나는 공무원으로서, 딸로서, 엄마로서 여기에 서있을 뿐만 아니라 변화를 일으키고 차이를 만들어온 인류의 한 시민으로서 서있다"라는 문구는 많은 사람들의 공감을 불러 일으켰다고 한다. 변화와 차이는 아랍에미리트의 시대정신이다. 림 카시미 장관은 엑스포 관리직의 65%를 여성으로 고용하겠다는 정책을 발표했다. 여성 인력을 적극적으로 활용하는 엑스포를 진행하겠다고 의지였다. 림 장관은 2012년 여수 엑스포 기간 중에 한국을 방문한 적이 있다. 당시 림 장관은 문화의 융합과 다양성을 통한 혁신이 UAE의 힘이며 "바다를 빼고 아랍에미리트의 과거와 현재를 이야기할 수 없다. 바다는 바로 UAE 생존의 가장 중요한 요소이고 기반"이라고 말했다. 당시 여수 엑스포 2012가 내건 '살아있는 바다, 숨 쉬는 연안'이라는 주제를 효과적으로 전달한 공로로 UAE 국가관은 은메달을 받았다.

다섯 번째 인물은 양성균형 위원회의 의장인 세이카 마날(Sheikha Manal bint Mohammed bin Rashid al Maktoum)이다. 세계의 축구 팬들에게 잘 알려진 맨체스터 시티 FC의 구단주인 세이크 만수르 빈 자이드 알 나흐얀(Mansour bin Zayed al Nahyan)의 두 번째 부인이다. 아랍에미리트에서 영향력 있는 여성 단체로 자리 잡은 두바이 여성 클럽(Dubai Ladies Club)과 두바이 여성청(Dubai Women Establishment)을 각각 발족했다. 그녀는 여성 리더십을 매우 강조한다. 변화하는 시대에 리더십을 갖추는 것은 선택이 아니라 필요 불가결한 요소라는 것이다. 리더십을 갖추기 위해서 여성이 변해야 한다는 것이 그녀의 주장이다. 인스타그램에서 모나빈캘리(Monabinkelly)라는 이름으로 대중들과 부지런히 소통하고 있는 세이카 마날은 자신을 꿈꾸는 자, 믿음의 자, 성취하는 자로 소개한다. 취미로 운동, 패션 그리고 프렌치프라이를 사랑한다고 말하는 그녀는 젊은 여성들에게 큰 인기를 얻고 있다. 청년 예술가들에게 큰 관심이 있어 젊은 예술가상(Young Artist Award)을 제정하였다.

여섯 번째 인물은 2016년 장관으로 기용된 22세의 여성인 샴마 마즈루이(Shamma Sohail al Mazrui)로 세계 최연소 여성 장관이다.

샴마 장관의 이력을 살펴보면 일반인들로서는 물리적으로 계산이 가능하지 않다. 특권층의 교육 루트를 밟은 것으로 짐작된다. 아부다비에 있는 뉴욕 대학 분교를 졸업하고 영국 옥스퍼드에서 석사를 이수하였다. 미국 워싱턴의 UAE 대사관에서 인턴으로 일하고 또 다른 정부 기관에서 경력을 쌓았다. 그리고도 갓 22세였다. '금수저들만의 리그'에서 키워진 여성이라는 타이틀에서 자유롭지 못하다. 하지만 '최연소 여성 장관'이라는 상징과 의미는 국외적으로 큰 반향을 가져왔다. 미래, 청년, 행복, 교육 개발, 기후 변화에 대한 대처를 핵심어로 한 2016년 아랍에미리트 개각의 핵심 인물이기도 하다. 샴마 장관의 입각으로 아랍에미리트는 국가의 의사결정 과정에 젊은 여성들을 참여시킴으로써 많은 여성에게 용기와 도전 의식을 심어준 것으로 평가받고 있다.

일곱 번째 인물은 2020년 화성 탐사선 프로젝트를 총괄한 사라 알 아미리(Sarah bint Yousif al Amiri) 첨단과학기술부 장관이다. 사라 장관은 샤르자에 있는 대학에서 컴퓨터공학을 전공하고 30세에 장관이 되었다. 컴퓨터공학을 전공한 여성이 과학 기술정보통신부 장관으로 입각한 것도 놀랍지만 그녀가 화성 탐사선 프로젝트를 성공적으로 이끌었다는 것도 인상적이다. '아말'은 건국 50주년인 2021년 2월 화성 궤도에 진입해 1년 동안(지구의 687일에 해당) 기후 관측과 지표면 분석 임무를 맡게 된다. 아랍에미리트는 이 자료들을 모아 최초의 화성 연간 기후도를 완성한다는 목표를 세우고 있다. 100년 뒤에 화성에 인류 정착촌을 세운다는 원대한 계획도 이미 진행 중이다. 세계 과학의 역사에 남을 이런 중차대한 일의 책무를 30세 여성에게 맡길 수 있는 나라가 바로 아랍에미리트다. 12세 때 안드로메다은하 사진을 본 뒤 우주 연구에 관심을 가졌다는 사라 장관은 "과학은 한계가 없고, 국경도 없으며, 오직 개인의 열정으로 운영된다"라고 말하는 출중한 능력의 소유자이다.

지금까지 살펴본 대로 아랍에미리트의 여성 인권은 왕족과 엘리트 가문의 사회 상층에 소속된 여성들에게서 시작된다. 7명의 여성 지도자들은 태어나면서부터 부와 명예를 양손에 쥐고 정부의 요직을 맡아 예정된 삶을 사는 여성들이다. 샴마장관과 사라 장관을 제외하고 모두 세이카라는 공주의 호칭을 사용한다. 세이카 파티마, 세이카 루브나, 세이카 모나, 세이카 림 하시미, 세이카 마날은 모두 로열패밀리다. 각 토후국의 금수저로 태어나 사회적 지도자인 남편과 삼촌 등 가족의 정치적 기반과 경제적 지원을 받는다. 세이카 호칭은 없지만 샴마 장관, 사라 알 아미리 장관도 왕족에 버금가는 네트워크가 있다. 일반인들과 비교할 수 없는 경력을 통해 미래의 여성 지도자로 자연스럽게 부상하였다. 정치적 이익에 따라 서로 권력을 주고받고 있다고 평가하기도 하지만, 이들은 국민의 존경과 사랑을 받고 있다. 이들은 아랍 여성들에게 꿈과 비전을 심어주는 여성 지도자들이다.

이와 대조적으로. 사우디는 2018년을 기점으로 여성 인권 측면에서 국가 이념을 뒤흔들 정도의 혁신적이고 개방적인 변화를 가져왔다. 역사적으로 기념비가 될 만한 변화가 와합비즘의 본토인 사우디에서 일어났다. 이러한 괄목할 만한 개혁이 일반 여성들의 부단한 투쟁 위에 있다는 사실을 기억해야 할 것이다. 다음에 소개할 5명의 인권운동가의 지속적인 캠페인이 있었기에 여성 인권에 변화가 왔다. 선정 기준은 아랍에미리트에서와 마찬가지로 현재 사우디에서 영향력을 행사하는 여성 중에서 중요하다고 생각되는 인물 5명을 임의 선정하였다.

첫 번째 여성인 마날 알 사리프 (Manal al Sharif)는 여성이 운전할 권리를 주장하는 '위민 투 드라이브(Women to Drive)' 캠페인을 시작했다. 개인적인 불편을 개선하기 위해 시작한 운동이었다. 싱글 맘인 그녀는 매일 운전기사를 수배해서 아이를 학교에 데려다주고 출근하는 바쁜 일상의 불편이 혼자만의 고충이 아님을 알았다. 여성의 운전 허용은 오래전부터 문제가 제기되었지만 해결의 실마리를 찾을 수 없었다. 마날은 적극적이고 진취적인 투쟁을 벌였다. 자신이 직접 운전하는 모습을 비디오로 찍어 유튜브에 올렸다. 사우디에서 여성의 운전이 불법이라는 사실을 전 세계에 다시 한번 알렸다. 이로 인해 그녀는 감옥에 갇혀야 했고, 태형의 처벌도 받았다. 그뿐만 아니라 그녀의 캠페인을 지지하면서 자동차를 운전했던 여성에게도 태형 판결이 내려졌다. 여자의 운전을 허용해 달라는 외침은 사우디에서 깰 수 없는 벽같이 단단했고, 누가 보아도 무모한 싸움이었다. 하지만 이들은 포기하지 않고 계속 캠페인 활동을 하였다. 여성에 대한 운전 허용 토론회를 개최하고 국제 면허증 취득 센터 설립을 요구하였다. 당시 압둘라 아지즈 왕에게 운전을 허용해 달라는 탄원서를 낼 때는 128명의 여성이 실명을 밝히는 용기를 보였다. 드디어 2017년 여성의 운전이 허용되었을 때 이 소식은 사우디 여성들만의 기쁨이 아니었다. 그들을 지지하고 연대한 세계 여성들에게도 기쁜 성취였다. 남성 중심의 보수적인 율법의 나라인 사우디에서 벌였던 여성들의 투쟁이 얼마나 어려웠을지 아마 우리 같은 일반 세계의 사람들은 짐작하기도 어려울 것이다. 이제 사우디 여성들은 운전을 배우고 면허를 따고 본인이 가고 싶은 곳을 스스로 결정하여 갈 수 있다. 부수적인 효과도 있다. 여성 택시 기사가 늘면서 여성의 새로운 직업이 창출되고 전 세계의 자동차 회사는 사우디 여성 운전자를 의식하며 마케팅을 벌인다. 이제 사우디에서 차량의 주요 고객이 여성이고 여성의 의사결정권이 자동차 시장의 동인으로 떠올랐다.

두 번째 여성인 림 아사드(Reem Assad)는 '란제리 캠페인(Lingerie campaign)'을 주도하였다. 여성의 속옷을 여성에게서 살 수 있는 권리를 요구하는 운동이다. 2011년만 하더라도 사우디는 엄격한 남녀 분리법 때문에 여성이 남성 고객을 상대로 물건을 판매하지 못했고 여성의 경제활동이 제한적이었기에 가게의 종업원들은 남자들이었다. 여성복도 여성 속옷도 예외가 없다. 해외여행을 가면 속옷만 한 트렁크 가득 사 온다거나 온 가족이 함께 가게에 가서 일 년 치 속옷을 구입하고 있었다. 나 역시 사우디에 있을 때 남자 종업원이 있는 가게에서 속옷을 샀다. 나이와 상관없이 쑥스럽고 당혹한 일이었다. 금지된 물건을 몰래 사는 느낌이다. 사우디 전체에서 여자가 여자 속옷을 파는 곳은 그 당시에 리야드에서 가장 높은 빌딩인 킹덤 타워에 딱 한 군데 있긴 했다. 직접 가보니 여성 전용층이 있었지만 일반인을 위한 가게라 할 수는 없었다. 명품 속옷을 부담 없이 쇼핑할 사람이 그렇게 많지 않기도 하지만, 리야드 시내의 한 가운데 있는 킹덤 타워 건물부터 접근이 용이하지 않기 때문이다. 속옷뿐 아니라 화장품 가게에서도 마찬가지이긴 했지만 남성에게서 구입하는 속옷 쇼핑은 마뜩잖았다. 여자 마네킹마저 목을 없앤 쇼핑몰에서 아바야를 곱게 입은 여인들이 남자에게서 브라를 사고 팬티를 사러 가는 풍경은 이제 사라지고 있다. 캠페인을 주도했던 림 아사드는 여성의 속옷을 남성에게 사야 했던 부조리를 사회 문제화시켰다. 여자의 속옷을 여자가 팔게 해달라는 캠페인에 '우리의 문제'라는 인식을 자각하게 하면서 일반 여성들의 적극적인 참여를 요구했다. 마침내 남성 중심 사회의 공감을 얻었다. 2014년경부터 일부 도시의 제한된 장소에 한하여 여자 속옷은 여자가 판매할 수 있도록 법이 수정되었다. 림 아사드는 그해 '세계에서 가장 영향력 있는 아랍인 500'에 1위로 선정되었다. '아랍의 봄'인 쟈스민 혁명 이전에 사우디에 거주했던 사람으로 놀랍고 반가운 소식이었다.

세 번째 여성인 하이파 알 만수르(Haaifa al Mansour)는 사우디의 남자 후견인 제도에서 시작되는 사회의 부당성에 대해 지속적으로 관심을 갖고 부조리를 고발한다. 그녀는 사우디 최초의 여성 영화감독이다. 남성이 지배하는 사회에서 여성의 인권 의식에 초점을 맞추는 영화를 만든다. 하이파 감독의 첫 영화 <와즈다>(Wadjda)는 리야드의 한 소녀가 매일 아침 학교 가는 길에 지나치는 가게 안의 초록색 자전거를 갖고 싶은 희망에서 시작된다. 여성의 운전이 허용되지 않던 시절의 옛날이야기라고 생각하겠지만 그렇지는 않다. 여성의 차량 운전은 허용되지만 2020년 지금도 자전거는 여성에게 금기이다. <와즈다>는 사우디아라비아 내에서만 촬영된 영화이다. 하이파 감독은 때로 차 안에서 무전기로 감독 지시를 내리곤 했다고 한다. 사우디의 특수 상황으로 남녀가 촬영 현장에서 함께 일할 수 없었기 때문이다. 그 작품이 전 세계 40여 개의 영화제에서 공감을 받고 수많은 상을 받았다. 그만큼 사우디 여성의 삶과 라이프 스타일에 대한 사람들의 호기심과 궁금증이 많아지고 있다는 방증일 것이다. 하이파 감독은 남자 후견인 제도의 부당함과 맞서 싸우는 일상을 담담하지만 강력하게 전해주었다. 그녀의 영향으로 아랍권에 여성 감독들이 한 명씩 추가되고 새로운 각도에서 아랍 여성의 문제를 다각도로 성찰하는 계기가 되고 있다. 아랍 여성들에 의한 영화 작업의 무한한 가능성이 기대된다. 운 좋게 그녀의 또 다른 작품을 올해 부산에서 보았다. 해마다 상영되는 아랍영화제(Arab Film Festival)에 출품된 11개의 아랍 영화에 그녀가 만든 영화도 있었다. 우연히도 두 영화 모두 리야드를 배경으로 하는 영화여서 매우 친근하였다.

영화 <완벽한 후보자>(The Perfect Candidate)는 동네 병원 진료소에서 일하는 젊은 의사 미리암 이야기이다. 진료소 앞의 비포장 도로는 진흙탕이라 응급차가 제대로 주차할 수가 없다. 병원 마당에서 내린 응급 환자들을 병원으로 들이는 과정부터가 험난했다. 비포장도로를 보수하기 위해 선거에 도전한 미리암이 문제를 해결해가는 과정을 생생하게 보여주었다. 그녀가 킹 칼리드 국제공항에서 여권만으로 떠날 수 없어 애태우던 장면은 사우디에 살 때 내가 겪었던 유사한 사건이었다. 사우디에 살지 않으면 결코 이해하지 못하는 일이다. 사우디에서는 여권만으로 떠날 수 없다. 어느 해인가 혼자서 사우디를 떠날 때 나는 출국에 필요 불가결한 서류를 잊고 여권만 달랑 들고 공항에 갔다. 허가서 없이는 출국이 불가하다고 할 때 아찔하였다. 고속도로로 2시간 걸리는 집으로 돌아가서 출국 허가 증명서를 들고 공항으로 오는데 남편의 운전은 왜 그리 늦게 느껴지던지 등에서 땀이 날 지경이었다. 영화 속의 미리암은 출국 허가서에 도장을 찍어줄 남자 친척을 찾아갔지만 결국 허사였다. 결국 그녀는 두바이에서 열리는 의학 컨퍼런스에 갈 기회를 놓치고 만다. 자국민이어도 서류에 찍히는 남자 후견인의 도장이 없어서 전문직 여성의 출장 여행이 불가능하다는 사실이야말로 일상에서 남자 후견인 제도가 얼마나 뿌리 깊은 제도인지 상징적으로 보여준다. 남성 중심 사회에서 느끼는 사우디 자국 여성들의 답답함은 사우디에 살 때 외국인인 내가 겪은 감정과 하등 다를바가 없어서 더욱 놀랐다.

네 번째 여성인 살마 빈트 히잡 알 오테이비(Salma bint Hizab al-Oteibi)는 사우디에서 여성의 참정권이 인정된 이후 사상 처음으로 탄생한 여성 정치인이다. 여성의 참정권이 허용된 이후 첫 지방선거에서 전국적으로 2천 개 의석을 놓고 6천여 명의 후보가 출마했다. 이 중 여성 후보는 900여 명이었다. 2015년에 사우디의 여성들은 건국 이래 83년 만에 처음으로 투표권을 얻어 행사했다. 살마 의원은 두 아들을 둔 여교사로 마카 지역에서 살고 있다. 마카 도시는 예언자 무함마드의 출생지로 모든 무슬림은 일생에 한 번 이상 마카 순례를 떠나는 것이 의무이다. 이슬람교를 믿지 않는 일반 외국인들은 아예 도시 자체에 출입할 수 없도록 통제한다. 그렇게 종교적 색채가 짙고 보수적 율법이 강한 지역에서 그녀는 다른 7명의 남성 후보와 2명의 여성 후보를 누르고 승리했다. 마카에서 여성 의원이 선출되었다는 소식 자체가 세계 여성사의 한 획을 긋는다. 사우디는 모든 체제가 국왕 중심이다. 국왕이 입법권, 사법권, 행정권을 모두 가지고 있어 일반 남성의 정치 참여도 극히 제한적이다. 그런 상황에서 여성의 참정권이 이루어졌다는 사실은 천지가 개벽하는 변화였다. 그만큼 사우디의 지방의회 선거는 역사를 바꾼 획기적인 사건이다. 수도인 리야드와 상업 도시인 제다 등 대도시에서도 당선자가 나왔지만, 이슬람 성지 중의 성지인 메카와 메디나에서도 한 명씩 당선된 것이다. 당선된 지방의원 2,106명 중 여성은 20명에 불과하지만 그간 사우디의 역사를 생각해보면 경이로운 숫자이다. 사우디 여성들의 투표용지 한 장 한 장의 의미를 생각하면 가슴이 벅찬 역사의 순간이었다.

여성 후보들은 가족, 지역 친화적 공약을 내걸어 다수의 표를 얻었다고 한다. 주로 워킹 맘을 위한 보육 시설, 청소년 시설 건립, 도로가 부족한 지역의 도로 개선 등 주민들의 편의를 위한 공약으로 유권자의 마음을 사로잡았다. 여성 후보들은 얼굴 사진을 비공개로 유세활동에 나섰고 남성후보와 달리 비대면 유세만 가능했다. 모든 면에서 여성 입후보자에게는 불리한 여건이었다. 여성 후보 가운데 처음으로 당선된 살마 의원은 선거 이후 인터뷰에서 "내가 사는 곳 여성들 중의 거의 90%는 신분증이 없고, 투표도 못 했다. 신분증이 있는 여성 중에서도 남편이나 아버지의 반대로 투표하지 못한 사람들이 많았다. 그럼에도 당선되었다는 소식을 들었을 때, 생애 처음으로 뭔가를 얻어낸 사람이 느끼는 행복감과 기쁨을 느꼈다"라며 울음을 터뜨렸다고 한다. 사우디는 2000년 이전에는 여성에게 신분증조차도 발급하지 않았다. 남자 후견인의 신분증 어느 구석에 이름을 쓰면 되는 그런 시대가 있었는데 이제 당당하게 여성의 이름으로 권리를 행사하게 된 것은 그만큼 사회의 개혁 요구가 강하다는 증거다. 제다에서 여성 후보 캠페인에 참여했던 사하르 하산 나시에프(Sahar Hassan Nasief)는 "단 한 명의 여성이 당선됐어도 정말 자랑스러웠을 것"이라며 20명 당선은 생각지도 못했다고 한다. 이 지역의 여성 운동가로 유명한 하툰 알파시(Hatoon al Fassi)는 트위터에 "오늘은 새로운 날, 사우디 여성들의 날"이라고 올렸다. 그간 여성들이 정치에 관여하는 것은 "악의 문으로 들어가는 일"이라고 비난하던 이슬람 종교 지도자들도 조롱을 멈추었다. 예상을 뛰어넘는 여성들의 승리에 국제사회가 놀랐고 그것은 시대의 흐름이 변화하고 있음을 명징하게 보여주었다. 중동 지역에서는 카타르가 1999년 처음으로 여성 참정권을 부여했고, 바레인은 2002년, 오만이 2003년, 쿠웨이트가 2005년, 아랍에미리트가 2006년에 여성 참정권을 인정했다.

다섯 번째 여성으로 사마르 바다위(Samar Badawi)가 있다. 바다위는 사우디뿐 아니라 국제적으로도 널리 알려진 인권운동가이다. 사우디 여성의 인권 향상을 위한 공로를 인정받아 미국 국무부로부터 2012년 '여성의 날'에 '용기 있는 세계 여성상'을 받은 인권운동가이다. 바다위의 가족은 모두 인권운동에 관여하고 있다. 그녀는 남자 후견인 제도의 종식을 외치면서 자신이 원하는 남성과의 결혼을 막은 친아버지를 고소하기도 했다. 그녀의 남편은 사우디의 인권 변호사로 역시 구금된 상태였고 남동생 역시 인터넷 블로그에서 이슬람 종교를 모독했다는 이유로 구금되었다. 바다위는 이와 같은 결정의 부당성을 적시하고 청원서를 내었다. 그녀의 청원서는 사우디 정부를 불편하게 만들었고 마침내 구속되었다. 캐나다 시민권을 얻은 인권운동가 바다위가 구속되자 캐나다 외무부는 바로 다음 날 사우디 정부에게 체포된 인권운동가들을 즉각 석방하라고 요청했다. 이에 사우디 정부는 크게 분노했다. 외무부는 이례적으로 성명을 내고 "구금은 적법하게 이뤄졌으며 캐나다 정부의 성명은 사우디 내정에 대한 노골적 간섭"이라고 비판했다. 남의 내정에 간섭하는 것은 기본적인 국제 규범과 국제 규약에 위배된다고 주장했다. 더불어 강경 조치를 취했다. 캐나다 주재 사우디 대사를 조기 귀국시키고 사우디 주재 캐나다 대사는 24시간 안에 사우디를 떠나라고 명령하기에 이르렀다. 국제적 분쟁의 중심에 서기도 할 만큼 화제를 모았지만 그녀를 포함하여 지금도 십여 명의 여성 인권운동가들이 사우디의 감옥에 갇혀있다고 한다.

이처럼 사우디에서 여성들에게 영향력을 행사하는 다섯 명의 여성 지도자들의 이력을 살펴보았다. 마날, 림 아사드, 하이파 만수르, 살마, 바다위와 같은 여성들의 용기와 희생으로 사우디에서 여성 인권의 정의가 살아나고 사우디 여성의 역사가 새로 쓰이고 있다. 자신이 처한 상황에 대한 불편함을 승화시켜 사회의 부당함과 불공정, 부조리를 변화시킨 이들이 바로 리더이다. 사우디의 여성 리더십이 일반 여성들에 의해 주도되어 아래에서 위로 전달되는 형태라면, 아랍에미리트의 여성 리더십은 위에서 아래로 내려옴을 알 수 있다. 다시 말하면 사우디의 여성 리더십은 일반 여성들에서 시작되어 사회 지도층의 인식을 변화시키는 반면에 아랍에미리트의 여성 리더십은 사회 지도층에서 시작되어 일반 여성으로 내려가는 양상을 띠고 있음을 볼 수 있다. 그리고 그 중심에 한류의 영향권에 있는 젊은 여성 세대가 자리하고 있다.

4

엄마는 우리 부족 퀸카

알아인에 사는 26명의 젊은 아랍 여성들을 대상으로 인터뷰를 시작했다. 어머니와 딸의 소통과 역할 모델에 대한 프로젝트이다. 인터뷰를 하게 된 계기는 아랍 여성의 역할 모델에 대한 호기심이었다. 40, 50대인 어머니 세대는 당시 12살 즈음에 초등학교를 마치면 더 이상 교육받을 기관이 없었다. 막강한 부족 문화권의 영향 아래 있었고 결혼이 유일한 선택이던 세대다. 하지만 석유 채굴 이후의 급변한 시대 환경에서 아랍 여성의 위상은 변화하고 있다. 20, 30대인 그들 딸의 세대는 다르다. 여성을 위한 교육제도가 없어서 이른 결혼을 해야 했던 어머니 세대와 확연하게 다르다. 대학은 물론 해외 유학까지 지원해준다. 엄격한 종교 제도와 현대의 문명생활이 씨실과 날실처럼 촘촘하게 짜인 문화 속에서 살아가는 아랍 여성들의 삶에 호기심이 생겼다. 이슬람 문화권에서는 어머니를 스승의 이미지로 존중한다고 한다. 젊은 여성들이 그들 어머니를 존경하고 자랑스럽게 여기는 것이 구체적으로 어떤 것인지 그들의 목소리를 들어보고 싶었다. 어머니들은 급변하는 편리한 도시 생활에 머물면서도 마음은 사막의 유목 문화에 머물고 있었다. 최신형 오분이 있는데도 여전히 부엌 바닥에 앉아 전통 음식을 요리하고 있었다. 전통과 현재, 람보르기니 스포츠카와 낙타, 황량한 사막의 바삭거리는 마른 계곡과 두바이몰 앞의 화려한 분수 쇼가 경계 없이 오가는 환경에서 딸과 엄마가 서로 어떤 영감을 주고받으며 상호작용하는지 알아보고 싶었다.

인터뷰 프로젝트를 결심하기까지 영감을 준 여성들이 많았다. 파티마와 카디자도 그들에 속한다. 두 사람 모두 50대이다. 파티마는 14살에 결혼하였고 남편은 30살 재혼으로 2명의 딸이 이미 있었다. 파티마는 8녀 3남을 낳았다. 파티마와 직접적인 대화는 자유롭지 않아서 항상 딸인 사라의 통역을 통했지만 11명의 아이를 낳은 파티마에게도 소녀의 감성은 있었다. 그녀의 집을 방문하여 처음 만난 날 대추를 한 양동이 따서 밭에서 나오던 그녀의 모습이 잊히지 않는다. 텃밭을 구경시켜줄 때는 심은 야채를 정성껏 설명해 주었다. 또한 내가 아랍에미리트를 떠나기 전 그녀의 집을 방문했을 때는 허리도 아픈데 아랍 전통 요리를 해주겠다며 바깥에 있는 야외 부엌 바닥에 쪼그리고 앉아 전통식으로 빵도 만들어 주었다. 솔직히 처음 그녀를 보았을 때 나는 언니를 만나는 느낌이었다. 알고 보니 동갑이었다. 이른 결혼으로 인해 50이라는 나이는 아랍에미리트에서 어머니의 나이이기도 했고 할머니의 나이이기도 했다.

그런가 하면 카디자는 마침내 10남매의 출산을 마쳤을 때 평생을 미루었던 공부를 계속했다. 10번째 자녀인 막내딸 림과 함께 학교에 다녔다. 사는 것에 지칠 때마다 학교 교육에 대한 열망으로

버텨왔다. 이번에 출산을 마치면 학교 가서 공부해야지 하는 희망으로 살았다. 교육의 선택이 없어 일찍 결혼해야 했던 카디자는 딸들이 자신과 같은 길을 걷지 않게 하기 위해서 열심히 공부했다. 10번째 막내딸 옆에서 함께 공부하며 딸을 독려했지만, 사실은 딸에게 좋은 모습을 보여주기 위해 더 열심히 공부했다. 자녀들이 집안일보다는 학교 공부를 우선시하도록 격려했다.

동갑의 아랍 여성들인 파티마와 카디자를 지켜보면서 몇 가지 질문을 스스로 해보았다. 내가 아랍에미리트에서 태어났다면 어땠을까? 파티마처럼 11명의 자녀를 해마다 낳았을까? 중학교 가는 것을 포기하고 자식 10명의 뒷바라지를 했을까? 막내딸과 함께 초등학교에 같이 입학해서 같이 공부하며 다녔을까? 초등학교 낮은 책상에서 막내딸하고 공부하면서 자꾸만 까먹는 수학 문제를 풀었을까? 파티마가 혹은 카디자가 한국에서 태어났다면 그래도 그녀들은 그 많은 아이를 낳았을까? 우리들의 다른 삶은 개인적인 문제를 넘어서서 문화적 관습을 내포하고 있었다. 아랍에미리트는 1970년부터 1990년까지 베이비붐 시대를 거치면서 자국민의 수를 늘리기 위해 출산 장려 정책을 추진해왔다. 국가는 출산율을 높이기 위해 자국민 아이 한 명당 평생 수당을 지급하고 대학원까지 무상 교육을 제공했다. 아이 수가 많을수록 혜택을 많이 주면서 출산율이 높아졌다. 1980년까지도 11남매, 10남매를 키우는 일이 흔했고 인터뷰를 통해서 확인할 수 있었다.

첫째, 인터뷰 진행 기록

엄마의 결혼 연령과 출산 수에 관한 질문으로 인터뷰가 시작되었다. 기본적으로 두 가지를 중점적으로 질문하였다. 첫 번째 질문은 "엄마에게서 영향을 받은 것은 무엇이며 엄마가 자랑스러운 부분은 무엇인가?"였고, 두 번째 질문은 "인생의 역할 모델이 누구인가?"였다. 이후 첫 번째 질문 내용을 어머니에게서 부모님으로 바꾸었다. 즉 "부모님을 자랑스럽게 생각하는 이유가 무엇이며 부모님에게서 영감을 받은 것이 있는가?"로 바꾸었다. 엄마처럼 살고 싶지 않다거나 내 인생의 역할 모델은 나 자신이라는 여성들이 꽤 있었다. 아랍 여성 26명과의 인터뷰는 그들 어머니까지 포함하여 52명의 아랍 여성들의 인터뷰라는 점에서 의미가 있다고 생각한다. 모든 이름은 개인정보 보호를 위해 가명을 사용했다.

1) 아이샤:
어머니는 아버지가 돌아가시자 취업하기로 결심했다. 부족 가운데 그 이전에는 어느 누구도 여자가 직장을 갖지 않았다. 어머니가 운전을 배우겠다고 했을 때 부족은 우리 엄마를 제쳐둔 여성으로 취급했다고 했다. 그래도 어머니는 기어코 직장을 구했다. 어머니는 우리 부족 가운데 처음으로 직장을 가진 여자. 처음으로 운전한 여자였다. 20년이 채 되지 않은 지금, 우리의 부족 문화는 바뀌었다. 부족의 여자들 모두 운전을 하고 모두 직장을 갖고 있다. 엄마는 '우리 부족의 퀸카'이다. 나는 어머니를 통해 꿈을 키웠고 교육과 취업에 대한 생각을 굳히면서 점점 독립적인 사람이 되어가고 있다.

2) 마리암:
어머니는 아버지의 첫 번째 아내이다. 아버지는 3명의 아내가 있다. 우리 집에는 일주일에 2번 온다. 두 번째 부인 집이 우리와 같은 동네에 있지만 왕래는 하지 않고 다만 금요일에는 다 함께 모인다. 내가 아버지에게 집에 필요한 물품을 전화로 미리 말하면 아버지가 사 오거나 때로는 함께 쇼핑하기도 한다. 전체 가족이 모이면 어머니와 아버지는 대화하지 않는다. 나를 통해서만 소통한다. 어린 시절부터 봐온 모습이기에 어머니의 인생이 가엾다고 생각하지는 않는다. 하지만 나는 결혼하고 싶지 않다. 나는 독신으로 살 것이다.

3) 모우자:
어머니는 본인 인생이 없고 언제나 딸들의 인생에 들어와 있다. 그런 어머니가 싫은 것은 아니지만 자유가 없다. 쇼핑몰에 가는 것도 금지이고 친구 집에 가는 것도 허용되지 않는다. 친구 집에 갈 일이 생겨도 운전기사와 어머니가 친구 집 앞에서 기다리고 있다. 어머니는 내가 물건을 전해주거나 볼일을 보는 시간을 30분 정도로 제한하여서 그야말로 볼일만 보고 나와야 하기 때문에 친구 집에 갈 일이 서서히 줄어들었다. 사촌들이 곧 친구이고 형제라고 생각한다. 이종사촌과는 어릴 때 정혼이 되어있어서 가족 외의 사람을 만날 기회가 없다. 이제는 무엇을 혼자 하는 것이 두렵다.

4) 사라:
어머니는 13살에 결혼해서 7명의 자녀를 두었다. 7남매의 장녀인 나는 12살에 학교를 그만두고 20살에 결혼하였다. 오빠가 34살이고 막내가 6살이었다. 장녀인 나는 집안일을 혼자 하는 어머니를 지켜보면서 학교를 포기할 수밖에 없었다. 엄마 혼자서 우리 형제들을 키울 수가 없었다. 나는 12살 이후로 집에만 있었고 사촌 외에는 친구도 없다. 같은 시간에 밥을 먹고 설거지를 하고 동생들 점심을 준비했다. 매일매일 똑같았다. 결혼하지 않으면 평생 이럴지도 모르겠다고 생각하니 겁이 났다. 나는 얼른 결혼했으면 좋겠다고 매일 기도했다. 그래야 여기서 벗어날 수 있었기 때문이다. 나는 사촌과 결혼했다. 엄마는 나에게 일도 하고 운전도 배우라고 한다. 하지만 할머니는 절대로 안 된다고 하신다. 우리 부족은 여자가 밖에 나가거나 운전하는 것을 허용하지 않는다. 만약 남편이 운전과 외출을 허용하면 그렇게 할 수 있다. 남편이 결정할 것이다. 이모의 아들이다. 아직 아이가 없는데 대신 나이 어린 시동생을 돌봐야 한다. 아침에 어린 시동생 2명과 시어머니 학교 준비를 하고 나면 내 정신이 없다.

*남편을 여전히 내 사촌이라 부르는 사라는 결혼을 해도 집안일에서 벗어날 수 없긴 마찬가지이다. 그녀가 결혼하자마자 시어머니인 이모가 공부를 시작했기 때문에 사라는 다시 부엌으로 돌아갔다. 사라의 시어머니, 즉 사라의 이모는 12살에 결혼해서 6학년에 학교를 그만둔 이후 배움에 대한 갈망이 있었다. 사라의 시어머니가 재작년에 26살 난 아들을 조카 사라와 결혼시킨 후 제일 먼저 한 일은 본인의 공부를 위해 스스로 학교에 등록한 것이다. 다른

현지 가정처럼 사라의 부족 역시 휴일인 금요일이면 할머니 집에 모인다. 이 때는 시어머니인 이모 식구가 다 온다. 사라는 시집을 가도 친정을 가도 시어머니를 벗어날 수 없다. 시어머니가 이모이기 때문이다. 사라는 직계 가족만 모이는 토요일만을 기다리고 있다.

5) 하자:
어머니는 17세에 결혼하여 5남매를 키웠다. 딸 둘, 아들 셋. 부모님은 우리 문화에서 딸에게 허용되지 않는 여러 가지 일을 하도록 늘 북돋아 주시고 용기를 주셨다. 여자이지만 내가 남자들과 동등하게 뭔가를 해낼 수 있다고 나를 믿어주시는 것이 감사하다. 남녀 공학인 대학에 다니고 있는 것도 부모님이 허락해 주셨다. 부모님이 내 믿음은 내 마음에 자리 잡는 것이기 때문에 어디에 있든지 내 문화와 종교를 존중하는 한 문제가 없다고 하셨다. 내가 바른길을 갈 것이고 옳은 일을 할 것이라 믿어주신다. 동시에 나는 스스로 존재하는 독립적인 인격체라고 말씀해 주셨는데, 그게 집을 떠나 객지 생활을 하고 남녀가 함께 어울리는 학교생활에서도 도움이 되었다. 직장 일도 마찬가지다. 직업상 가끔 워크숍이나 학회 일로 일주일가량 호텔에서 생활해야 할 때가 있다. 여자가 혼자 낯선 도시의 호텔에 머무는 일이 흔히 허용되는 것은 아니다. 하지만 부모님은 나의 일을 이해해 주신다. 언젠가 내가 큰 인물이 될 거라고 말씀해 주시니 그 점에서 다른 친구들과 비교하면 나는 행운아다. 롤 모델은 22세에 장관이 된 샴마 장관이다. 나는 국가를 위해 그녀처럼 봉사하고 헌신하고 싶다.

*25세의 하자는 스웨덴에서 공부하였다. 지속 가능한 대체 에너지 공학 분야를 공부한 후 자원봉사 연구원으로 활동 중인 그녀는 부모님이 자랑스러운 이유가 자신이 남녀 공학 대학에 입학하는 것을 허락해주었기 때문이라고 했다. 부족에서 허용되지 않았던 것을 부모님은 허용해 주었고 하자는 그것이 자신에 대한 부모님의 전적인 신뢰 덕분이라 확신하였다.

6) 아이샤:
어머니는 26살에 결혼하였다. 엄마에게 가장 자랑스러운 부분은 높은 결단력을 가진 사람이라는 것이다. 어머니는 예멘의 작은 마을에 살았다. 소녀가 중학교에 가는 일이 매우 드물고 집에서 다닐 만한 학교도 없었다. 그 시대에 여자는 결혼하고 남자아이들에게만 교육의 기회가 주어졌다. 엄마는 할머니처럼 사는 삶을 거부하였다. 어머니는 초등학교를 졸업할 무렵 매일 할아버지를 졸라서 중학교에 보내 달라고 떼를 썼다. 마침내 할아버지는 어머니를 중학교에 보냈고 그 후로도 계속 엄마에게 협조적이었다. 어머니는 동네에서 중학교에 다닌 유일한 여자아이였다고 한다. 어머니가 학교에 다니자 놀란 사람은 어머니 친구들이었다. 그들도 뒤따라 부모를 조르기 시작했고 엄마처럼 학교에 다니고 싶어 했다. 몇 명은 어머니를 따라 학교에 등록했다. 어머니는 특히 수학에 뛰어났다. 수학 성적은 어떤 남자아이도 어머니를 따를 수 없었다. 어머니는 대학에서도 공부했다. 어머니가 정말 자랑스럽고 어머니야말로 나에게 가장 영감을 주는 사람이다.

7) 샴사:
어머니는 눈물과 용기의 여성이다. 3명의 남동생을 낳았는데 그중에 한 명은 건강했고 한 명은 죽었고 한 명은 장님이었다. 어머니는 장님인 남동생을 가르치기 위해 점자 공부를 시작했다. 어머니가 늘 남동생에게 하는 말이 있다. "네가 장님이라 할지라도 일반 사람들보다 더 나은 위치에 갈 수 있다." 특수 학교가 없기 때문에 어머니는 매일 남동생을 업고 학교에 갔고 남동생이 공부할 동안 교실 밖에서 기다리다가 수업이 끝나면 업고 왔다. 엄마는 장님인 남동생을 교육하는 일에 열정을 바쳤다. 지금 내 동생은 여러 가지 면에서 독립적이다. 동생은 점자로 책을 읽을 수 있고 혼자서 할 수 있는 많은 일이 있다. 동생의 꿈은 세이크 함단(Sheikh Hamdan bin Mohammed bin Rashid al Maktoum)을 만나는 일이었는데 그 꿈이 실제로 이루어졌다. 어느 행사에서 그와 악수하는 계기가 생겼다. 동생과 세이크 함단이 찍은 사진은 우리 집의 가보다. 이제 나도 한 아이의 엄마이다. 이제 한 살이지만 아이를 키우면서 어머니가 얼마나 위대한지 알 것 같다. 어머니는 나의 영원한 모델이고 멘토이다.

8) 미이라:
어머니는 내게 전사다. 파이터(Fighter)! 늘 강인하고 힘차게 움직이신다. 어머니는 2004년에 이혼하셨다. 이혼 후 어머니는 직장을 갖고 더 활발해지셨다. 그전에는 전업이셨다. 아버지와는 왕래하지 않는다. 어머니는 혼자서 우리 자매를 키우시면서 알아인 공항에서 근무하고 계시다. 어머니와 이야기하면 내가 하는 걱정이 대부분 사소한 일임을 깨닫게 해준다. 어머니는 내게 '힘'을 기르라고 말씀하신다. 그 힘이 무엇인지는 아직 잘 모르겠다. 어머니는 내게 많은 부분에 영감을 주고 용기를 주는 분이다.

9) 모나:
어머니는 14살에 결혼했다. 아들 셋, 딸 셋이 있다. 엄마가 결혼할 때 아빠는 17살이었다. 아빠는 공부도 해야 했고 군인이었으며 대부분은 외국에 있었다. 나는 14살 된 엄마가 남편 없이 어떻게 살아왔을지 상상이 안 된다. 할머니가 없었으면 불가능했을 것이다. 육아는 온전히 엄마의 몫이었다. 나는 엄마처럼 살고 싶지 않다. 14살에 결혼하는 것이 말이 되는가. 나는 늦게 결혼할 것이다. 엄마는 착하지만 답답할 때가 많다. 엄마는 내게 어떻게 책임을 지는지, 무엇을 조심해야 하는지, 어떻게 사랑을 주는지, 어떻게 자신과 남을 존중하고 베푸는지를 알려주었다.

10) 노라:
어머니는 결혼할 당시 18살인가 19살이었다고 한다. 엄마는 본인 나이를 모르신다. 옛날에는 나이 모르는 사람이 많았다고 한다. 이모들도 나이를 몰랐다. 우리는 8남매인데 엄마는 도전 의식이 있는 것 같다. 엄마는 결혼 때문에 중단했던 공부를 결혼 후에 시작하였고 공부가 힘들다하면서도 졸업까지 하셨다. 마지막 해에는 다섯째인 나를 임신하고 있었다. 나를 낳고는 체력이 달려서 공부를 포기했다고 해서 그게 미안하기도 하다. 어머니는 강한 여성이면서 동시에 아주 정이 많은 여성이다.

11) 파티마:
어머니는 19살에 결혼하였다. 엄마는 더 늦게 결혼하고 싶었지만 19살의 나이는 사실 우리 부족에게는 꽤 늦은 나이였다. 엄마는 결혼 때문에 대학 공부를 시작하다가 말았다. 우리는 8남매로 아들 5명 딸 3명이다. 엄마는 나고 자라 한 번도 떠나본 적이 없는 알아인 바깥세상에 관심이 많았다. 엄마는 가끔 책을 읽었고 특히 역사를 좋아했다. 엄마가 해준 말 중 내가 좋아하는 말은 "가장 소중한 것은 마음이고 그 마음속에 가장 소중한 것이 자리 잡고 있다"라는 말이다. 나의 역할 모델은 7살 위인 언니이다. 내가 가야 할 길, 내가 알아야 할 필요가 있는 모든 것을 다 알고 있는 언니의 길을 따라간다.

12) 하리마:
어머니는 3학년까지 공부하고 12살부터는 어린 동생들을 돌보아야 했기 때문에 학교에 가지 못했다. 17살에 결혼해서 6남매를 키웠다. 이제 47세인데 손자가 있다. 벌써 할머니다. 엄마하고는 친구처럼 지낸다. 엄마는 이른 결혼과 우리들을 키우느라 학교를 마치지 못했지만, 대신에 책을 많이 읽었다. 엄마가 뒷바라지하여 공부를 마친 이모들보다 더 현명하고 지혜롭다. 아마 책을 읽은 덕분인 것 같다.

13) 루브나:
어머니는 22살에 결혼해서 8남매를 낳았다. 아들 넷, 딸 넷이다. 엄마는 일하면서 8 남매를 키운 매우 강한 여성이다. 직장에서 인정받는 직장인이지만 집에 돌아오면 그때부터 계속 집안일을 하신다. 어머니가 무척 존경스럽고 자랑스럽지만 어머니도 개인 생활이 있으면 좋겠다. 생활이 너무 기계적이고 감정도 메마르신 것 같아 안타까울 때가 많다. 내가 이야기해도 잘 이해도 못 하실 때가 많아서 우리는 대화를 많이 하지는 않는다.

14) 샴마:
어머니는 21살에 결혼해서 6명의 자녀를 낳았다. 엄마에게 개인적인 삶이나 시간은 없다. 엄마는 우리들의 행복에 필요한 것이라면 무엇이든 하였고 앞으로도 그럴 것이다. 엄마는 언제나 최선의 노력을 한다. 엄마는 절대로 포기하는 법이 없다. 내가 뭔가 힘든 일이 있어 포기하고 절망할 때 엄마는 늘 말씀하신다. 절대 포기하지 말라고. 포기하지 않으면 언젠가는 이룬다고. 나는 이모들과 고모들이 많다. 우리는 대 가족이다. 어떤 때는 감정적으로 소진될 때가 있지만 그래도 대가족이 있어서 힘들 때면 의논하고 서로 위로가 된다.

15) 하리마:
어머니는 아주 어린 나이에 결혼하였다. 14살에 10남매를 낳았고 2명을 잃었다. 12명을 낳았다. 어린 내 기억에 엄마는 언제나 임신 중이었다. 어려서 결혼한 엄마가 일찍 아이를 낳은 덕분에 우리가 대가족인 것이 자랑스럽다. 하지만 가끔 14살은 엄마가 되기에는 좀 빠른 나이라고는 생각한다. 하지만 그 시대는 다 그랬다고 한다. 엄마는 요새 아프다. 엄마가 두 번째 부인이다. 아버지가 일주일에 두 번 오시기 때문에 내가 엄마를 보살핀다. 14살부터 가족을 위해 희생한 엄마가 고맙고 자랑스럽다. 하지만 나는 절대 일찍 결혼하지도 않을 것이고 아이도 많이 낳지 않을 생각이다. 남편이 될 사촌이 결정하겠지만 12명을 낳는다는 일은 상상만 해도 끔찍하다.

16) 모우자:
어머니는 대학을 졸업한 후에 결혼했는데 엄마 나이는 잘 모르겠다. 40대 아니면 50대일 것이다. 엄마는 본인의 나이를 모른다. 나이를 물을 때마다 22살이라고 말하신다. 엄마는 아들 둘, 딸 셋을 낳았다. 엄마는 늘 배움을 갈망하였다. 엄마는 뒤늦게 정치학과 경영학을 공부했다. 더 공부하고 싶었지만 우리들을 보살피기 위해 중도에 공부를 포기했다고 했다. 나는 공부하는 엄마보다는 엄마가 훌륭한 가정주부라서 좋다. 나는 매일 엄마로부터 모든 것에서 영감을 받고 있다. 어떤 일이 일어나든지 언제나 엄마는 옳다고 생각한다. 나는 엄마처럼 되고 싶다.

17) 미리암:
어머니는 베두인 유목민 출신이다. 강한 여자다. 어머니는 17세에 결혼하였다. 언제나 새로운 것을 배우고 싶어 했지만 고등학교를 마치지 못했다. 엄마는 학교에는 갈 수 없었지만 틈틈이 책을 읽었다. 엄마는 탐정소설과 역사물을 좋아하는 엄마는 이야기하는 것도 좋아하힌다. 특히 우리 부족의 역사를 재미있게 말씀해 주신다. 내가 사춘기일 때 한동안 반항했다. 그때 엄마는 참을성 있게 내 말을 들어주고 내가 침착해질 때까지 기다려 주었다. 그게 위로가 되었다. 엄마는 힘든 사람이 있으면 그 말을 끝까지 들어주고 공감해 주었다. 엄마의 본성이었다. 엄마와 나는 친구처럼 지내고 지금은 서로를 무척 아끼고 사랑한다.

18) 카디자:
어머니는 14살에 결혼해서 9남매를 두었다. 딸 6명에 아들이 3명이다. 나는 바로 위의 언니와 12살 차이가 난다. 나이 차가 많아서 좋은 점도 있지만 안 좋은 점이 있다. 언니 오빠가 어른 같아서 늘 어렵다. 우리 집은 나 빼고 다섯 언니들이 다 결혼했는데 모두 직장인이다. 아침이면 우리 집은 어린이집 같다. 결혼한 언니들이 직장에 가면서 조카들을 맡기기 때문이다. 엄마는 힘들다 하면서도 딸들이 직장에 나가 일하는 것을 좋아하신다. 엄마는 나이가 들어 무릎이 아프다. 그래도 메이드의 도움을 받아 가며 손자 손녀들을 봐주고 있다. 조카들이 30여 명이다. 엄마는 딸들이 일할 기회를 놓치지 않기 위해서는 조카들을 봐주어야 한다고 말한다. 엄마 세대와 우리 세대는 현대화를 겪으면서 엄청난 변화가 있었다. 엄마는 메이드의 도움으로 아이들을 키웠다. 엄마는 우리가 결혼 후에도 자신만의 일을 갖고 경제생활을 하길 원했다. 직장을 고를 때는 일을 찾아가야지 돈을 쫓아가지 말라고 하시는데 늘 마음에 새긴다. 또한 엄마는 사람을 용서하라고 하시고 오래 참음을 강조하신다. 인생은 한 번뿐이기 때문에 반드시 그래야만 한다고 말씀하신다. 나는 그 말이 좋아서 엄마를 더욱 존경한다. 엄마는 우리 부족에서도 존경받는다. 사람들은 엄마하고 이야기하는 것을 좋아한다 엄마 말고 역할 모델이 있다면 세이크 자이드이다.

19) 세하:
어머니는 몇 살에 결혼했는지 모른다고 한다. 본인의 나이도 정확히 모른다. 아마 30대 초반일 것 같다. 우리는 4남매이다. 엄마는 참을성이 무척 많다. 엄마는 내가 힘들 때나 괴로울 때 항상 그 자리에 계셨고 내가 가장 의지하는 이유다. 언제나 내 꿈을 격려해주고 뒤에서 묵묵히 받쳐주고 잡아준다. 엄마는 힘든 시간을 보낼 때도 아주 절망하는 법이 없다. 어떤 순간에도 엄마는 내 삶을 밝혀준다. 어느 누구도 엄마처럼 특별한 사람은 없을 것이다. 자신을 온전히 지지하고 믿어주는 엄마를 가졌다는 것은 크나큰 축복이라고 생각한다. 엄마의 사랑이 당연하다고 생각할 때가 위험한 때라고 생각한다. 감사를 잊으면 안 된다. 또한 엄마는 내가 아는 한 가장 참을성이 많은 사람이다. 아버지가 오래 아팠는데 엄마는 아빠를 정성으로 간호하였다. 집안에 일이 있을 때마다 우리는 엄마 덕분에 다 겪어내었다. 엄마는 강하다. 엄마는 집안의 기둥이자 가장이다. 그렇게 강한 사람이 엄마이다. 하지만 나는 엄마처럼 살고 싶지는 않다. 나의 역할 모델은 나이고 내가 누군가의 모델이 되는 삶을 살고 싶다.

20) 세이카:
어머니는 25세에 결혼해서 6남매를 키웠다. 엄마는 직장인이다. 난 사실 엄마에게서 영감을 받은 것이 없다. 엄마는 늘 피곤해하셨다. 일을 마치고 오시면 늘 힘들어했고 주말에는 잠만 주무셨다. 일하는 엄마는 집에 오면 늘 힘들어했고 어떤 외부 활동도 하지 않았다. 집과 직장만 오갔다. 함께 공원이라도 가고 싶었지만 엄마는 늘 집 안에 머물기를 원했다. 엄마에게는 가정생활과 직장 일과 양립하는 것이 신체적으로 정신적으로 매우 힘들었던 것 같다. 엄마는 직장에서 돌아와 피곤해하시지만. 기운을 차리면 다시 가정일에 몰두하였다. 나는 엄마처럼 살고 싶지 않다. 가정도 물론 중요하지만 나 자신을 먼저 돌보겠다. 내가 건강하고 행복해야 내 가족도 행복하고 즐거울 것이다. 엄마는 도전을 겁내시고 변화는 더욱 두려워하신다.

어머니는 늘 오빠들과 남동생만 이뻐하셨다. 딸들은 엄마를 행복하게 하지 못했다. 딸들과는 별다른 소통도 교류도 없었다. 엄마는 여자가 공부하는 일에 부정적이었다. 학업에 대한 열정이나 직장 생활을 하게 하는 원동력은 엄마가 아니라 아버지이다. 부모님 중에서 내게 영감을 준 분은 아빠이다. 아버지는 언제나 나를 격려하고 내가 공부를 포기하고자 했을 때 용기를 주었다. 여자도 공부해야 하고 많이 배워야 한다고 말해준 사람은 엄마가 아니라 아버지였다. 나는 일하면서 온라인으로 영국에 있는 대학에서 MBA를 공부했다. 엄마는 내가 의사가 되길 원했지만 나는 개의치 않는다. 나의 멘토는 나이다.

21) 살마:
어머니는 아주 이른 나이인 13살에 결혼해야 했기 때문에 학교를 다니지 못했다. 엄마는 지금 45살인데 큰오빠가 27세이고 내가 26세이다. 내 밑으로 7명이 더 있다. 나는 장녀라서 엄마가 동생들을 키우는 것을 지켜보았다. 엄마가 우리 형제들을 키울 때 얼마나 힘들어하는지 보아왔다. 엄마는 매일 지쳤고 나는 가사로 힘든 엄마를 도와야 했고 때로는 학교에 다닐 수 없었다. 엄마와 나는 가족들의 식사를 준비하고 빨래를 해야 했다. 나는 동생들이 학교에 갈 연령이 되면서 부엌에서 풀려났다. 22세가 되어 학교에 다니기 시작하였다. 나는 내 인생을 바꾸고 싶었고 무조건 열심히 공부하면 길이 열리리라 생각했다. 나는 열심히 공부하였다. 안 그러면 다시 부엌으로 들어가 동생들 뒷바라지를 해야 함을 잘 알고 있다. 지금 대학 2학년에 올라갈 준비를 하고 있다. 학교를 마치면 무조건 또 공부할 것이다. 학교에서 공부하는 시간이 내게는 가장 값진 시간이다. 다시 부엌으로 돌아가서 동생들 밥하라고 하면 너무 힘들 것 같다. 나는 공부가 끝나면 바로 취업할 것이다. 다시는 부엌으로 돌아가지 않을 것이다.

22) 모나:
어머니는 60세이다. 엄마는 15살에 결혼하였고 15번 출산하였다. 옛날에는 병원도 없고 아이가 아프면 죽는 일이 빈번하였다. 15명의 아기를 낳았지만 살아남은 형제는 11명이다. 딸 7명, 아들 4명이다. 나는 엄마를 자랑스럽게 여기고 존경한다. 엄마는 우리가 결혼하기 전까지 이슬람 정신으로 우리를 훌륭하게 양육하셨다. 아버지는 우리가 고등교육을 마치고 결혼할 수 있도록 기다려 주셨다. 친구 중에는 학교를 마치기도 전에 집안의 강권으로 결혼한 친구도 여럿 있다. 내가 공부를 마칠 때까지 기다려 준 아버지가 고맙다. 아버지는 우리 형제가 직장을 가질 수 있도록 힘써 주셨고 우리 형제는 모두 일을 하고 있다. 나는 28살이고 대학에서 도시계획을 공부하였고 지금은 알아인 관광청에서 5년째 일하고 있다. 나는 아빠 덕분에 자립성을 길렀다. 하지만 나의 역할 모델은 예언자 무함마드이다. 나에게 필요한 모든 것은 예언자 무함마드가 알려준다. 나는 알라에게 헌신하고 이 생의 종말이 올 때까지 그를 찬양한다.

23) 마이타:
어머니는 15살에 첫 결혼을 하였는데 아빠는 일주일에 세 번만 집에 오셨다. 일요일, 월요일, 수요일이다. 엄마는 첫 번째 부인이었고 아빠는 다른 부인들이 있었다. 엄마는 우리를 위해 결혼 생활을 유지하셨다. 직장 일을 하긴 했지만 엄마의 월급으로 우리를 양육할 수 없었기에 불행한 결혼 생활을 참았다. 결국 엄마와 아빠는 이혼하였다. 나는 엄마의 인내에 감사하지만 엄마처럼 살고 싶지는 않다. 엄마는 경제적으로 독립적이지 못했다. 그것이 매우 중요한 포인트 같다. 나는 경제적으로 심리적으로 독립적인 사람이 되고 싶고 내가 원하는 삶을 살고 싶다. 지금 에티하드 항공사에서 파트 타임으로 일하면서 대학에서는 경영학을 공부하고 있다. 여성이 강해져야 하는 시대이다. 보시다시피 나는 남자보다 더 짧은 머리다. 작년에 머리를 싹둑 잘랐다. 사람들이 나의 머리에 대해 뭐라고 하든지 관심 없다. 그들이 내가 건물 안에서 아바야를 입지 않는다고 흉을 본다는 것도 알고 있다. 하지만 나는 다른 사람의 시선에 얽매여 불행해지고 싶지 않다. 엄마는 다른 사람들의 시선에서 자유롭지못해 아버지와의 결혼생활을 끝내지 못했고 결과적으로 우리는 모두 불행했다. 이제 엄마도 조금씩 달라지고 있다. 나는 내가 원하면 하기로 결심하였다. 위선과 가식에 휘둘리며 살고 싶지 않다. 나는 나이니까.

24) 자밀라:
어머니는 15세에 결혼하여 6남매를 키웠다. 엄마는 59세이고 장녀인 나는 39세. 막내는 19살이다. 엄마는 6년 전에 유방암 진단을 받았다. 수술하고 치료를 하면서 엄마는 더욱 강해지고 용감해졌다. 엄마는 수술 전에 집안일의 모든 것을 혼자 하셨지만 이제 메이드가 있어서 엄마를 도와준다. 결혼해보니 엄마가 우리를 위해 얼마나 희생했는지 알 것 같다.

*자밀라는 본인 기억에 엄마는 늘 임신하고 아기낳고 키우는 일의 반복이었던 것 같다며 자기는 그렇게 살고 싶지 않다고 했다. 반복되는 출산과 육아에서 영감을 얻을 일이 없었기 때문이라고 잘라 말했다.

25) 림:
어머니는 18세에 결혼하였고 지금 46세이다. 엄마는 첫 결혼에서 나와 남동생을 낳아 키우셨고 재혼하셨다. 엄마는 선생님이다. 엄마의 능력과 자립심에 자랑스러움을 느낀다. 나의 역할 모델은 결혼과 인생 문제 전문가인 닥터 나마 하시미이다. 나도 언젠가는 그녀처럼 어려움에 처한 사람들을 도와주는 일을 하고 싶다.

26) 마이사:
어머니는 학교에 가지 말라는 남편의 구박과 핍박을 견디며 매일 아침 밥상을 미리 차려놓고 학교에 다녔다. 아버지는 엄마를 학교에 못 가게 하려고 등교 시간에 맞추어 일부러 집안일을 벌여놓기도 하고 식사 시간을 늦추기도 했다고 한다. 엄마는 아버지가 돌아가시고 나서 비로소 자기 생활을 찾았다. 어머니는 늦게 공부하였지만 우리 부족 중에서 직업을 가진 첫 여성이고 운전을 한 첫 여성이다. 엄마는 늘 책을 읽고 배움에 정진하신다. 엄마는 40세가 되었을 때 UAE 대학에서 공부를 시작했다. 행정학을 공부하였고 석사 공부까지 마쳤다. 현재 인사 관련 매니저 일을 하고 있다. 엄마는 우리에게 늘 말씀하시기를 결혼은 일찍 할 필요가 없다고 한다. 여자라도 일이 우선이어야 산다고 하신다.

둘째, 인터뷰를 마치고

인터뷰 내용을 사전에 이메일로 주거나 직접 만나서 설명하기도 했다. 긍정적인 이야기를 좋아하는 아랍 문화와 정서상 보이지 않는 경계나 숨김이 많아질 우려도 있었지만 인터뷰를 통해 그녀들의 솔직한 이야기를 들을 수 있었다. 시도해보지 않으면 알 수 없는 것이 인터뷰의 묘미였다.

인터뷰에 참여한 딸 26명과 어머니 26명, 총 52명의 연령을 비교해 보았다. 딸 26명의 연령은 19세에서 31세이고 어머니 중에 자기의 나이를 모르는 사례가 있어서 어머니의 평균 연령은 낼 수 없었다. 인터뷰에 응한 딸 중 결혼한 대상자는 5명이었고 이들의 결혼 평균 연령은 23세였다. 이에 비해서 대상자의 어머니 연령은 40대 중반에서 60대 초반이었다. 어머니 세대는 초혼인 경우 대부분이 10대 초반이었다. 부족 간 결혼이 일반적이어서 사촌 간 결혼이 흔했다. 이모가 시어머니가 되고 친구가 시누이이면서 사촌 조카이고 사촌 동생인 가족관계가 자연스러웠지만 막상 정리를 하려고 보니 복잡했다. 그 배경에는 재산이 결혼으로 분산되는 위험을 피하기 위해 철저하게 부족끼리의 결혼을 강제한 역사가 있었다. 현지인끼리 결혼하는 경우에 한하여 집을 지을 땅을 주고 장려금을 주는 제도도 이런 연유와 무관하지는 않아 보인다. 부족에 외부 세력이 끼어드는 것을 경계하기 때문이었다. 인터뷰에서 확인하게 된 흥미로운 사실은 일부사처제가 어느 정도 존재한다는 사실이었다. 내가 가진 정보는 일부사처제를 할 경우 모든 대우가 동등해야 함을 전제로 하기에 경제적 이유로 일부 부유층이 아니면 일부다처를 두기 어렵다고 들었다. 지참금 문화 때문에 사실상 일부일처제로 정착되어가고 있다고 들었는데 인터뷰를 하면서 보니 그 말은 완전히 맞는 말은 아니었다. 인터뷰를 한 숫자가 적기 때문에 통계를 운운할 형편은 아니지만 놀랍게도 극히 일부이긴 하지만 일부사처제의 영향권에 들어 있었다. 아내들이 각각 다른 집에 살기도 하고 전 가족이 함께 살기도 했다. 이복형제들이 한집에 사는 경우에 식사는 같이 하지만 대화는 거의 하지 않았다. 부족 간의 유대를 위해 일반적으로 사촌과 먼저 결혼하고 두 번째 부인은 정말 자신이 원하는 여성을 아내로 맞는다고도 하는데 꼭 그런 것만도 아닌 것 같은 인상을 받았다.

인터뷰 프로젝트를 진행하면서 문화적 코드를 이해하지 못했기 때문에 일어난 실수가 있었다. 설문지의 첫 번째 질문이 사실상 그러했다. 아랍 문화에서 어머니의 이름에 대한 또 다른 문화적 코드가 숨겨져 있음을 몰랐던 것이다. 한 번은 카페에서 옆자리에 앉은 현지 여성에게 조심스럽게 인터뷰를 요청했다. 인터뷰 내용을 설명하고 설문지를 주었다. 식사 후에 관심이 있으면 알려 달라고 했다. 30여 분이 지난 후 식사를 마친 그녀가 인터뷰에 응하겠다고 했다. 그녀가 식사하는 동안 설문지를 읽는 모습을 보았기에 안심이 되어 질문을 시작했다. 어머니의 이름이 무엇이냐고 물었다. 그러자 그녀가 자리에서 벌떡 일어나더니 옆자리에 앉은 다른 여성에게 이르듯이 말했다. 자기 엄마 이름을 묻는다며 본인의 정보를 빼내려고 한다는 것이었다. 갑자기 벌어진 상황에 당황한 나는 어찌할 바를 몰랐다. 설문지를 다시 보여주면서 "읽지 않았느냐"라고 반문하고

"내가 인터뷰를 강요했느냐"라고 되물었다. 그제야 우물우물하더니 자리를 떴다.

그날 오후에 아말에게 사건을 말했다. 늘 진심이 느껴지는 아말은 아마 그 여성이 내가 마술이나 주술을 건다고 생각했을 것이라고 알려주었다. 아랍에미리트에서 부적과 마술을 사용하는 행위는 아주 위험한 활동이지만 적지 않은 여성들이 마술사를 찾고 있는 것이 현실이다. 2016년에도 인도네시아 가정부가 고용주 아이들에게 마술을 건 혐의로 구속되어 사형을 선고받았다. 가정부는 자신을 변호할 수 없어서 마술을 했다고 인정했다고 한다. 변호사를 고용할 경제적 여력이 없는 탓이다. 여성들은 마술사에게 주로 부적을 사는데 그들이 묻는 첫 질문이 엄마 이름이라고 한다. 이런 문화적 배경을 모른 채 인터뷰와 설문 조사의 1번에 어머니의 이름을 넣는 실수를 했던 것이다. 다행히 선생인 나를 믿고 많은 학생이 인터뷰에 응했지만, 몇 명의 학생이 어머니의 이름을 익명으로 고집한 이유를 뒤늦게 알게 되었다. 아랍의 유목 문화권에서는 명예를 목숨보다 소중하게 여긴다. 종교적으로 문화적으로 좀 더 세심한 배려가 있어야겠다고 마음에 새겼다.

인터뷰를 하면서 발견한 또 하나의 사항은 아랍 여성들의 나이였다. 아랍에서 50대 이상의 여성들은 나이에 관한 개념이 희박하였다. 나이를 모른다는 말이 처음에는 충격이었지만 점차 익숙해졌다. 사막에서 출산하고 아이를 키우던 유목 생활의 잔재라고 한다. 이 질적인 문화적 배경에도 불구하고 한국을 사랑하는 이유로 시간을 내어준 26명의 젊은 아랍 여성들과 또 그들의 어머니들에게 깊은 감사의 말을 전한다. 그들이 직면한 인생 현장을 인터뷰로 풀어갈 수 있는 귀한 경험 덕분에 아랍 여성에 대한 이해가 조금은 더 깊어지고 넓어졌다. 같은 시대를 사는 여성으로서 나이와 국가, 인종을 초월하여 그들의 내밀한 삶과 감정에 공감하는 폭이 넓어지는 혜택을 받은 특별한 계기가 되었다.

5

한국은 또 하나의 희망이다

"선생님, 제가 지금 어디 있는지 아세요?" 마흐라에게서 카톡이 왔다. "한국이에요, 한국!" 시리아 출신인 마흐라는 한국에 체류 중이었다. 그녀는 KLCC에서 한국어 레벨 1을 배우러 온 첫날 수업을 마치고 말했다. "저는 꼭 한국에 가서 공부할 거예요. 제 목표예요." 20대 중반의 아랍 여성이 알아인을 벗어나 단지 한국이 좋다는 이유로 낯선 문화권인 한국에 갈 수 있을까? 반신반의했지만 그녀의 꿈을 적극 지지했다. 맨손으로 콘크리트 벽을 두드리는 그 느낌을 알기에 더욱 힘차게 격려했다. 우여곡절 끝에 한국에 간 그녀는 2년 사이에 4번째 한국에 체류하면서 연세대 한국어학당, 종로 YBM의 한국어교실을 거쳐 서울시에서 하는 사회통합 프로그램 수업을 받고 있었다. 한국에 거주할 목적을 가진 외국인을 위한 적응 프로그램으로 서울교대, 이화여대, 고려대 및 건국대 등지로 학교를 옮겨가며 하는 수업이었다. 마흐라는 정보력으로 한국 생활에 부지런히 적응하고 있었다. 서울 회기동에 있는 작은 빵집에서 제빵을 배우고 있다고 했는데, 어느 날은 바리스타 학원에 등록했다고 문자가 왔다. 신림동 고시원 골목에 살면서 꿈을 실현하기 위해 매일 한강을 건너며 열심히 일하고 공부하는 마흐라에게 존경심마저 생길 지경이었다. 한국어 과정의 레벨이 끝날 때마다 즐거운 소식을 전해주었고 레벨 4를 마쳤을 때는 다음 학기에 대학에서 공부할 수 있게 되었다면서 신나했다.

한국에서 마흐라의 하루하루는 '꿈'을 향한 여정이었다. 이것도 안 되고, 저것도 안 되는 문화 속에서 살다가 오늘은 이것, 내일은 저것으로 금기를 깨는 소소한 일상이 20대 중반의 그녀에게는 신나지 않을 수 없을 것이다. 그녀 마음을 조금은 알 것 같았다. 마흐라는 서울서는 아예 아바야도 입지 않고 히잡도 쓰지 않고 있었다. 그녀는 한 달쯤 지나자 커피 바리스타 자격증을 찍어 보냈다. 마흐라의 바리스타 자격증 취득은 한류가 젊은 아랍 여성의 미래에 영향을 미칠 수 있다는 발견이었고, 나 역시 단순히 한국어를 가르치는 역할에서 확장된 비전을 꿈꾸게 만들었다. 한국어를 매개로 언어 습득 이상의 관계를 넘어선 연대감을 느꼈다.

노라가 남대문 근처에 집을 구한다고 했다. "남대문, 한국?" 서울대병원에 연수를 간다고 했다. 노라는 알아인의 병원에서 일하는 가정의학과 3년 차 인턴이었다. 병원의 바쁜 일정에도 열심히 한국어를 공부하였다. 그녀는 만약 한국인 환자가 왔을 때 애로사항이 없도록 중재역을 하고 싶다고 했다. 그런 노라가 한국의 서울대병원에서 한 달간 교환 프로그램으로 일하기로 결정한 것이다. 서울대의 건강증진센터에서 의료보험 시스템과 환자의 처우 개선에 대해 배울 계획이라고 했다. 한국어도 배우고 한국 의료 관련 업무도 배우는 일석이조의 장소로 한국을 선택한 것이다. 노라의 서울대 연수는 한국어를 가르친 강사의 입장에서 벅찬 기쁨이었다. 한국 드라마가 좋아 한국말을 배웠는데 이제 한국에 가서 일하고 싶다는 것이다. 알아인에서의 한국어 교육이 비로소 아주 작지만 열매를 맺은 듯 자부심이 생겼다. 이 기쁨을 한국에 알리고 싶은데 어디로 문의할지 몰랐다. 한국에 있을 때 안면이 있던 한국학 중앙연구원의 박동준 교수님께 조심스러운 메일을 드렸다. "한국을 좋아하는 아랍 여성이 한국의 병원에서 연수하게 되었는데 이 학생의 이야기를 한국에 널리 알리고 싶다"고 말씀드렸다. 박 교수님은 한국 문화의 해외 교류에 높은 안목과 열린 마음을 가지신 분으로 보통 사람들은 관심도 없는 아랍에미리트의 한국어 교육에 주목하시고 나에게 커다란 용기와 응원을 해주신 분이다. 기사화하고 싶은 나의 취지를 들으시고 홍보 담당이신 김은양 선생님을 소개해주셨다. 그렇게 여러 사람의 덕에 힘입어 ≪코리아 타임즈(Korea Times)≫의 권미유 기자와 연락이 되어 노라의 인터뷰 날이 정해졌다. 당시 영국에 있던 나는 마치 내가 인터뷰를 하듯이 기뻤다. 아랍과 한국을 이어주는 기쁨은 늘 나를 생기있게 만든다. 징검다리 역할이 좋은 것이다.

노라의 인터뷰가 나온 기사를 읽었다. 내용은 이미 알고 있던 대로였다. 노라는 단순히 한국어를 좋아하는 단계를 넘어서서 의학을 공부하는 자신의 경력과 한국에 대한 사랑을 연결하고 싶었던 것이다. 자신이 좋아하는 일과 자신이 좋아하는 취미가 만나는 지점을 발견한 것이다. 한국인들이 점점 늘어나는 아랍에미리트에서 한국어를 할 줄 아는 의사가 목표였다. 서울대에서 근무하는 한 달 동안 노라가 보내주는 문자와 사진을 보면 한국 생활은 넘치게 즐겁고 알찼다. ≪코리아 타임즈≫에 그녀의 인터뷰와 얼굴사진이 실리고 이번에는 서울대의 교내 신문에서도 인터뷰가 있었다. 노라는 한 달 사이에 한국의 영자 신문과 서울대학신문에 기사가 실리는 특별한 아랍 여성이 되었다. 서울대와 한 인터뷰에서는 서울대의 암 환자 치료 프로그램이 인상적이었고 특히 유대와 신뢰를 기반으로 하는 환자와 의료진과의 관계에서 많은 것을 배운다고 했다.

이런 멋진 한국 여행일정이었지만 한국의 서울대병원에서 연수를 한 달 간 지원할 때 노라에게는 큰 난관이 있었다. 31살 전문직 여성이라 하더라도 여성이기 때문에 혼자여행은 결코 있을 수 없었기 때문이다. 연령이나 결혼의 여부와 상관없이 여자는 혼자 여행할 수 없다는 남자 후견인 제도가 노라가족의 일상생활에도 깊숙이 뿌리내리고 있었기 때문이다. 다행히도 노라의 아버지가 허락해 주어서 노라의 서울행이 성사되었다. 노라를 보살피기 위해 가족들이 함께 움직여야 했다. 노라의 언니는 직장에 장기 휴가를 내고 노라의 남동생과 어머니도 동행하기로 했다. 노라의 어머니는 한국에서 먹을 할랄 음식을 할 음식 재료를 준비했다. 그리고 가장 중요하게도 세 여성의 보호자 자격으로 갓 고등학교를 졸업한 막냇동생이 합류하였다. 남동생이 동반할 수 있는 기간에 맞추어 노라의 연수 일정을 조정했다. 그렇게 3명의 가족이 동행함으로써 노라의 한국 여행이 무사히 진행되었다. 성공적인 여성의 뒤에서 희생하는 가족의 도움이 뒷받침되었다. 결국 노라의 집은 한 달 동안 이산가족이 되어 아랍에미리트에 남은 아버지 팀과 한국으로 가는 노라 팀으로 나뉘었다. 노라의 어머니는 딸의 식사를 준비하고 온종일 낯선 이국땅, 한국의 빈 호텔방을 지켰다. 노라의 언니는 동생의 출퇴근길을 함께 동행하여 낯선 사람으로부터 동생을 보호해야 했으며, 노라의 남동생은 가족의 체류 기간에 소요되는 생필품 쇼핑과 외부일정을 맡았다. 한 여성이 전문직 여성으로 거듭나기 위해 가족 전체의 희생이 필요했다. 가족의 두터운 신뢰로 노라는 한국에서의 인턴 생활을 무사히 마치고 알아인으로 복귀하였다.

한국어를 배우면서 한국에서 경력을 쌓고 싶은 학생은 노라뿐만 아니었다. 뜬금없이 모우자에게서 연락이 왔다. "선생님, 한국은 사계절이 뚜렷하지요? 오늘은 서울의 날씨에 대해 공부하고 있어요." UAE 대학이 한국에서 열리는 모의 유엔에 참여하는데 모우자도 합류하게 되었다는 소식이었다. 세계의 대학생과 대학원생을 대상으로 하는 모의 유엔 또는 모의 국제연합(Model United Nations)은 학생들이 유엔의 각국 대사 역할을 맡아 토론과 협상, 결의안 작성 등을 통해 협상 및 발표 능력을 함양하는 활동이다. 2012년에 한국의 일산 킨텍스에서 열렸다. UAE 대학에서 한국에 참여할 모의 유엔 토론단을 뽑는다는 정보를 뒤늦게 알자마자 모우자의 시간은 멈추었다. 모든 일을 멈추고 한국에 가기 위해 집중해야 했다.

모우자는 모집이 끝난 방문단에 합류하기 위해 교수님들을 설득하기 위한 장문의 에세이를 썼다. <모의 유엔에 가야 하는 이유>라는 그녀의 에세이는 절박하면서도 용기가 있었다. 모의 유엔이 열리는 장소가 한국이기 때문에 자신이 꼭 가야 하며 그녀는 이때를 위해 몇 년 전부터 한국어를 배웠다는 내용이었다. 자신의 한국어 실력을 보여주고 한국의 정보에 대해 정리 요약해서 시범 프레젠테이션까지 했다고 한다. 참가하는 학생 대부분이 한국어를 몰랐기 때문에 모우자의 한국어 실력과 사전 정보는 담당 교수의 마음을 움직였다. 드디어 내가 사는 컴파운드의 이웃이면서 모의 유엔단을 맡은 경제학과의 스티브 교수가 모우자의 참여를 최종 승인했다. UAE 대학의 대표단 10여 명에 합류하자 모우자는 매일 전화했다. 하루는 한국의 지하철 노선에 대해 묻고, 하루는 교통카드 시스템을 물었다. 그녀의 이어지는 질문을 누군가 들었다면 그녀가 한국에 일 년 정도 머무는 줄 알았을 것이다.

UAE 대학이 모의 유엔 대회를 참여하기로 결정했지만 남녀 학생을 함께 보낼 수 없어 성사되기까지 우여곡절이 있었다. 특히 여학생들을 외국의 학회나 행사 등에 보낸 경험이 없어서 관계자가 여럿이 바뀌면서 취소하자는 의견도 있었다. 일주일로 예정된 방문은 안전상의 이유로 점점 축소되어 최종적으로 결정 난 일정은 참으로 빡빡했다. 오직 인천 공항과 일산 킨텍스 간의 2박 3일이었다. 아예 한국에서의 체류 장소는 일산의 회의장으로 제한하였다. 아랍에미리트에서 한국까지 2박 3일은 오고 가는 비행시간만 생각해도 짧은 일정이었지만 모우자에게는 시간이 멈춘 듯한 긴 시간이었다. 그녀는 시간별로 일산의 구름 낀 하늘과 공항 도로의 나무를 사진 찍어 보냈다. 모우자는 전시 컨벤션 센터인 킨텍스 건물과 근처의 숙소를 이동하는 셔틀버스 운전기사와 한국말로 인사했던 순간도 감동이었다고 했다. 평소에 했던 말이 현실이 되었다. 현실적으로 당장 한국 사람을 만날 가능성도 드물고 한국말을 써먹을 기회가 없더라도 기회는 언제 어디서 올지 모르니 꾸준히 연습하고 있으면 지나가는 기회를 잡을 수 있다는 이야기를 수시로 했었기 때문에, 모우자의 한국행은 남다른 감동을 주었다. 모의 유엔 참여 스토리는 들을 때마다 모우자가 자신을 얼마나 자랑스러워하는지 알 수 있었다. 그녀에게는 한국에 가본 사실 그 자체가 성취였다.

결혼하여 아이를 둘 낳은 지금까지 모우자는 잊지 않고 때마다 카톡에 음성 메시지를 남긴다. "선생님, 한국말, 꼭 기억할 거예요." 그리고 마지막 음성, "저를 잊지 마세요." 내가 어찌 사랑스러운 모우자를 잊을까. 한국어 첫 수업 시간에 한 시간 일찍 도착해서 조심스럽게 강의실 문을 살짝 열 때 나보다 먼저 도착하여 나를 기다리고 있는 그녀의 미소를 잊을 수 없다. 마흐바도 마찬가지다. 유튜브의 아쿠와스 채널을 만들어준 그녀는 지금 아랍이 아닌 캐나다에서 살고 있다. 아이 소식을 전하며 한국 소식을 묻는다. 알아인에 살고 있는 학생들은 말할 것도 없다. 지금까지 꾸준히 연락하며 서로를 그리워한다.

한류는 지나가는 바람이 아니었다. 그들에게 한국은 닻을 내린 항구였다. 매번 다시 돌아오는 항구처럼 그들의 관심은 늘 한국 언저리를 맴돌았다. 그들에게 한국은 자유였고 미래의 희망이었다. 그것을 안 순간 나에게 책임감이 생겼다. 아랍의 학생들에게 한국은 희망의 상징이었고 한류에 동참하는 것은 자신을 찾아가는 여정이었다. 그런 의미에서 나는 그들의 도우미였다. 노라와 모우자처럼 처음에는 한국 드라마와 K-POP을 재밌게 즐기기 위해 한국어를 배웠는데, 점점 관심사가 한국의 문화로 넘어가고 한국의 역사로 넘어가 이제는 자신의 경력에 도움 되는 방향을 찾기 시작하고 있다. 한류는 젊은 세대, 특히 아랍 여성들의 마음을 사로잡으면서 새로운 문화 패러다임을 만들었고 다양한 분야에서 미래를 다각적으로 접근하게 했다.

한국어를 배우러 오는 학생들은 사실 남달랐다. 폐쇄적이고 여성의 바깥 활동이 제한적인 아랍 사회에서 외국어를 배우기 위해 저녁 시간에 집 밖으로 나온다는 사실 자체가 보통의 열정을 가진 사람들이 아니다. 자아실현의 욕구가 큰 여성들이었다. 다만 그동안 기회가 없었을 뿐이다. 한국어를 배우는 학생들의 열성과 정성이 특별한 이유는 다음 세 가지이다.

첫째, 한국어를 배우는 목적이다. 아랍 학생들이 외국어를 선택할 때 최대 관심사는 한국어가 아닌 영어다. 취업이든 학교이든 영국의 공인 어학 시험인 아엘츠(IELTS) 점수가 필요하다. 학교 교육의 공식 언어는 아랍어이지만 영어가 공용어이다. 교육 시스템과 교수진도 영국인들이 많다. UAE 대학의 경우 영어가 1학년 커리큘럼의 전부이다. 아엘츠(IELTS) 점수가 5.0 이상이 나오면 공부한 시간과 상관없이 1년 공부한 것으로 인정되어 2학년이 될 때까지 학교에 나가지 않아도 된다. 이런 상황에서 학점이나 취업과 상관없는 언어를 배운다는 사실은 일상적이지 않다. 그것도 가족이 총출동하여 저녁 시간에 시내에 위치한 대학 캠퍼스까지 온다는 것은 보통 의지가 없으면 선뜻 결정하기 힘든 일이다. 열정이 없으면 시작조차 할 수 없는 것이 한국어를 배우는 일이다.

둘째, 수업료를 내야한다. 아랍에미리트는 대학이 무상 교육이다. 아랍에미리트의 국적을 가진 학생은 국립대학의 수업료가 면제된다. 이들은 교육에 투자하는 돈을 내본 적이 없다 정규 대학에서 영어를 배우는 것은 공짜이지만 대학 밖에서 배우는 한국어는 돈을 내야 했다. 수업료는 사실 비싸지 않았다. 5주 과정이 약 22만 원에서 시작하여 3년 지날 때는 약 38만 원으로 올랐다. 그런 상황에서 개인 돈을 내고 한국어를 배우겠다는 것은 배우고자 하는 의지가 결연함을 짐작하게 한다.

셋째, 가족의 도움이 절대적이다. 대중교통 수단의 부재로 한국어 수업을 듣는 일이 가족의 행사이다. 알아인 시내에 여성이 이용할 수 있는 안전한 공공 교통수단은 없다. 여성이 혼자 택시를 이용하는 일도 거의 없다. 이런 이유로 학생들은 한 번 집에 들어가면 급한 상황이 아니면 밖으로 나올 수 없다. 집에 있는 운전기사는 가족 전체의 교통수단을 책임지므로 가족 중 한 사람이라도 움직이면 나머지 가족은 그들이 집에 도착할 때까지 기다려야 한다. 한국어를 배우는 시간 동안 나머지 가족은 차량을 사용할 수 없으므로 가족의 협조가 필요하다. 아랍에미리트의 직장 퇴근 시간은 오후 3시 전후이다. 학생들이 한국어를 배우기위해서는 직장일을 마치고 두어 시간 집에 있다가 다시 외출해야 하는 상황이다. 학생

10명 가운데 1명 정도가 독립적으로 외출할 수 있었다. 대부분이 운전기사나 남동생이 운전해 주었다. 운전기사가 올 경우는 운전기사와 단둘이 보내기를 꺼려해서 어머니와 다른 자매들이 동반하였다. 학생 한 명의 한국어 수업을 위해 이렇게 온 가족이 움직인다. 사실상 전 가족이 한국문화에 노출되어 있는 셈이다. 엄청난 한국 사랑이다. 그렇게 되기까지 그 여학생이 집에서 학교에서 얼마나 한국이라는 단어를 입에 달고 있을지 짐작이 된다. 한국은 가족을 이어주는 대화의 연결고리이다.

알야지야의 경우 남동생은 직장에 있다가 시간이 되면 누나의 직장에 가서 누나를 집에 데려다준다. 그리고 누나의 한국어 수업 시간에 맞추어 다시 집으로 와서 누나를 KLCC(한국어와 한국문화센터)가 있는 캠퍼스에 데려다준다. 누나의 수업이 마칠 때쯤인 저녁 8시에 다시 온다. 1분이라도 늦어지면 주차장에서 기다리는 남동생에게 전화가 온다. 수업 시간이 10분 정도 늦게 끝날 수 있다고 미리 통지했음에도 전화통에 불이 난다. 지쳐서 빨리 나오라는 전화이다. 밤 시간에 하릴없이 차 안에서 기다린다는 일이 고역임을 어렵지 않게 짐작하면서 아랍에서 한국어를 배운다는 것 자체가 엄청난 열정의 행동이며 용기임을 매시간 깨달을 수밖에 없었다. 그래서 더 소홀할 수 없는 한국어 수업 시간이었다. 한국어를 가르칠 때 강의 전후로 학생들과 많은 대화를 가지려고 애썼지만 쉬는 시간에는 저녁 기도를 하러 뿔뿔이 흩어진다. 예습이나 복습을 하고 싶은 학생은 수업 전에 일찍 올 수 있는 사람은 오라고 했다. 몇 번 정도 한두 명이 일찍 오기도 했지만 대부분이 정해진 시간에 오고 수업을 마치면 곧바로 집으로 갔다. 그녀들이 각자 혼자 움직이는 것이 아니라 운전을 해주는 누군가의 일정을 맞추어야 하기 때문이다.

알아인의 한국어 강좌에 온 여성들은 많은 숫자는 아니었지만 한 사람 한 사람의 열정은 내게 책임감을 주었다. 대학의 학점과도 상관없고 취업에도 도움이 안 되는 한국어를 배우기 위해 온 가족의 일정을 좌지우지하는 그들의 열성을 알고 배움에 대한 그들의 열정을 존경하지 않을 수 없었다. 이런 배경을 알기에 나는 철저한 준비로 수업에 임하였다. 그들에게는 자기실현을 위해 배우고자 하는 숭고한 욕망이 있었다. 그들의 시간과 돈을 극대화하는 훌륭한 수업을 제공해야겠다는 각오를 매번 다졌다. 매 순간 그들에게 기억에 남을 행복한 시간을 선물해주고 싶었다. 그리고 내가 준 선물은 다시 내게로 선물이 되어 돌아왔다.

모래사막에 심은 희망의 씨앗, 아쿠와스

세 번째 서랍

젊은 세대에 대한 한류의 영향

1

비즈니스 하고 싶은 나라, 한국

2013년 UAE 대학의 무역학과로부터 강연을 제안받았다. 한국의 비즈니스 문화 강연을 해달라는 요청이었다. 압둘라 교수는 전화 통화에서 아랍에미리트가 나아가야 할 미래 방향을 찾기 위해 나라별 비즈니스 모델에 대한 수업을 하고 있는데, 이번에는 한국으로 정했다고 했다. 아랍에미리트와 한국은 1980년 정식으로 수교한 이후 우호적이며 지속적인 경제 관계를 유지하고 있다. 알아인에는 우리나라의 특전 부대인 '아크 부대'가 파견되어 있다. 아랍어로 '형제'를 말하는 아크 부대는 UAE 특수전 부대에 교육 훈련 지원과 유사시 교민에 대한 보호를 하고 있다. 한국 사람만 좋아하는 것이 아니다. 한국 제품의 인지도와 신뢰도는 최고를 찍고 있다. 두바이에서 알아인으로 가는 고속도로의 중앙 분리대에 달린 삼성 갤럭시 광고 깃발은 고속도로를 1시간가량 달려도 휘날린다. 그만큼 광고를 하는 이유는 시장성이 있기 때문이다. 한국산 에어컨이 사막의 열기를 식히고 한국 텔레비전이 여행자의 숙소에서 반기고 있다. 아랍에미리트는 이미 한국시장의 잠재력을 파악하고 있었다. 우리도 마찬가지다. 아랍에미리트는 과감한 개방 정책으로 이웃 아랍 나라들의 견제를 받을 정도로 이미 아라비아 반도의 비즈니스 모델이다. 그런 나라에서 한국의 비즈니스 모델을 알고 싶어 하고 닮고 싶어 하는 것이다. 압둘라 교수는 사정상 강연료를 줄 수 없는데도 강연이 가능한지 조심스럽게 물었다. 나에게는 강연 자체가 중요했다. 나는 바로 학교로 찾아가겠다고 하였다. 놓칠 수 없는 기회였다.

이집트 출신인 압둘라 교수는 전화한 지 한 시간 만에 연구실에 나타난 나를 보더니 깜짝 놀란 듯했다. 이집트의 문화도 아랍에미리트 문화도 '슈웨이 슈웨이(느리게 느리게)'인데 나의 빠른 대응이 바로 한국 문화인 것 같다며 크게 반겨주었다. 나는 한바탕 웃음으로 '빨리빨리'라는 한국말을 알려주었다. '빨리빨리'를 좋지 않은 습성으로 볼 수도 있지만 우리 민족이 갖는 저력이고 역동적인 에너지로 좋게 사용할 수도 있었다. 놀랍게도 압둘라 교수는 아라비아 반도에서 우리나라 근로자들이 일으킨 1970년대 중동 건설 붐을 기억하고 있었다. 바레인의 조선소에서 시작되어 사우디의 쥬베일, 리비아, 쿠웨이트 등지의 건설 현장에 있었던 한국인들은 '성실과 근면'의 아이콘이었다. 한국 근로자들은 시간 외 근무를 자청하면서 오락거리 하나 없는 뜨거운 사막의 땅에서 살아남았다. 한국인 근로자들은 섭씨 50도를 넘나드는 열사의 땅에서 '24시간 3교대 근무'의 조건을 버텨내었다. 사막의 기적, 그들의 땀방울을 기억한다. 중동 근로자들이 송금한 외화가 당시 우리나라 경제성장의 밑거름이 되었음을 생각할 때 우리나라와 중동 지역이 전략적 사업 파트너임은 자연스러운 귀결로 보인다.

압둘라 교수는 개인적으로 한국 문화에도 관심이 많았다. 한국어 교육 강좌를 앞두고 CEC 건물에 붙여둔 'KLCC(한국어와 한국문화센터)' 소개와 한국 문화 관련 광고를 유심히 보았다고 했다. 그중에 "흥, 정, 한"에 대한 설명을 적은 게시판을 보았다며 그 의미에 대해서 물었다. "흥, 정, 한"은 2012년 문화체육관광부와 한국국학진흥원이 발표한 단어로 10대 한국 문화 유전자에 포함되어 있다. 덧붙여 한국 문화를 "한(HAN) 스타일"로 불렀다. 핵심어를 하나씩 설명하다 보니 강연 전의 짧은 만남이 한국 문화에 대한 작은 프레젠테이션이 되었고 인터뷰는 성공적이었다. 압둘라 교수는 따로 강의료를 줄 수 없어 미안해했지만 나에게는 강의료 이상의 큰 의미가 있었다. 한 시간의 무보수가 가져다줄 가치는 돈으로 환산할 수 없었다. 아랍에미리트에서 일할 수 있는 첫 경력이었다. 남편을 앞혀두고 시범 강의도 해보고 파워포인트 프레젠테이션에 쓸 포인터도 사는 등 한 시간의 강의를 위해 한 달을 준비하였다. 아랍의 비즈니스맨들을 위해 영어 통역 등을 해본 경험은 있지만 아랍 학생들을 대상으로 강의해본 적은 없었기 때문에 긴장이 많이 되었다.

운이 좋아서인지 강연을 앞두고 호재도 있었다. 그즈음에 외무부 장관인 세이크 압둘라 나흐얀(Sheikh Abdullah bin Zayed bin Sultan al Nahyan)이 한국을 방문한 기사가 CNN 방송에 크게 나왔다. 압둘라 장관은 인터뷰에서 한국을 아름다운 나라로 부르며 한국에는 2009년 이후 3번째 방문이라고 했다. 그의 인터뷰 기사를 강연에 소개하면서 두 국가 간의 비즈니스가 전략적 동맹 관계임을 상기시켰다. 특강의 주제는 '역동적이고 다채로운 한국'으로 정했다. 한국인의 근면과 성실에 초점을 두고 한국이 OECD 국가 중 평균 노동 시간이 가장 높지만 가장 높은 생산성을 보인 국가임을 강조했다. 2010년 기준 한국인의 연간 노동 시간은 2,093시간으로 OECD 국가 최고였고 노동 생산력이 향상된 비율 또한 OECD 국가 최고였다. 로퍼 스타치 월드와이드(Roper Starch Worldwide)가 세계 32개국 근로자 1천 명을 대상으로 한 실제 노동 시간을 예로 들었다. 조사 대상국의 평균 노동 시간은 주당 44.6시간인데 한국은 55.1시간이었다. 근로 시간 수치에 학생들은 실감이 나지 않는 듯한 표정이었다. 그들로서는 상상이 안 되는 노동 시간이었기 때문이다. 한 학생이 "한국인은 언제 노느냐?"라고 물었다. 그 질문은 나에게 흥미로웠다. 그건 마치 이슬람교도들이 하루에 기도를 5번 한다는 설명을 듣고 나서 "잠은 언제 자느냐?"라고 물었던 나의 질문과 유사했다. 한국에서는 일 문화만큼 노는 문화도 발전되어 있어서 놀이와 여흥이 문화 콘텐츠가 되었다는 설명에 이르자 수긍하는 눈치였다. 낮은 출산율과 고령화 사회, 여유 있는 사회, 온라인 비즈니스, 친환경 재생 산업 등 사우디에서 코트라(KOTRA, 대한무역투자진흥공사) 활동을 하면서 경험하고 느꼈던 비즈니스 상담이 도움이 되었다. 지나고 보니 필요하지 않은 경력이 없었다. 비즈니스 통역 상담 경력이 지금까지 요긴하게 쓰일 줄 그때는 몰랐다. 모든 시간이 나중에 다 쓰임이 있다는 사실을 깨달았다.

강의 내내 열심히 메모하던 앞자리의 두 여학생이 한국에서 비즈니스를 하고 싶은데 어떤 품목이 좋겠냐고 물었다. 신선한 질문이었다. 뒤에 앉은 남학생이 "대추!"라고 거들었다. 알라의 선물이라고 불리는 대추는 열매가 우리나라의 대추와 비슷하게 생겨서 대추야자 나무라 부른다. 열매는 데이트(date)로 불린다. 열매가 익으면 따서 우리가 빨간 고추를 말리듯이 말린다. 식감이 곶감처럼 쫀득한 것도 있고 입안에서 사르르 녹는 종류도 있다. 색상도 노란색에서 밤색으로 차이가 있다. 하지만 시럽이 손에 쩍쩍 달라붙는 대추야자를 좋아할지 확신이 서지 않았다. 아랍에 살면서 대추를 좋아하기까지 오랜 시간이 걸렸기 때문이다. 하지만 취향이 다르니까 한국적인 맛을 개발할 수도 있겠다. 이외에도 실제 상황에서의 매너를 강의했다. 한국말로 인사하며 명함을 주고받기, 식사 시간의 예의범절 부분도 반응이 좋았다. 진지하게 듣는 학생들의 모습에서 한국이 뻗어갈 사업의 향방이 보이는 듯하였다. 수출국가인 한국에게 중동은 중요한 비즈니스 파트너이다. 두 나라가 서로의 문화를 깊이 이해할수록 비즈니스는 조금은 더 활발해질 것이다. 비즈니스에 있어서 미래를 구체화하는 것은 국제무대에서 경쟁력을 확보하는 일이 핵심이다. 무역학과에서 있었던 특강은 한 달 뒤로 예정된 한국어 강의에 대한 입문의 기능도 있어서 큰 도움이 되었다. 한국어 강좌 직전에 가진 좋은 기회로 앞으로의 아랍에미리트 생활에 대한 기대가 생겼다. 한 번도 해본 적 없는 한국어 가르치기도 자신감이 생겼다. 외국 생활을 하면서 예상치 못한 계기로 경쟁력을 확장시킬 수 있는 기회에 감사한다.

루비는 한국노래를 사랑한다. 7080 노래를 어디서 끄집어 내어 오는지 놀랍다. 사교성 많고 사랑스러운 루비는 아쿠와스 마케팅을 맡았다. 그녀는 한국 행사가 있는 곳이라면 어디라도 찾아다녔다. 아부다비에서 열린 K 뷰티 전시회에 갔던 루비가 메이크업을 담당하는 한국인과 간단한 인사를 나눈 동영상을 찍어왔다. 한국 여성이 "아쿠와스, 파이팅"이라고 인사해 주었다. 2분짜리 짧은 동영상을 아쿠와스 인스타그램에 올렸다. 그날 루비가 찍어온 비디오 영상을 열어 본 방문자 수가 2,687명이었다. 그간 아쿠와스 인스타그램에 한국 페스티벌과 관련하여 수많은 비디오를 올려왔는데 평균 20회 정도였다. 방문자 수가 가장 많을 때가 40회 정도였다. 20명에서 2,687명으로 늘어난 그날 방문자 수를 보면서 한국 뷰티 산업에 대한 아랍 여성들의 열망이 얼마나 강한지 실감하지 않을 수 없었다. GCC 6개국의 소비자들이 화장품 구매에 쓰는 비용은 1인당 세계 최고 수준이라는 자료도 있을 정도니, 한국 뷰티 산업의 중동 시장 진출의 잠재력이 얼마나 대단한지 가늠할 수 있었다.

드디어 내가 살던 지역에 미용실이 생겼다. 여자 속옷 가게 옆이었다. 이곳 미용실에 들어서면 내부가 휑하다. 미용실의 커다란 거울이 아니라면 어딘지 짐작하기 어려울 만치 내부가 텅 비어있다. 미용실에는 별다른 인테리어가 없다. 한국 걸그룹의 포스터가 하나 걸려있을 뿐 삭막하다. 한국의 젊은 여자 연예인들은 이곳에서도 선망의 대상이다. 알아인의 작은 미용실에도 K 뷰티가 스며들어 내가 한국인이라는 사실을 알면 한국식 화장법을 궁금해하고 한국식 피부 관리 비법이 따로 있는지 묻는다. 샤마가 한국어 과정을 수강하고 한국에 관심을 가지면서 어느 해 봄에 전 가족이 한국으로 여행하였고 의사인 노라의 가족 역시 4년째 봄 휴가지는 한국이었다. 흔히 소비문화의 최고봉이라 부르는 휴가지의 선택도 이제 집안의 여성인 딸의 몫으로 넘어왔다. 드라마 <겨울 소나타>의 열성 팬인

도아 역시 매년 가족과 친구를 이끌고 한국의 남이섬을 찾는다. 2019년에 도아는 8번째 한국 방문을 마치고 갔다. 한국 친구도 생기고 해마다 새로운 친구들도 데리고 온다. 한국 홍보 대사 같다. 한국을 대상으로 가방을 파는 비즈니스도 시작했다. 작년에는 온라인으로 한국에서 주문받은 상품을 휴가 때 들고 왔다. "선생님, 이제 가방 하나 팔았어요." 온라인으로 그녀의 상품이 한국인들에게 널리 알려지는 날도 시간문제일 것이다. K드라마와 K팝에 이어 K뷰티와 K푸드까지 K콘텐츠에 대한 관심 영역이 넓어지고 있다. 소비재는 말할 것도 없이 의료기의 수출 규모가 점차 커짐에 따라 한류와 연계한 비즈니스 및 문화 행사를 동시에 개최하고 있다. 거의 매달 두바이의 월드 트레이드 센터에서 열리는 한국 관련 산업 박람회를 보면 아랍에미리트에 대한 한국업계의 관심이 뜨겁고 그 영역은 무궁무진하다. 물론 한류 이전에도 아랍에미리트 여성들의 삶은 변화하고 있었지만 한류는 보다 역동적으로 그녀들의 선택과 취향, 비전을 바꾸고 있다. 그녀들의 변화는 가정에 영향력을 미치고 어느 순간 가랑비에 옷 젖듯이 가족과 부족을 넘어 전체 사회의 판도까지 변하고 있다.

"완, 낙타 좋아해?" "낙타?" "한 마리 줄까?" 미리암의 엄마 자밀라와 차를 마시고 있었다. 옆에서 듣고 있던 미리암은 엄마가 낙타 투자로 소일을 한다고 한다. 우리의 주식 투자 개념이다. 재테크인 셈이다. 자밀라는 낙타야말로 큰 투자라고 했다. 그녀는 가족 중에서 낙타를 사고파는 결정을 하는 결정권자였다. 아랍에서 낙타 고기를 먹어본 사람이 많지는 않다. 죽여서 고기로 취하기보다는 살려서 활용할 때 혜택이 크기 때문이다. 그만큼 재산으로서 낙타는 경제적 가치가 있다. 지금은 무인 낙타 위에 무전기를 장착한 낙타 경주가 관광 상품이 되어 국가 경제에 기여하고 있다. 1950년대까지만 해도 사막에서 유목민 생활을 하고 바닷가 마을에서 진주를 채취하던 민족이다. 낙타를 타고 실크로드를 따라 무역을 했지만 결정적으로 원유의 발견이 국가의 미래 흐름을 완전히 바꾸었다. 짧은 시간에 급성장하여 국제무대의 중심에 선 아랍에미리트는 비즈니스 강국으로 비전을 키워가고 있다. 전 세계와 활발하게 연결되어 있는 아랍에미리트가 한국을 발전 모델의 하나로 정하고 한국과 협업하고 싶어 한다. 한류 프리즘을 통해 한국이 아랍권에서 중요한 비즈니스 파트너임을 재확인하였다.

중동의 한류는 세계의 다른 지역에 비해 늦게 시작되었고 진행 속도도 느린 편에 속한다. 하지만 계속 상승 중이라는 사실이 의미 있다. 한류는 젊은 세대, 특히 아랍 여성들의 마음을 사로잡으면서 아랍 세계의 새로운 문화 패러다임을 형성하는 데 기여했다. 그들의 반응과 호응으로 한류는 힘을 얻었고 중동 지역에 보다 입체적으로 다각도로 접근하게 되었다. 적지 않은 아랍 여성들이 웬만한 한국인보다 더 한국의 대중문화에 열광한다. 한국 드라마와 K-POP을 알고 즐기기 위해 한국어를 배우고 조선 시대의 역사를 배우고 한국의 전통문화를 체험하고 싶어 한다. 한국을 여행하는 것을 넘어 한국에서 살아보기가 인생 리스트에 올라가고 한국인 친구를 갖는 것은 기본이고 심지어 한국이 좋아 한국인과 결혼하고 싶다고 한다. 때마다 한국 명절을 기억하고 한국 음식 조리법을 알고 싶어 한다. 한국에 와서도 할랄 식당을 찾는 것은 물론 일반 음식이라도 재료와 조리법을 알아내서 할랄 음식을 찾아낸다. 의식주 전반에서 한류는 젊은 여성들의 멋이다. 그것도 지속 가능한 유행이다. 아랍 여성들이 풀어내는 한국 이야기를 들으면 한국이 세계의 중심인 듯한 착각이 들 정도이다. 한국은 이미 아랍에미리트의 각 분야에서 한국 비즈니스의 위용을 떨치고 있다.

2

'송중기', 그가 왔다

'송중기'가 온다고 했다. '송중기'가 주연인 영화가 상연되고 상연 후에 '송중기'의 무대 인사가 있다고 했다. 이름을 들어본 적도 없는 배우인데 학교에서 돌아오는 남편이 매일 보고하듯이 말했다. "한국 배우인데 '송중기'가 온대." 한국의 유명한 '송중기'가 아랍에미리트에 온다는 광고가 학교 게시판마다 붙어있다는 것이다. 행사장이 있는 대학 강당에 들어서니 반은 한국 사람이고 반은 UAE 대학 학생들이었다. 한국 사람들과 어색한 눈인사를 할 틈도 없이 강당은 완전한 축제 분위기로 변했다. 영화 상영이 시작되자 학생들은 열광하였다. '늑대 소년'과 소녀를 둘러싼 사랑을 다룬 스크린에 배우 '송중기'의 얼굴이 가득 찰 때면 여기저기서 한숨 소리가 났다가 다시 환호성으로 변했다. 아랍 여성들의 들뜸과 설렘으로 강당이 풍선처럼 부풀어 올랐다. 영화가 끝나고 무대에 선 '송중기'가 자기소개를 하며 영화가 재미있었냐고 물었고, 객석은 통역이 되기도 전에 대답을 기다릴 틈도 없이 "좋아요"를 외쳐대었다. '송중기'는 "지금 제 한국말을 다 알아들으시는 거예요? 어떻게 이럴 수가 있지?"라며 진심 놀라는 모습이었다. 영화가 끝나고 배우의 팬 사인회 및 기념 촬영이 있었다.

배우 '송중기'는 이토록 많은 사람이 한국 문화, K-POP, 영화, 드라마를 사랑하는지 몰랐다고 했다. 그 자리에 있던 한국 사람이라면 누구라도 같은 말을 했을 것이다. 한국의 열풍은 그렇게 뜨거웠다. 강당은 아우성과 외침 소리와 함께 공중에 들이대는 휴대폰의 불빛과 사진을 찍는 플래시의 열기로 가득 찼다. '송중기'가 UAE 대학에 나타난 것은 그가 중동 지역의 한국 의료관광 홍보대사였기 때문이었다. 한국 대사관에서 '메디컬 코리아(Medical Korea)'를 홍보하기 위해 마련한 자리였지만 중동 한류의 현주소를 가늠하기에 충분한 행사였다.

2013년 2월이었다. 나는 그 당시에 아랍에미리트로 이사 온 지 2년 가까이 되었지만 알아인에 몇 안 되는 한국 사람들과도 만날 기회가 딱히 없었다. UAE 대학으로부터 제안받은 한국어 강의를 수락하고 나서야 주변에 아는 한국 사람이 한 명도 없음을 깨달을 정도였다. 남편의 서양권 네트워크에 주로 있다보니 한국 영화와 한국 배우에 열광하는 아랍 여성들을 보는 것이 거의 문화 충격이었다. 아랍에미리트에 살기 전에 사우디에서 살면서 한국과의 네트워크가 거의 없었던 환경 속에서 살다 왔기 때문에 더욱 그랬는지도 모르겠다. 배우 송중기의 등장으로 알아인의 한국 열기가 활활 타오르는 느낌이었다. 바야흐로 의료 한류의 시대가 도래하였다.

의료 시장의 블루오션으로 떠오른 중동 지역은 우리나라 의료관광의 수출 대상 1순위로 부상하고 있다. 사우디, 아랍에미리트, 카타르, 쿠웨이트를 대상으로 정책 지원, 성장 전망, 투자 규모, 사회적 안전성 등을 기준으로 종합 분석한 자료도 나왔다. 중동 4개국 보건 의료 현황 조사 및 한국 의료기관 진출 전략 수입 보고서에 따르면, 항목별 차이는 있었지만 종합 순위에선 아랍에미리트가 1 위를 차지했다. 2009년 한국형 원자로를 수출하면서 의료 협력이 함께 시작되었다. 한국을 방문하는 자국민 환자에게도 의료비를 지원하기 시작하면서 한국으로 오는 환자의 유입이 본격적으로 늘었다. 한국이 중동 의료관광 시장을 합류한 것이다. 2016년 한국을 찾은 중동 환자의 절반이 아랍에미리트 국민이며 1인당 평균 진료비를 포함하여 이들이 쓰는 의료비가 갈수록 늘고 있음은 물론이다. 게다가 이들은 가족을 동반하므로 관광 수입 또한 엄청나다. 방문 숫자는 적지만 그들이 쓰는 1인당 의료비는 중국인의 3배 이상이다. 아랍에미리트의 의료 수준은 성장 중이고 인프라를 갖추어가는 단계이므로 한국의 의료 기술과 협업할 분야가 많아 보인다.

아랍에미리트는 외국 의료의 도움을 받는 것에 긍정적이다. 그 배경에 알아인의 오아시스병원이 있다. 알아인에는 세 개의 종합병원이 있다. 타왐병원, 오아시스병원, 알아인병원이 그것이다. 그중 특이하게도 오아시스병원은 기독교 병원이다. 이슬람 국가에 세워진 이 병원의 로비 입구에는 "기독교 정신으로 세워진 병원"이라는 표지가 있다. 이슬람권 나라의 유일한 기독교 병원이 생긴 데에는 자이드 초대 대통령과 관련한 특별한 사연이 있다. 세이크 자이드는 건국 후에 아부다비로 근거지를 옮기기 전까지 알아인에서 나고 자랐다. 1960년대 당시에 알아인에는 여러 가지 이유로 산모가 출산 시 사망하는 비율이 높았다고 한다. 자이드 대통령의 세 번째 부인인 세이카 파티마가 첫아들의 출산을 앞두고 위험한 순간이 있었다. 다급해진 그는 알아인에서 위치상 가까운 옆 나라 오만에 도움을 요청했다. 다행히도 오만의 무스캇에 있었던 미국인 케네디 박사(Dr. Pat and Marian Kennedy) 부부가 달려왔다. 그들의 헌신적인 도움으로 세이카 파티마의 첫아들은 무사히 건강하게 태어났다.

안전하게 아들이 출산된 것에 감격한 자이드 대통령은 케네디 박사 부부에게 소원을 물었고 그들은 "예배드리는 곳을 갖는 것"이라고 말했다. 세이크 자이드는 그 자리에서 알아인에 기독교 정신에 입각한 병원을 짓게 하고 병원 안에 교회를 마련하여 예배를 드리도록 허락하였다. 병원 이름을 오아시스(Oasis)라 부르게 하고 누구도 오아시스병원과 교회에 간섭하지 못하도록 보호해 주겠다고 약속했다. 그 교회가 알아인에 있는 두 개의 교회 중 하나이고 그때 태어난 세이크의 아기가 지금 아랍에미리트의 대통령이다. 그 후에도 케네디 박사 부부는 도심에 멀리 떨어진 지역과 사막에 흩어진 베두인족 천막을 일일이 돌아다니면서 산모들의 출산을 도왔다고 한다. 위생에 취약하고 열악한 환경에 있던 시대에 아랍에미레트의 모자보건에 힘쓴 노력은 지금도 현지 여성들에게 전설처럼 전해진다. 한국어를 배우는 학생들을 통해서 들을 정도 였다. 오아시스병원은 작년에 50주년을 맞아 병원 이름을 아예 카나드병원(Kanad Hospital)으로 바꾸고 두 사람의 업적을 기리고 있다. 카나드는 케네디 부부의 성을 딴 아랍식 단어이다. 국경과 종교를 넘어서 의사와 환자와의 아름다운 관계가 맺은 결실이다.

중동 환자들을 잡기 위한 국내 병원들이 해마다 늘어나고 움직임 또한 활발하다. K-POP 전문 채널인 코리아 TV에서 한국 의료관광 특집물을 방영한 지 오래다. 한림대, 성심병원, 자생한방병원, 우리들병원 등 국내 유수의 의료기관을 중심으로 각 병원의 의료관광 상품과 최신 기술 및 시설 등이 소개되었다. 한국과의 보건의료 협력사업에 대한 수요가 급증하면서 한국에는 새로운 직업도 생겼다. 의료관광 코디네이터라는 신종 직업이다. 외국인 환자를 위해 국내 입국에서부터 출국까지 모든 서비스를 총체적으로 제공하는 전문가이다. 서비스에는 원무, 의료 상담, 통역, 진료 지원, 관광 등 전반적인 업무가 포함되어 있다. 중동에서 오는 환자는 유치되는 순간부터 한국 의료관광 사업의 완벽한 시스템 아래에서 보호받는다. 한국 의료관광이 브랜드가 되면서 서울을 선두로 지자체 도시가 적극적으로 참여하고 있다.

클루드의 오빠 가족도 의료관광의 혜택으로 한국에 왔다. 클루드는 2013년 한국어를 배우던 학생인데 새언니가 중한 병을 앓고 있다. 클루드는 간병하는 오빠를 돕고 남는 시간에는 관광도 할 겸 한국에 온 것이었다. 서울삼성병원에 온 까닭은 두바이 보건국 공식 지정 병원이기 때문이다. 삼성병원은 아랍어 통·번역 지원이 있고, 외국인 전용 병실도 운영한다. 4년 동안 일 년에 한 번씩 와서 점검받아야 하는 언제나 다정하고 미소가 아름다운 클루드 새언니의 병명을 물어보진 않았지만, 함께 카페를 찾느라 강남역을 오갈 때 클루드와 나는 늦어지는 그녀의 걸음에 여러 번 멈춰서 기다리곤 했다. 한 달 동안 오빠 올케와 함께 서울 강남역 근처의 아파트형 호텔에 머무는 클루드에게 한국에서의 의료비와 그외 경비를 어떻게 감당하는지 물었을 때 그녀의 답은 간단했다. "전부 공짜에요." 아랍에미리트는 환자가 원할 때 현지인에 한해 해외로 보내 치료하게 하고 의료 비용과 부대 비용을 정부가 부담한다. 일반 국민들은 자비로 올 수 있다. 그만큼 현지 자국민에게 주는 복지 혜택이 크다.

클루드는 한국 체류 중 먹을 음식 재료를 가방 한가득 들고 왔지만 가장 힘든 것이 음식이라고 했다. 강남역 지하상가의 분식집으로 날 데리고 갔다. 매일 오가는 지하상가에서 맘 놓고 먹을 할랄 김밥을 찾았다. "선생님, 여기 진열된 김밥 중에 할랄 음식을 가려주세요." 아랍 사람들이 한국에 와서 가장 신경 쓰는 것 중 하나가 음식이다. 클루드의 오빠인 하메드는 한국 의료가 최고라며 의사도 친절하고 병원식도 할랄 음식이 나와서 불편한 게 없다고 한다. 병원식에 할랄 음식을 마련할 정도로 중동 지역 환자는 우리에게 큰 고객이다. 한국의 병원은 처음에는 할랄 음식점에서 음식을 배달했다. 이제 서울대병원은 별도의 조리실에서 할랄 음식을 만든다. 환자 수가 많아지면서 조리사들이 할랄 음식 조리법을 배우기 시작했다고 한다. 할랄(Halal)이라는 말은 아랍어로 '허용된 것'이라는 말이다. 할랄 음식은 이슬람식 도축법인 다비하(Dhabihah)식으로 도살한 고기로 조리한 음식을 말한다. 다비하식이란 날카로운 칼로 동물의 목을 깊은 데까지 쳐야 하며, 순간적으로 이루어져야 한다. 피가 빠지기 시작하면 동물을 거꾸로 매달아 피가 다 빠질 때까지 기다린다. 이때 동물의 머리는 메카를 향한다. 이와 별도로 돼지고기를 금하고 돼지고기를 취급한 조리 기구나 식기류에서 만든 음식도 금지한다. 2014년 인천 아시안게임에서 선수촌은 이슬람권 선수들을 위해 할랄 음식을 준비하였지만 그들이 거부했다고 한다. 돼지고기를 담았던 그릇 또는 조리 기구로 요리한 음식은 진정한 할랄 음식이 아니라는 이유였다.

아랍 사람들이 좋아하는 초코파이는 파이 안의 마시멜로가 돼지껍질에서 추출한 젤라틴 성분임이 알려지면서 곤욕을 치렀다. 지금 이슬람 국가로 수출되는 초코파이는 돼지껍질이 아닌 소가죽에서 추출한 젤라틴을 쓴다. 할랄 인증은 할랄식에만 머물지 않는다. 국내 식료품과 의약품, 화장품 업계는 할랄 인증에 적극적으로 나서고 있다. 우리나라에서 할랄 인증을 하는 곳은 할랄위원회(KMF, Korean Muslim Federation)이다. 1994년부터 할랄 인증 업무를 개시하여 2014년에는 134개 업체의 450여 개 품목이 할랄 인증을 받았다.

2016년 아부다비에서 한국 대사관이 주최한 '동포의 밤'에 참석하였다. 한국에서 온 여성 국회의원을 제외하고 참석자는 모두 남자분이었던 것으로 기억한다. 현지 동포들의 다양한 계층에서 발현되는 다양한 의견을 수렴할 좋은 기회인 이런 중요한 모임에 여성의 목소리가 없다는 사실이 안타까웠다. 우연히 의료 관계자들과 같은 테이블에 앉았다. 한 의사는 양국 간의 어떤 프로젝트 때문에 일시적으로 아부다비에서 일하다가 프로젝트가 끝난 후 아예 가족과 이주하여 현지에서 개인 병원을 개원했다. 아부다비에 한국인 의사가 운영하는 개인 병원이 있음을 그날 알았다. 몇 년 전만 하더라도 알아인에 있던 3명의 간호사들이 전부였던 한국 의료 인력이 이제는 의사, 방사선 기사를 비롯하여 다양하다. 아랍에미리트의 병원은 다국적 외국 인력이 근무하기 때문에 아랍어를 굳이 몰라도 된다. 영어로 소통이 가능하고 급여 수준도 한국과 비슷하거나 다소 높은 편이다. 한국 의료인들에게 매력적인 요소가 될 것 같다. 2014년에는 우리나라 보건복지부와 협력 사업을 체결했다. 한국 사절단이 아부다비를 방문하여 보건부 방문을 비롯해 군 병원을 탐방하고 현지 진출 의료인 간담회 등을 실시했다. 그중에서 가장 큰 성취는 아부다비 보건청에서 한국 의료인 면허를 인정한 것이다. 한국보건산업진흥원이 아부다비 병원관리청(SEHA)과의 보건 의료 협력 체결에 최종 합의하면서, 우리나라 병원 진출의 활로가 더욱 넓어졌다.

한국의 의료 기술이 아랍에미리트에서 큰 획을 그은 사건은 서울대병원이 위탁하는 왕립 세이크 칼리파 전문병원이 세워진 것이다. 이 병원은 248개 병상 규모의 공공병원으로 암, 심장 질환, 어린이 질환, 응급의학, 재활의학, 신경계질환 등에 중점을 둔 3차 병원이다. 서울대병원은 미국의 존스홉킨스, 스탠퍼드, 조지워싱턴 대학병원과 영국 킹스칼리지병원, 독일의 빌헬름1세 프로이센 국왕이 이름 지었다는 유명한 샤리떼병원 등을 제치고 최종 낙찰됐다. 서울대병원이 내건 조건은 인력 20%를 직접 파견하고 의료 서비스 향상을 위한 교육과 의료 시스템의 구축이었다. 서울대병원은 경영 전문가는 물론 의료진까지 파견해 병원 운영 노하우를 전수하겠다고 나섰는데 이 점이 효과적이었다고 한다. 서울성모병원은 아부다비의 중심지인 마리나쇼핑몰 내부에 건강검진센터를 세웠다. 2018년 부평힘찬병원은 샤르자병원 내에 관절척추 클리닉을 개설했고 샤르자 대학과 계약을 체결하였다. 내부 리모델링, 의료기기는 부평힘찬병원에서 제공했다고 하며, 현재 일반 관절 척추, 내외과 진료, 양방향 척추 내시경 등을 진료하고 있다. 아랍에미리트는 선진 의료기관과 합작을 통한 의료 서비스 향상 정책과 우수 인력을 갖추는 데 집중하고 있다.

중동의 의료관광 분야는 떠오르는 해외 진출 시장으로서 최고의 시장이다. 2019년 부산에서 의료관광을 하면서 처음으로 중동 의료관광 팸투어 프로젝트를 시작했다. 팸투어(familiarization tour)는 정식으로 관광 상품을 시작하기 전에 사전에 관광 상품에 대한 정보를 알려주는 취지의 프로그램이다. 부산 관광공사와 부산 의료산업협의회 후원으로 TNC가 맡은 프로그램에 합류하였다. TNC는 부산의 메디 크루즈 센터를 겸하는 의료관광 회사이다. 부산시는 서울, 경기, 인천에 이어 아시아 의료관광 중심도시로 육성 발전하기 위해 노력하고 있다. 부산은 바다와 산이 함께 있는 도시로 육체적 건강뿐 아니라 정신적 건강에도 바람직하다. 코로나 사태로 연기된 '부산 국제 의료관광컨벤션'이 온라인으로 있었다. 의료관광 도시로서의 부산 알리기와 해외 환자 유치 증대를 위한 행사인 부산 국제 의료관광 컨벤션은 의료관광 중심도시로서의 경쟁력을 확보하는 데 총력을 기울이고 있다. 이 행사는 국내 최대 규모로, 원스톱 글로벌 의료관광 정보를 제공한다. 의료 관광관, 의료 체험관, 의료 산업관 등의 전시 행사를 시작으로 의료관광 교류세미나, 국제임상시험 세미나, 부산 한방의료관광 활성화 세미나, 부산시 병원 회의와 의료 경영 세미나를 비롯해 다양한 프로그램이 있다. 부산이 대한민국 의료관광의 최적 도시임을 부각시키기 위한 노력이다. 나는 아랍에서 아쿠와스를 통해 한국 문화를 알렸고 영국을 거쳐 한국에 왔다. 한국에서는 부산을 기반으로 생활하고 있는데 부산에서 아랍 환자를 유치하는 일이 아쿠와스의 중요한 업무가 되었다. 환자 문의, 병원 및 차량 수배, 환자 진료 및 약 처방, 사후 관리까지 말하자면 중동 지역의 환자를 부산의 의료시설로 유치하여 입국에서 출국까지 전 일정을 책임지고 입원, 치료, 퇴원, 회복을 돕는다.

팸투어로 올 아랍 여성들을 수배해야 하는데 제일 먼저 떠오르는 네트워크는 당연히 아쿠와스였다. 아쿠와스에 대한 신뢰가 있었다. 그럼에도 오랜 공백 후에 연락하는 거라 학생들이 어떤 반응을 보일지 궁금했다. 아쿠와스에서 홍보를 담당했던 루비에게 연락했을 때 그녀는 부산 의료관광에 대한 아무런 정보 없이 오직 나에 대한 신뢰 하나로 한국의 부산 의료관광 팸투어에 참가 의사를 밝혔다. 게다가 친구인 모나를 설득하고 아랍에서 응급실 의사로 일하는 언니까지 참여하겠다는 의사를 표시했다. 아쿠와스 배지를 달고 루비를 선두로 한 중동 팸투어단이 부산역에 나타났다. 아랍 문화권에서 여성들만의 여행은 가족의 허락이 있어야 가능함을 고려할 때 그들의 부산 방문은 값진 것이었다. 직업정신이 투철한 닥터 수하는 알아인 오아시스병원의 응급실 의사인데 터키에 출장 갔다 오는 길에 짐도 못 풀고 다시 한국으로 왔다.

중동 팸투어단은 2박 3일간의 일정 동안 중증 환자와 성형 미용 진료의 두 부분으로 나누어 병원을 방문하였다. 그중 부산의 동아대병원, 고신대병원 같은 종합병원과 서면의 메디컬 스트리트(Seomyeon Medical Street)에 있는 성형외과 병원들이 포함되었다. 고신대병원을 투어할 때 닥터 수하는 한 대학 병원의 방사선 치료 기계에 굉장히 호기심을 보였다. 자신이 근무하는 알아인의 오아시스병원에 없는 기계라는 것이다. 오아시스병원에서는 그 기계가 필요할 때 두바이의 병원으로 보내는데 그럴 경우 시간이 지체되기 때문에 위중한 환자가 적절한 치료를 받지 못하는 경우가 많다. 질병에 따라 본국에서 치료나 검사를 받는 데 몇 주 몇 달간 기다려야 한다는 것이다. 그 말을 들으니 한국 의료관광이 할일이 더욱 막중해졌다. 외국인 환자를 유치하는 일에 적극적인 병원이 있는가 하면 내국인 환자만 해도 이미 대기자가 많아서 중동의 환자까지 받을 필요를 못 느낀다는 병원도 있었다. 모나는 우리가 미처 생각지 못한 여러 가지 문제를 아랍 환자의 입장에서 아주 구체적으로 질문했다. 나는 하나씩 메모하면서 현장의 목소리에 귀 기울이려 노력했다. 서면의 메디컬 스트리트에 있는 하지정맥병원도 탐방하였다. 병원은 할랄 인증을 받은 한국 과자들을 준비해 주었다. 할랄 식품에 대해 공부하고 조사한 그들의 섬세한 배려에 팸투어단은 물론 나도 감동하였다. 누가 시키지도 않았건만 팸투어단은 하지정맥병원에 대한 많은 정보와 자료를 챙기면서 꼭 환자를 유치해 오겠다고 거듭 약속했다. 비즈니스는 감동이라는 말을 실감했다.

팸투어단은 일정을 마치고 알아인으로 돌아갔다. 본격적으로 아쿠와스 UAE 의료관광 담당자로 언제나 나를 감동시키는 루비와 영민한 모나와 함께 일하기로 하고 중동의 환자를 부산으로 유치하기 위한 의료관광을 시작했다. 아쿠와스의 활동 영역이 부산 의료관광으로 확장된 셈이다. 중동의 입장에서는 세계의 다른 나라 다른 도시를 놔두고 부산에 와서 치료받는 이점이 있어야 한다. 부산 의료관광 브랜드 이미지 창출이 시급한 과제이다.

중동 의료관광 팸투어는 연말을 앞두고 급히 진행되었다. 시간이 촉박했기 때문에 여러 가지 예상하지 못했던 어려움이 있었다. 그럼에도 난관들이 극복하고 성사되는 것을 보고 모든 관계의 핵심은 신뢰와 존중임을 다시금 확인했다. 부산의 의료관광이 널리 홍보되어 많은 중동 사람이 한국의 선진 의료 혜택을 받으면 좋겠다는 생각에 중동 의료관광업무를 공부하기 시작했다. TNC와 함께 아쿠와스가 부산 의료관광을 시작한 후 알아인의 첫 환자 모하메드가 의료 기록을 보내왔다. 환자는 요르단 출신인데 췌장암 4기이며 한국에서 치료받고 싶다며 의사 소견서와 함께 의료 카드를 보내왔다. 환자에게 맞는 설비를 갖춘 병원과 의사를 물색하던 중에 모든 관련 업무가 멈추었다. 바로 세계를 멈추게 한 코로나 19 사태이다. 중동에서 환자를 유치하려던 모든 계획이 틀어졌다. 알아인에서 환자 유치를 위해 힘썼던 닥터 수하, 루비, 모나의 수고에 감사하며 또 다른 기회가 생기리라 믿는다. 부산 의료관광 업무도 부산 관광공사에서 부산 경제진흥원으로 이관되었다. 이런 시국에 우리나라 업체가 만든 신종 코로나 바이러스 감염증 진단 키트가 2020년 3월에 처음으로 아랍

에미리트에 수출되었다. 세계보건기구의 팬데믹 선언 이후 코로나
19로 어려움을 겪고 있는 각국으로부터 수출 문의가 들어온 이후
실제 수출까지 이뤄진 사례로서는 처음이었다. 코로나 사태가 하루
속히 안정되어 중동의 한국 의료관광이 의료 기술 전반에서 확대되
길 간절히 바란다.

3

'천국의 계단'을 걷다

2013년 어느 날 UAE 대학에서 강의하던 남편이 퇴근 후 가방을 내려놓으며 한국어를 가르쳐 보겠느냐고 물었다. 난데없는 생뚱한 말에 농담인 줄 알고 드러누워 있던 소파에서 일어나면서 되물었다. "한국어? 이 더운 나라에서 누가 한국어를 배울까?" 아랍에미리트에 온 지 2년째였지만 알아인에서 한국어를 배우려는 수요가 있다는 생각을 한 번도 해보지 못했다. UAE 대학의 평생교육원에서 한국어 강좌를 알리자 학생들이 모이기 시작했다. 정작 한국인인 나는 느끼지 못했지만 한류는 알아인에서도 이미 무시할 수 없는 하나의 흐름이었다. 그 후 5여 년 동안 나는 3개의 단체를 만들었다. 한국어와 한국문화 센터(KLCC), 코리안 아츠 클럽(KAC) 그리고 아쿠와스(AKWS)이다. 극성스러울 만치 일을 벌인 것은 내 안의 결핍 때문이었겠지만, 그만큼 한류가 지속적으로 진행되었기 때문에 가능했다. 모두가 한류 덕분이었다.

UAE 대학은 2011년 새로 대학 건물을 지으면서 이전까지 각각 다른 지역에 있던 남자 캠퍼스와 여자 캠퍼스를 한 지역으로 이전했다. 옛 캠퍼스는 오래 방치되었으나 UAE 대학 재학생과 일반인을 대상으로 하는 외국어 프로그램을 위한 센터로 복구하였다. 바로 평생교육원(CEC, Continuing Education Center)이다. 2013년 이곳에 일본어, 한국어, 독일어, 스페인어, 프랑스어, 이태리어, 터키어, 인도어, 우두 등의 프로그램을 개설하였다. 수많은 외국어 중 한국어를 선정한 UAE 대학에 감사하지 않을 수 없다. 한국어를 프로그램에 넣어줄 만큼 우리의 국력이 강해졌음을 의미한다. CEC의 외국어 프로그램 팀장인 미국인 조(Joe)는 한국에 관심이 많았다. 미국에 있을 때 한국인 친구에게 좋은 인상을 받았고 그 이후로 한국에 관심을 갖게 되었다고 말했다. 미국의 휴스턴에서 한 한국인이 미국인에게 긍정적 이미지를 심어준 좋은 영향력이 선하게 순환된 셈이다. 조는 정서적으로 많은 지원을 해주었다. 강좌 중간에도 물심양면으로 도와주려 애썼다. 첫 달 수업이 끝났을 때 밤늦은 시간까지 기다려주고 학생들에게 직접 강의 수료증을 전달해 주기도 했다. 한국어 강좌 프로그램이 현지인과 현지에 사는 외국 사람들의 노력으로 알아인에 유치되었다는 사실도 흥미롭다. 알아인에 한국어 강좌가 없는 것은 아니었다. UAE 대학의 번역학과에 한국어 수업이 있었다. 한국 대사관에서는 이 강의를 3학점짜리 전공 필수과목으로 만드는 일에 10여 년간 필사적 노력을 기울였다. 그즈음에는 한국어 강좌에 한국 문화 과목을 추가하는 변화가 있었지만 해마다 좌절되었다. 게다가 학교 규정상 오직 인문학부 학생만 수강이 가능하였기 때문에 이과 계열 학생들은 한국어를 배울 기회가 아예 없었다. 그런데 UAE 대학의 부설기관인 평생교육원이 어학 과정을 따로 열어 재학생은 물론이고 일반 여성들에게도 개방한 것이다. 아랍에미리트에 있는 50여 개 대학 내에는 자체적으로 운영되는 한국 클럽들이 있다. 아부다비에 있는 Zayed 대학의 한국 클럽(Korea Club), 알아인에 있는 UAE 대학의 아리랑 클럽(Arirang Club)은 왕성한 활동과 조직 운영으로 한인 사회에 알려져 있었다.

한국어 프로그램의 센터 이름부터 만들었다. KLCC(Korean Language and Culture Center, 한국어와 한국문화 센터)이다. UAE 대학의 관계자가 어학 강좌를 여는 목적과 향후 방향을 설명할 때 나는 직감적으로 알았다. 한국어 강좌는 앞으로도 계속 열릴 것이고 아랍에미리트의 안정적인 한국어 교육센터가 될 수 있으리라는 믿음이 생겼다. 이는 시간이 갈수록 확고해졌다. 해외 및 국내에서 한국어 교육을 담당하는 한국의 기관은 세 갈래로 나뉜다. 첫째, 외국에서 외국인을 위한 한국어 교육은 국립 국제교육원에서, 국내에서 외국인을 위한 한국어 교육은 국립국어원이 담당한다. 이 기관들은 교육부 소속이다. 둘째, 외국에 있는 한국인들을 위한 교육은 재외동포재단에서 관리하며 이 기관은 외무부 소속이다. 셋째, 외국에 한국인 교사를 파견하는 세종학당은 문화체육부 소속이다. 나는 한국에 있는 어느 한국어 교육기관이나 교육단체에도 속하지 않는 예외적인 사례였다. 아랍에미리트에서 한국어 교육은 2000년 이후 아부다비의 세종학당에서 시작되었다. 세종학당은 자이드 대학 안에 있는데, 매년 50여 명의 남녀 학생들이 한국어를 배우고 있었다. 2016년에 국제교육원의 제도가 바뀌면서 세종학당은 자이드 대학에서 철수하여 한국 문화원으로 옮겨 운영되었다. KLCC를 시작한 CEC 빌딩은 UAE 대학(UAEU)이 새로운 지역인 마캄으로 이전하기 전에 UAE 대학 남자 캠퍼스로 오래 사용되었다가 한동안 방치되었던 시설이었다. 빌딩 안의 사무실은 넓었지만 별다른 시설이 없어서 책상과 의자 빼고는 사무집기가 딱히 없는 삭막한 곳이었다. 그런 곳에 외국어 프로그램을 담당하는 직원이 하나둘 생겨나는 동안 KLCC의 프로그램도 정착하였다. 열악한 한국어 교육 환경에서 한국어 프로그램을 만드는 일에 공헌한 현지의 많은 사람의 헌신으로 알아인의 한국어 강좌가 시작되었다.

서울대 한국어 교육 양성 프로그램의 온라인 과정에 등록하였다. 국문법에 바탕을 둔 이론적 바탕이 있어야 함을 깨달았다. 그냥 습관적으로 맞다 혹은 틀리다는 알지만, 이론적 설명을 못 하는 경우가 있어서 전문적으로 한국어 교육 공부가 필요하였다. 한국과 영국에서 영문학과 영어 교육을 공부하여 오랫동안 영어를 직업으로 살았기에 외국인들과의 소통은 낯설지 않았다. 하지만 한국어를 가르친다는 것은 또 다른 일이었다. 아부다비에 한국 문화원이 생기기 전이라 딱히 홍보할 데도 없는 한국어 강좌였다. 혹시라도 한국어 교사 자격증이 없으면서 한국말을 가르친다는 비아냥이라도 들을까 싶어서 열심히 수업을 준비했다. 휴가차 한국에 오면 제일 먼저 책방에 들러 한글 학습 교구와 교재를 사 오던 시절이 생각난다. 한국에서 돌아올 때 인천공항에서 추가로 짐을 부치기도 했는데 모두 한국 문화 수업에 필요한 재료였던 적도 있다. 좋아서 한 일이었다.

한국의 어디에도 소속되어 있지 않아 교재부터 전부 오로지 혼자서 수업을 준비해야 하는 고단함이 있었지만, 제도권에 있지 않았기 때문에 속 편한 것도 있었다. 독자적인 커리큘럼으로 나만의 스타일로 강의할 수 있었기 때문이다. 다양하고 창의적인 시도를 해볼 좋은 기회였다. 그것이 나에게 맞았다. 결핍이 힘이었고 용기였다. 다행히 학생 대다수가 영어로 기본적인 소통을 할 수 있어서 수업이 수월하게 진행되었다. 외국에서 일하는 한국어 강사의 조건은 한국어의 이론적 배경이 튼튼한 것만으로는 부족하다. 한국 사람이라면 누구나 한글은 가르치겠지만 한국어로 문화를 설명하는 데는 큰 어려움이 따른다. 강사가 현지어를 한다면 최우선이겠지만 그렇지 못할 때 서로가 사용하는 공통어가 있어야 한다. 문화는 지식이 아니다. 문화를 안다는 것은 서로 다른 문화끼리 소통하고 공감하는 것이다.

아랍 여성들에게 한글을 가르치는 작업은 상상과 창의성이 함께하는 즐거움이었다. 한글의 자음과 모음의 형성이 지극히 철학적이고 동시에 과학적이라는 사실을 다시금 깨달았다. 음양과 오행의 사상으로 이루어진 문자가 세상 어디에 또 있을까 싶을 정도로 한글은 매력적인 언어이다. 하늘과 땅과 인간의 조화로 완벽한 자음과 모음 체계를 만든 조상들의 통찰과 혜안에 감동하였다. 영어로 된 한국어 교재 책을 주문하였는데 교재를 연구해보니 이제 막 한국어를 배우는 학생들에게 어려운 수준이었다. 그들은 좋아하는 한류 스타들을 더 잘 알고 싶고 드라마를 이해하고 노래를 따라 부르기 위해 한국의 언어를 배우러 왔다. 예문의 내용은 아랍권의 문화에도 알맞지 않았다. 예를 들어 "너는 지난주에 뭐 했니?" "등산했어." "남자 친구랑 영화 보러 갔어" 등의 상황이 제시되었다. 그런데 중동은 사막 지역이라 산도 없고 종교적인 이유로 남자 친구의 존재도 부정된다. 이처럼 학습자가 속해있는 현실과 동떨어져 있으면 흥미가 떨어진다. 비효율적인 드릴이 이제 막 한글을 배우는 아랍 학생들에게 큰 도움이 되지 않을 것이 분명했다. 그래서 아랍학습자들을 위한 교재의 필요성을 절실히 느꼈다.

강의 시간은 2시간 30분이어서 세 부분으로 나누었다. 언어 1시간, 문화 1시간, 나머지 30분은 드라마와 K-POP을 통한 한국어 공부를 시도하였다. 물론 중간에 저녁 기도 시간을 10분 정도 가졌다. 언어 수업을 해보니 학생들은 언어 기능이나 문법에는 큰 관심이 없었다. 이들의 주요 학습 목적은 취업도 아니고 시험도 아니다. 한글을 읽고 일상생활에서 대화를 나누는 정도가 목표였다. 대부분이 직장인이었다. 직장을 마치고 집에 가서 잠시 요기를 한 후 한국어 수업에 들으러 왔다. 예습이나 복습할 시간적 여유가 없었다. 그날 배운 것은 그날 익히고 자신의 것으로 체화할 만큼 인상적이고 흥미롭고 재미있어야 했다. 준비되지 않은 학생들에게 숙제나 과도한 언어 교육은 역효과이다. 한국어를 배우는 학습 요구를 파악하자 할 일이 분명해졌다.

학생들의 이름과 건물, 직장 등을 고려하여 실제 상황에서 바로 쓸 수 있는 예문을 만들었다. 학생들의 동선에 필요한 대화를 구성했다. 예를 들어 "한국어 수업이 어디서 해요?" "CEC 건물 2층에 있어요." "수업이 언제예요?" "화요일과 목요일이에요."처럼 현실에서 바로 사용할 수 있는 대화로 구성하여 문장의 진정성을 갖게 하려고 노력했다. 학생들의 일상이나 한국인을 만났을 때의 상황에 맞는 대화를 만들어 묻고 답하는 유형 연습이 가장 효과적이었다. 유형 연습을 통해 한국어의 의미 전달과 언어 습관을 증진시켰다. 한국어 수업에 대한 실제 정보와 함께 역할 놀이로 집중도가 배가 되었다.

아랍의 학습자들의 학습 목적에 부합한 문화 중심, 실용 중심, 회화 중심의 교재 개발이 급선무였다. 한국어 강의는 처음이었지만 영어 강의는 십수 년을 해오던 일이었고 이전에 영문법 교재를 써본 경험이 있었기에 한국어 교재 만드는 일은 크게 어렵지 않았다. 교재를 만들면서 늘 염두에 둔 사항은 학습자 중심의 강의였다. 완성도를 높이기 위해 수업의 피드백을 바탕으로 업데이트하였다.

두어 달 밤을 새우고 나니 세 권의 한국어 교재가 만들어졌다. 평소 수업 시간에 눈여겨보았던 함다에게 표지 디자인을 부탁했다. 한국어 수업의 1기 학생이었던 함다는 디자인과 미적 감각이 남달랐다. 추진력이 뛰어나고 창의적인 데다가 "선생님, 교재로 이런 게 필요하지 않으세요?"라며 멋진 단어 카드를 만들어 보여준 적도 있다. 포토샵 디자인을 해본 적이 없어서 자신이 없다며 말꼬리를 흐리던 함다는 다음 날 아침이 되자 귀엽고 상큼한 이미지의 디자인을 보내왔다. 그녀의 재능이 세상 밖으로 나오는 계기였다. 함다는 점차 마음을 열고 자신의 재능을 조금씩 발휘하였다. 재능이란 자기 신뢰이다. 자기가 잘하고 있다는 확신으로 자꾸 시도하다 보면 재능도 점차 진화한다.

　이렇게 해서 아랍권 학생들을 위한 한국어책인 ≪Learn Korean with Wan≫ 시리즈가 만들어졌다. "레벨 1" "레벨 2" "레벨 3"이라고 쓰인 3권의 책을 품에 안으니 그간 긴 밤을 새우며 작업했던 힘듦이 말끔히 사라졌다. 한국어 교육 전공자가 아니어서 받았던 스트레스도 사라졌음은 물론이다. 영어를 가르친 경험으로 전달자의 역할이 학습에 주는 긍정적 효과를 알기에 한국어 수업에도 적용해 보았다. "다른 친구들에게 한국어를 어떻게 가르쳐 줄 수 있겠느냐?"라는 질문을 던진 후 학습자 주도의 수업을 실시한 것도 이 때문이다. 먼저 자신이 알려줄 가상의 대상으로 가족이나 친구 중 한 사람을 정하게 하고 한글 알파벳의 원리를 설명하도록 했다. 어학 공부가 다 그렇듯이 빠른 길은 없다. 결국 하나씩 벽돌을 쌓아 올리듯이 습득하는 방법이 빠른 길이다. 가장 어려운 일이 가장 쉽게 이야기하는 것이다. 무엇이든 간에 가장 쉽고 단순하게 말할 수 있다면 그 사람은 이해하고 있다고 믿는다.

　문법 설명도 마찬가지였다. 일단 학습자 발표를 전제로 하니까 학생들도 당연하게 생각하고 자기 차례를 준비하였다. 학생들은 친구와 동료들 앞에 서서 말하는 것을 꺼리지 않고 기꺼이 3분 혹은 5분 동안 교사의 역할을 받아들였다. 파워포인트이든 칠판을 사용하든 무엇을 매체로 사용하든지 정확한 이해를 중시했다. 배우는 초기 단계에서 잘못 익히면 나중에 교정하는 데 더 많은 시간을 들여야 할 뿐 아니라, 고착화된 습관을 고치기가 어렵다. 상대에게 표현하지 못하고 전달할 수 없다면 충분히 이해하지 못한 것이다. 이런 이유로 지난 시간에 배운 내용에 대해 자신이 이해한 바를 요약하게 했다. 이 배경에는 이타적인 지식의 미덕을 알려주고 싶은 생각도 자리했다. 수업에 온 학생들은 다행히 가족의 후원으로 집 밖에서 한국어를 배울 형편이지만 그런 혜택이 없는 다른 많은 친구가 있고 그들에게도 한국 문화를 알려주고 싶었다. 한국어 수업에 참여할 수 없는 다른 친구들에게 한국어를 알려줄 수 있기를 바랬다. 이타적일 때 지식은 깊어진다. 배움의 기회 자체가 흔하지 않은 장소이므로 배운 자의 책임은 더욱 가치 있는 법이다. 발표를 통해 자신감이 생기고 자연스럽게 동료 간 네트워킹이 생겼다. 그들에게 심리적인 안정감을 주었다.

수업 일지를 학생용과 교사용 두 종류로 만들었다. 그날 배울 것에 대한 목적과 내용을 요약 정리해서 결석을 하더라도 교습 일지만 있으면 전 시간에 무슨 공부를 했는지 파악할 수 있도록 했다. 나 혼자 보는 교사용 일지에는 개인별로 미진한 부분, 이해하지 못하는 부분을 기록해 두었다. 일지만 보아도 학생들의 수업 이해도와 몰입을 짐작할 수 있었다. 학습자가 교수자가 되면서 학생들은 능동적으로 참여하고 활기차게 따라주었다. 그들이 아는 만큼 발표하였다. 교사인 나의 입장에서는 해당 문법에 대한 학생의 이해도를 알 수 있어서 다음 단계의 수업 준비에 도움이 되었다. 서로가 윈윈이었다. 자신이 배운 것을 사람들 앞에서 표현하는 학생들의 모습을 지켜보면서 나 역시 의미 있는 것을 배우고 있었다. 학생의 입장이 되어 내가 잘못 전달하거나 오해하기 쉽게 말한 부분을 찾아낼 수 있었기에 교사의 입장에서도 도움이 되는 유용한 수업 방법이었다.

　노라는 한국어와 아랍어의 발음 차이를 잘 이해했다. 특히 한글의 뜻을 아랍어와 연결하는 연상법을 이용하여 다른 학생들에 비해 어휘가 풍부하였다. 표현력이 풍부하다는 것은 외국어를 배우는 데 커다란 이점이다. 아말은 한글 알파벳을 아랍에미리트 표준 아랍어의 발음 기호로 정리해 주었다. 아이샤는 한국어 억양이 뛰어났다. 림은 한국어의 어조가 자연스럽고 클루드는 말의 유창성이 탁월했다. 수업이 늘어갈수록 교재의 완성도도 처음보다 높아지고 학생들과 소통이 훨씬 더 쉬워졌다. 선생이 학생을 가르친다는 생각보다는 학생들이 문제를 해결해나가는 과정에서 서로 간의 상호작용을 통해 자기 주도적으로 학습하는 교수법을 적용하였다. 이렇게 되면 학생들도 능동적으로 학습에 참여할 수 있다. 기록은 언제나 긍정적 기능을 갖는다. 피드백을 통해 교재를 수시로 업데이트하여 효율성을 높였다. 그동안 한국에서 일했던 영어 강사로서의 경험을 한국어 공부에 대입하니 나부터 한국어가 점점 재미있었다. 한국어 교육 현장은 나를 살아나게 했다. 학생들과 함께 합력하여 만드는 한국어 과정이 즐거워서 수업마다 축제였다.

　첫해에는 수업 준비를 위해 오전 10시에 학교에 도착했다. 한국어를 배우러 오는 학생들의 시간과 돈을 낭비하지 않기 위해서 그리고 나 자신의 시간을 효율적으로 쓰기 위해서 일찍 도착했다. 준비할 것이 많았다. 알차고 도움이 되는 2시간 30분의 강의가 모여서 인생의 전환점이 될지 누구도 알 수 없지 않은가? 보수적인 문화에서 열정이 있는 20, 30대의 배움에 대한 갈망은 얼마나 사랑스러운가? 좋아하는 나라의 언어를 배우려 하는 귀한 발걸음이 생에 대한 인식을 바꿀 수도 있지 않겠는가? 한국을 알아가는 시간이 그들 인생에서 찬란히 빛나는 한순간이 되게 하고 싶었다. 사회 규범은 비록 엄격할지라도 행복을 가꾸는 작업을 쉬지 않게 하고 싶었다. 한국어 수업이 있는 공간은 자유로운 열정과 꿈과 희망이 숨쉬는 안전한 공간임을 확인시켜 주고 싶었다. 종교의 율법이 스며들지 않은 곳, 가장 자기다움을 유지하게 하는 그런 공간을 제공하고 싶었다.

한국어 강의와 함께 나의 관심사는 따로 또 있었다. 학생들의 재능과 재주를 발굴하고 다양한 영역에서 자기를 알아가는 작업을 모색하게 하는 것이었다. 칭찬은 고래도 춤추게 하듯이 한 사람 한 사람이 자신의 리듬으로 자기만의 춤을 추도록 돕고 싶었다. 각 개인의 장점을 칭찬하고 발견하려고 애쓰니 학생들이 가진 장점이 무궁무진하였다. 자신 안에 있는 장점이나 소신을 찾아보고 없으면 새로 만들어 보라고 권유도 했다. 한 명 한 명의 특징과 재능에 주목하자 곧 나 자신이 보석을 품은 아랍 여성들에 둘러싸여 있음을 깨달았다. 한국어를 매개로 교사와 학생으로 만났지만 우리는 친구이면서 자매였고 가족이었다. 외국 생활에서 편하게 마음을 나눌 수 있다는 것은 얼마나 큰 축복인가. 그것은 서로에 대한 신뢰와 존중이다. 학생들 역시 각자의 다른 배경에도 불구하고 한국이라는 공동 관심사를 공유하는 특별한 네트워크가 있다는 연대감을 형성해갔다. 한류가 아랍 여성의 의식 변화에 작은 마중물을 제공하였다.

한국어 강좌의 수강생 조건을 아랍 학생들로 제한하도록 규정을 바꾸었다. 아랍에미리트에서 한국어 프로그램을 살리기 위해서는 선택과 집중이 필요했다. 나는 금전적 이득이 높은 개인 과외보다는 파급력과 영향력이 있는 대학을 선택했다. 서양권에 비교했을 때 아랍권 여학생들에게 한국어 수업은 오프라인에서 세상 구경을 할 수 있는 몇 안 되는 통로였고 자유였음을 알았기 때문이다. 학생들의 국적도 달랐고 하고 있는 일도 달랐다. 아랍에미리트 학생들도 있었지만 아랍의 다른 지역, 수단, 예멘, 오만, 사우디, 시리아 등 다양한 인종적 배경을 지닌 학생들이 한국어를 배우기 위해 한자리에 모였다. 한국에 가서 난민 신청을 하고 한국에서 살기 위해 공부하는 학생도 있었다. 알아인에서는 대학이 유일하게 뭔가를 배울 수 있는 장소였다. 열악한 환경 속에서 열정 하나로 한국어 수업에 참여하는 학생들을 생각하면 책임감이 절로 생겼다. 우리나라에서처럼 사방에 평생교육원이나 문화센터가 있어 배울 기관이 넘치는 환경이 아니었고, 집 밖을 나가면 편리한 대중교통이 있어서 자유자재로 다닐 수 있는 문화가 아니었다. 국경을 넘어 오만에서 오는 학생도 있고 고속도로 길가의 고립된 사막에서 오는 학생들도 있다. 한국어 교실까지 도착하는 물리적 수고를 생각하면 하나라도 더 알려주고 싶었다. 아쿠와스 회원들을 보면 신이 나고 흥이 났다.

막상 아랍 여성들을 교실 안과 밖에서 만나 교류하면서 느낀 것은 이들의 재능과 잠재성이 사회의 구조 속에 갇혀 날개는 있으나 날지를 못하고 있다는 점이었다. 더 아쉬운 것은 결혼을 시작으로 그들의 짧은 사회 구경, 자기실현은 끝이 났다. 그리고 대부분은 다시 동굴 속으로 들어간다. 얼마나 시간 낭비, 재능 낭비인가. 그들이 본 사회는 대학 4년간이 전부이다. 그것도 학교에서 기숙사 혹은 집으로 제한된 공간이다. 이들의 단조로운 생활에 한류는 위로가 되고 미래의 나은 자신을 향한 꿈을 꾸게 만든다. 그들을 현실로 끌어내어 자신의 재능을 개발하고 배우며 잠재력에 도전할 기회를 갖고 가능성을 실현하도록 의식 구조를 바꾸는 데 일조하고 싶었다. 학생들을 대할 때마다 이런 내 마음이 진정성 있게 전달되기를 기도했다. 열정이 넘쳐서 때로 고달플 때도 있었다. 일에는 열정과 인내의 균형이 필요함을 깨우쳤다. 우리의 잠재력과 역량은 배경이 다르지만 서로가 힘을 주고받으면서 한류의 물꼬를 만났고, 아쿠와스라는 작은 씨앗 하나를 심었다. 나는 한국을 떠난 이후로 항상 자신을 민간 외교관이라고 생각했다. 나라와 나라를 이어주는 일이 나를 살아나게 한다.

4

매듭으로 잇는 아랍 속의 한국

한국 문화 시간을 따로 배정하였다. 한국의 전통적인 문화에 초점을 두고 의식주 생활로 카테고리를 정했다. 한국 문화가 K-POP으로만 한정되는 것이 아쉬웠기 때문이다. 한류가 K-POP을 중심으로 시작되었음을 부정하지는 않는다. 하지만 그 전달이 때로 가볍고 피상적이었기 때문에 아쉬움이 있었다. 2013년만 하더라도 아랍에서 한국 음악은 싸이의 <강남스타일>로 굳어지던 시기여서 개인적인 안타까움은 더욱 커져갔다. 마치 스웨덴 사람을 처음 보았는데 그가 사과를 먹는 모습을 보고 '스웨덴 사람들은 사과를 좋아하는구나'라고 생각할 수도 있을 만큼 문화를 단편적으로 보는 일에는 위험이 따른다. 일반화의 오류를 경계하였다. 사실 우리나라도 동방예의지국에서 예의를 상실하기도 하고 부정적인 면이 있음을 부인할 수 없다. 하지만 한국 아이돌 그룹의 의상, 안무, 노래의 한 면만 보고 왜곡된 시각, 한국 문화는 가볍고 피상적이라는 편견을 가질까 우려되었다. 경쾌함과 가벼움 이면에 자리하는 전통의 깊은 멋을 알리고 싶었다. 가능하다면 가벼움과 진지함, 보수와 진보적 사고가 공존하는 한국의 전체 그림을 보여주고 싶었다. 한국 문화의 오래된 역사와 깊이를 보여주고 싶다는 소박한 동기가 진화하였다. 한국인들에게도 익숙하지 않은 옛날 풍습 등을 소개하는 것은 지양하였지만 전통문화에 대한 이해 없는 한국 문화는 완성될 수 없기 때문에 전통문화 소개에 많은 시간을 할애하였다. 그것이 한국 문화에 입체적으로 접근하는 방법이라고 믿었다.

문화 수업은 흥미진진했다. 주제에 따라 매주 교실 분위기를 바꾸었고 학습자 주도의 방식을 택했다. 수업을 시작하면서 전반적인 개관을 알려주고 세세한 항목은 각각 개인 과제로 맡게 했다. 예를 들어 한국에 있는 유네스코 문화재 시간에는 문화재를 하나씩 선택하게 했다. 한 명이 한 문화재를 책임지고 설명하는 방법이었다. 두 사람이 한 문화재를 공부하게 하는 교차 학습도 시도해 보았다. 수업이 본격화되니까 쑥스러움과 소극적인 태도는 의외로 드물었다. 오히려 그들의 마음속에 용기와 대범함이 차오르고 있음을 알아차렸다. 다만 그들의 열정은 외부로 표출할 기회를 얻지 못했을 뿐이었다. 대학 입구에서 한국어 수업이 있는 곳까지 관련 문화에 대한 대자보를 꾸미기도 했다.

강의실은 물론 건물 입구에서 로비를 거쳐 엘리베이터로 오는 길을 한국 문화가 있는 꽃길로 만들었다. 학생들뿐만 아니라 누구라도 '오늘 한국어 강의가 있구나' 하고 생각하게 되었고, 대학에서 만나는 아는 교수들이 한국 문화 전시를 잘 보았다고 애정어린 칭찬을 해줄 때마다 신이 나서 계속 새로운 프로젝트를 구상하였다. 가위로 오리고 붙힌 학생들의 작품이 초등학교의 복도마냥 가득 찼다. 수업을 위한 고정된 강의실이 없어 아쉬운 것도 잠시였다. 학생들의 작품을 주제별로 정리하였다. 학생들의 작품이 늘어선 복도는 마치 작은 갤러리와 같았다. 한국 문화를 통해 발견된 학생들의 재능과 특기를 눈으로 실감할 수 있었다. 원석들이 다듬어져 가면서 이루는 역량 강화의 보석을 지켜보는 설렘이 있었다. 우상 숭배를 금지하는 교리 때문에 이슬람권 문화에는 미술의 영향이 미약했다. 특히 사람이나 동물을 묘사한 그림이나 조각은 발달하지 못했다. 대신에 기하학을 이용한 무늬의 아라베스크 문양을 그리거나 아랍어 문자의 흐름을 이용한 캘리그라피의 예술성은 탁월하다. 다양한 색을 사용하는 단청, 십장생, 탈, 만다라 프로젝트도 해보았다. 나는 색의 세계에 매력을 느꼈다. 아랍 학생들이 즐겨 쓰는 특별한 색상이나 선호하는 색감이 있는지 알고 싶었다. 미술 교육을 받은 적이 없는 학생들에게 한국적 문양에 색칠을 해오는 과제는 어떤 학생들에게는 한없이 지루했지만 세이카나 함다 같은 여학생들에게는 숨은 재능을 마음껏 뽐낼 수 있는 최고의 숙제였다.

코리안 아츠 클럽(Korean Arts Club)을 만들어 전통매듭, 한국화, 민화, 캘리그라피를 가르쳤다. 어릴 때 사군자를 공부했기 때문에 쉽게 한국화를 시작할 수 있었다. 처음에는 꽃만 그리다가 점점 민화의 세계에 들어섰다. 그림이 어느 정도 편해지면서 매듭 공예, 한국 무용, 한국화, 민화, 사군자, 조각보 수업 등을 찾았다. 전통 연을 만드는 분과 대화하기 위해 나선 길에서 길을 잃기도 하고 솟대 체험반에서 솟대를 만들다가 손을 다치기도 했다. 주로 화실에 다녔지만 시간만 맞으면 일일 체험을 통해 한국 문화에 대한 갈급함을 채우며 기술을 익혔다. 배우는 장소를 찾는 것도 쉽지는 않았다. 한국을 떠난 지 오래라 정보가 부족하여 인터넷을 보고 하나씩 점검하면서 가성비 높은 수업을 찾아 무던히도 헤매었다. 제일 힘들게 찾은 수업은 한국의 전통매듭 강의였다. 다행히도 부산에서 공예 전수자로 알려진 선생님을 만나 한국 매듭을 배웠다. 한국에서의 휴가가 끝나면 아랍의 교실에서 사용할 수업 재료를 한 가방 가득히 담아갔다. 나 역시 재정적으로 풍요로운 형편이 절대 아니었지만 한국 문화 체험 수업에 필요한 강의 준비물에는 아낌없이 투자하였다.

학생들은 매듭 공예에 관심이 많았다. 개인적으로 좋아하는 공예라 더욱 신이 났다. 매듭 공예는 하면 할수록 빠져드는 재미가 있었다. 하나의 매듭 줄로 단순하게 시작했지만 금세 서로 엮인다. 관계가 시작된다. 어떤 패턴에 휩싸이게 되면서 매듭 길을 따라가다 보면 어느새 보이는 하나의 형태, 공동의 선을 이루는 그 과정의 결정체가 매듭 공예라 생각한다. 만남과 부딪침의 결과물이다. 순서는 거스를 수 없는 운명이다. 순서를 따라가야 마음속에서 상상한 이상적인 모양이 형태를 드러낸다. 어느 한 줄도 함부로 다른 줄을 건너가지 않는다. 어디로 가야 할지 알 수 없는 그 순간에도 정해진 길이 있었다. 매듭 줄의 꼬임은 인간관계의 본질과 닮았고 그래서 더욱 매듭에 이끌렸다.

알아인에서 한국어와 한국문화 센터를 만들 당시인 2013년은 아랍에미리트에 한국 문화원이 생기기 전이다. 한국으로 휴가 나올 때마다 한국 전통문화에 관련된 강의를 찾아다녔다. 한국 문화의 전통적인 유산과 문화에 대한 비전을 제공하고 싶었다. 한국에 갈 때마다 현장 체험, 체험 학습을 찾아 서울, 부산을 돌아다녔던 것도 그런 연유였다. 나부터 한국 문화를 진지하게 공부해야 했다. 인터 넷을 열면 유튜브에 각종 강의가 있다. 하지만 다른 사람이 하는 영상을 지켜보는 것보다는 자신이 실제 해보는 것만큼 더 좋은 교 육은 없다. 학생들에게 알려주고 싶은 무궁무진한 한국 문화 콘텐 츠가 있었다. UAE 대학의 평생교육원이 단지 한국어를 배우는 곳 이상의 의미를 갖게 되었다.

이질적인 문화에 폐쇄적 반응을 보이는 학생들을 만날 때는 난감 했다. 한국 문화 시간에 김밥 요리 시간이 있었다. 대부분의 학생은 열심히 한국 조리법을 따라 했지만 하리미는 한국 문화를 자기식으 로 이해하는 고집이 있었다. 당근을 볶고 계란을 풀어 계란말이를 하고 시금치를 데치고 김으로 싸는 한국 요리의 기본 조리법을 시 도했다. 빨간색, 노란색, 흰색, 초록색, 검은색의 오방색이 오렌지색 당근, 계란 노른자, 계란 흰자, 초록 시금치, 검은 김, 하얀 밥에서 재현되고 있음을 알리고 싶었다. 하지만 하리미의 생각은 달랐다. 계란은 프라이한 게 맛있다며 계란프라이를 통째로 야채 사이에 끼 웠다. 취향은 그렇다고 하더라도 이왕 한국 문화를 배우러 왔으면 한국 고유의 조리법도 익히고 음식 문화에 대해서도 더 깊이 알 수 있는 기회였는 데 아쉬웠다. 완벽주의를 추구하는 미이라도 마찬가 지였다. 그림이 있는 한글 캘리그라피 수업을 할 때 글자 옆에 벚 꽃을 그려 살짝 멋을 부리게 하였다. 그랬더니 미이라는 나뭇가지

하나 그린 후에는 일렬로 동그라미를 그린다. 한국화의 특성은 자연미이고 여백임을 알리고 싶은데 화선지는 벌써 빼곡히 들어찬 굵은 나뭇가지와 땡땡이무늬로 힘겹다. 시도조차 해보지 않았다. 한국 문화가 가진 멋과 정신을 이해시키는 것은 많은 시간이 필요하다. 이국적인 문화에 열린 태도를 갖는 일이 늘 쉽지만은 않다.

가장 기억에 남는 한국 문화 시간은 2014년경 있었던 한복체험 시간이었다. 나는 한국문화 행사가 있으면 거의 언제나 한복을 입었다. 한복을 보관하고 관리하는 것 뿐 아니라 외국에서 특히 섭씨 50도를 넘나드는 아랍에서 한복을 입고 다니는 일이 말처럼 쉬운 것은 아니다. 속바지, 속치마, 버선, 매듭 장신구, 머리 장식, 하얀 동정, 그리고 현대화가 되었지만 여전히 발걸음이 조심스러운 이쁜 고무신을 신었다. 사막의 열기에 한복 저고리 겨드랑이에 쉬이 땀이 차면 얼룩이 져서 혹시라도 추해질까봐 수건을 넣어 저고리가 우아한 선을 유지하도록 신경을 썼다. 순전한 개인적 편함과 취향이 자칫 한복이라는 우리 민족 고유의 의상에 대한 오해를 불러일으킬 수 있기 때문이다. 내가 입는 한복이 한국을 처음 대하는 사람에게는 한복의 첫인상이고 나라의 이미지였기에 한복을 입을 때면 각별히 조심하였다. 한복은 누구라도 돋보이게 하는 훌륭한 한국문화의 꽃이다. 한복에 깃든 한국 여성의 솜씨와 미적 감각을 알려주고 싶어서 아쿠와스의 이름으로 행사에 가는 곳이면 어디에나 한복을 입고 다녔다. 한복을 사랑하기에 한복을 알려주는 한복 체험 시간이 되면 늘 내 가슴이 설레었다.

한복의 미학 중에서도 선의 흐름에 집중하여 저고리 소매의 곡선을 알려주고 싶었다. 놀랍게도 카디자가 모델을 자청하였다. "한복을 제대로 입으려면 아바야를 벗고 히잡을 벗어야 하는데 괜찮겠냐"라는 말에 "당연하지요, 다른 문화를 아는 것이잖아요"라고 하면서 히잡을 벗었다. 수업 시간에 능동적으로 참여한 카디자의 협조로 수업은 활기찼다. 한복의 아름다운 선과 동정의 하얀 깃에 대한 설명을 마친 후 한복 예법을 더하여 앉기와 절하는 모습도 곁들어 함께 배웠다. 한국문화 센터 블로그를 왕성하게 하던 때라 수업 후 얼굴을 가린 카디자의 사진을 올렸다. 우연히 그날 사진을 본 한국 문화원의 원장님과 전화 통화를 하게 되었다. 카디자가 절하던 사진을 빼는 게 좋겠다는 고마운 조언이었다. 이슬람 종교에서는 신 외에는 절하지 않기에 혹시라도 나중에라도 문제가 될 소지가 있다는 것이다. 그런 차에 그날 밤에 카디자로부터 장문의 편지를 받았다. 한복 체험 시간에 히잡을 벗은 행동이 너무나 마음에 걸리니 없던 일로 해달라는 것이다. 아무리 교실 안이고 문화 체험이지만 히잡없이 행동한 자신이 부끄럽다는 내용이었다. 그녀의 의견을 기꺼이 수용하면서 아바야와 히잡은 아랍 여성들의 정신이며 정체성임을 다시 한번 깊이 마음에 새겼다.

외국 유학을 마치고 활발한 사회 활동을 통해 문화의 다양성에 대해 누구보다도 열려 있다고 생각했던 카디자였지만 막상 히잡을 벗은 그 5분의 시간으로 카디자는 자신을 알게 되었다. 그녀는 종교적 가치를 극복할 수 없었다. 반면에 세이카는 교실에서 히잡을 벗고 아랍 고유의 춤을 추었다. 카디자는 한국의 의복을 체험했지만 히잡을 벗었다는 사실로 괴로워했고 세이카는 히잡을 벗어가면서까지 긴 머리를 흔들면서 아랍에미리트 전통춤을 보여준 사실을 자랑스러워했다. 카디자는 30대였고 세이카는 10대였다. 세대 차이일 수 있고 각자가 가진 문화 차이일 수도 있다. 아랍 여성들과 지내다 보면 일반화할 수 없는 문화의 섬세함과 미묘함에 예민해진다. 교육은 현장의 필요와 특성에 따라 현장 맞춤형으로 나아가야 함을 다시금 깨우쳤다.

2016년에 한국 문화원이 생겼다. 한국 문화원으로서는 세계에서 29번째로 문을 연 아부다비의 한국 문화원에는 특별한 점이 있었다. 첫째, 중동에서는 이집트 이후로 두 번째이지만 GCC 국가 중에서는 최초였다. 둘째, K-Culture 체험관이 상설 전시하게 된 최초의 재외 한국 문화원이었다. 그동안 재외공관의 한국 이미지는 옛 전통의 역사와 아름다움에 초점을 두었다. 하지만 뉴욕 한국 문화원의 전시 행사였던 <한국 문화의 재발견>(Refashioning Korean Culture) 이후로 한국의 국가 이미지는 기술 강국이다. 새로운 한국의 모습을 구현한 첫 시범 장소가 바로 아랍에미리트의 한국 문화원이었다. 한국 문화원에는 다양한 현지 인사가 서포터즈로 일했다. 그중에는 웹사이트 'Ask Ali'로 유명한 방송인 알리 알살룸과 한국-UAE 친선협회 회장 후메이드 알 하마디도 있었다. 한국 문화에 대해 아랍어로 책을 내기도 한 후메이드 씨는 한국 행사가 있는 곳엔 감초였다. 아랍권에 한국을 소개하는 그는 아쿠와스 활동에 언제나 호의적이었다. 한편 한국 관련 도서, 비도서 자료, 컴퓨터 등을 제공하는 한국 자료실(Window on Korea) 또한 중동 최초로 아부다비에

문을 열었다. 칼리파 파크의 국립도서관에 K-POP, 드라마, 영화 등의 영상 자료와 한국 역사, 문화, 교육 도서 등을 다양하게 갖추고 있다. 한국 문화원이 생기면서 KLCC의 한국 문화 강의도 활력이 생겼다. 수업 시간에 공부한 문화 활동에 대해 한국 문화원에 가면 더 많은 정보를 구할 수 있었기 때문이다

한국 문화원이 열렸다는 소식을 듣자마자 CEC의 외국어 프로그램 담당자인 아이샤와 함께 한국 문화원을 방문하였다. 함께 오고 싶었지만 부모님의 허락을 받지 못했던 알아인에 있는 학생들에게 보여주고 싶은 들뜬 마음으로 카메라 셔터를 마구 눌렀다. 모든 것이 신기했다. 전통문화 체험, 문화 산업, 우수 문화 상품, 할랄 푸드, 도서관, 한식 요리 교실, 한국어 강좌를 위한 강의실 등이 있었다. 가상현실 체험, 홀로그램, 미디어 영상 상영 등 ICT 기술을 활용하여 과학 기술과 정보 기술이 가미된 한국 문화가 다채롭게 소개되고 있었다. 다도실에서 아이샤와 전통 찻상을 마주하고 차를 마시는 흉내도 내보았다. 아이샤와 함께 온 파티마는 가상으로 한복을 착용하는 공간에 감탄했다. 여러 종류의 한복을 직접 입어보지 않아도 영상에서 대신 입은 모습을 보여주는 거울 앞에서는 환성을 질렀다. 나는 마치 투어 가이드마냥 한국 문화원을 소개하였다. 아이샤와 파티마는 한국어를 배우지 않았지만 한국 문화에 대한 이해가 있으면 한국어 과정을 더 잘 이해하고 소통도 원활해질 거라 믿었다. 고맙게도 아이샤는 일로서뿐만 아니라 진심으로 한국 문화에 관심을 가져주었다. 그녀는 한국어 강좌를 전폭적으로 지지해주었고 내가 아랍을 떠난 후에는 UAE 학생들을 이끌고 한국의

부산외대에까지 왔다. 사람을 움직이는 것은 마음이고 그 마음은 일을 추진하는 행동의 동력이었다.

학생들은 '한국에 가면' 혹은 '한국어를 잘하면'이라는 전제로 '뭐가 되고 싶다, 뭐가 하고 싶다'라는 말을 많이 했다. 그것들은 다 가능한 일이었다. 나는 그들의 가슴속에 자리한 열정과 재능과 잠재력을 하나씩 끄집어내어 역량으로 승화시키고 싶었다. 비전은 현실이 될 수 있었다. 아마 그것은 사람들이 나에게 해주었으면 하는 바람이었을 것이다. 누구나 역량을 증대하고 비전을 갖고 싶어 한다. 하지만 사람들은 누군가가 자신을 도와주길 기다릴 뿐 자기가 스스로 개척할 수 있다는 생각을 미처 못하는 것 같다. 아랍 학생들과 입장은 다르지만 나 역시 인생의 방향을 찾지 못해 헤매고 있었다. 외국 생활이 길어지고 경제적인 활동을 하는 일을 할 기회가 좁아지면서 나의 잠재력을 누군가가 끄집어내 준다면 좋겠다고 생각하고 있었다. 어느 순간에 내가 원하는 것이 아랍 여성들이 원하는 것임을 깨달았다. 내가 받을 수 없어도 내가 줄 수 있는 것이 있었다. 아랍 여성들의 잠재력과 가능성에 주목하면서 그들의 역량을 강화시키는 일이 있었다. 그것은 내가 오랫동안 원하던 일이었다. 다만 그 일은 오랜 시간을 두고 노력해야 이루어지는 것임을 때때로 잊었을 따름이다. 그들의 열정이 방향성을 갖는다면 좋겠다고 생각했다. 무방향성은 열정만 많았던 나의 20대가 몰랐던 치명적 오류 중 하나였기 때문이다.

사람들은 종종 자신의 열정에 대해 깊이 생각하지만 누군가가 관심을 보일 때까지는 자기 생각에 대해 쉽사리 말하지 않는다. 아랍 여성들이 그랬다. 그래서 나는 그들을 믿고 지켜보기로 했다. 이슬람이라는 종교와 문화에 대해 섣부른 판단이나 선입견을 자제했다. 그런데 오히려 뜻밖에 학생들은 내게 인내심이 많은 선생님이라는 호칭을 썼다. 내게 낯선 형용사가 내 앞으로 배달되는 것이다. 사실 나는 참을성이 없다. 평균 이하이다. 그런 나에게 학생들이 "참을성이 많은 선생님"이라고 말했다. 나는 그 이미지가 너무 낯설었지만 동시에 그들이 나를 더 좋은 사람으로 이끌어주고 있음을 알았다. 서로에게서 최고를 이끌어내는 것, 우리는 그 지점에서 이어졌다. 아랍에미리트와 한국도 그랬으면 좋겠다. 서로에게서 최상을 이끌어내는 것, 나를 좋은 사람으로 거듭나게 해주는 아랍 여성들과의 교류로 나도 그들을 좋은 사람으로 거듭나게 해주리라는 마음을 매 순간에 다졌다.

5

장옷과 아바야 그리고 K-POP

한국 드라마를 수업 교재로 활용하기로 했다. 드라마를 통해 보다 생생하고 구어적인 표현을 배울 수 있고 더불어 한국 문화를 융합하는 수업이 가능하기 때문이다. 국립국어교육원의 <두근두근 한국어> 시리즈 덕분이다. 한국방송공사가 기획하고 문화체육관광부와 세종학당이 제작한 프로그램이다. 각 강의는 드라마에 대한 소개로 시작하여 드라마 속 대화를 중심으로 다양한 주제와 상황어를 배운다. <두근두근 한국어>는 아랍 학습자들에게 큰 도움이 되는 문화 콘텐츠였다. 한국 드라마는 계속 진화하고 <두근두근 한국어>를 통한 한국어와 한국어 교육도 심화되고 있다.

<두근두근 한국어> 시리즈를 강의할 때 아슬아슬한 순간이 여러 번 있었다. 가끔 요란한 화장과 선정적인 제목, 그림이 뜰 때면 아찔하다. 드라마에서 키스하는 장면이나 남녀가 얼굴을 빤히 바라보는 등의 로맨틱한 상황이 나오면 학생들은 부끄러워서 딴청을 피우거나 고개를 숙인다. 젊은 여성들이 헐벗은 의상으로 요상한 몸짓의 선정적인 춤을 추는 장면에 이르면 나 역시도 얼굴이 화끈거렸

음은 물론이다. 게다가 어떤 노래는 가사까지 자극적이다. 교육용으로 쓰라고 가사 내용까지 친절하게 올려주지만 어떤 노래 가사는 천박하고 비디오 영상은 가볍다. 그럴 때면 오히려 득보다는 해가 된다. 아랍에미리트에서 가장 개방적인 장소 중 하나인 두바이몰에서조차도 공적인 장소에서의 애정행각을 금지한다는 광고판이 여기저기 붙어있는 실정에서는 더욱 그렇다. 문화권이 다른 지역에 대한 고려를 하는 것이 쉬운 일은 아니겠지만 중동 지역에서 편하게 사용할 수 있는 드라마도 많이 소개되면 좋겠다.

한류 드라마 열풍은 중동 지역의 공통적인 현상이고 아랍에미리트도 예외가 아니어서 한국 드라마를 방송해준다. 노라가 처음 본 한국 드라마는 <천국의 계단>이었다. 여주인공인 '김태희'와 '최지우'가 보여주는 의상과 말투 등의 라이프 스타일에 완전히 빠져들었다. 드라마 <천국의 계단>은 노라 자신의 열정과 호기심을 찾아가는 계단이 되었다. 현실에서 가질 수 없는 로맨스를 대리 만족하고 있었다. 학생들은 한국어를 들을 때의 희열이 벅차다고 했다. 언어와 문화가 다른 데도 남녀 연애 이야기와 얽히고설킨 가족관계를 묘사하는 한국 드라마와 음악에 공감한다. 결국 우리 모두가 문화와 상관없이 같은 고민을 하며 살아가고 있음을 깨닫게 해준다. 아랍 여성들이 한국 드라마와 한국 음악을 홍보하는 인스타그램은 더 이상 새롭지 않다. 2016년부터 시작한 아쿠와스 인스타그램의 팔로워 중 알아인에 사는 여성이 있음을 알게 되었다. 거의 매일 한국 드라마 한 편씩을 짧은 동영상으로 올리고 있다. 수입이 있는 것이 아니지만 그냥 재미있어서 한다고 한다. 매일 새롭게 올라오는 한국 노래와 한국 드라마를 보면서 하루를 시작할 정도로 한류는 이미 아랍 사회에서 트렌드이자 주류가 되었다.

<겨울연가> 혹은 <대장금> 등을 시작으로 한국 드라마 열풍은 오늘까지 계보를 이어간다. 2007년 이란에서 방영된 <대장금>의 인기는 상상을 초월해서 6개월 평균 시청률이 90%를 찍었다고 한다. 이란에서 텔레비전의 드라마를 본 사람이라면 한국의 <대장금>을 시청했다고 볼 수 있는 수치이다. '대장금'은 친숙한 보통명사가 되어 그들의 발음에 맞게 '양굼'으로 알려져 있다. 재방에 재방을 거듭한 탓도 있겠지만 <대장금>의 영향력은 누구도 부인할 수 없다고 한다. 100년 전 한국 조선 시대 궁중의 예법이나 의상, 사람들의 행동거지 등이 아랍의 미풍양속과 맞는다고 생각한다고 한다. 게다가 일 년 내내 덥고 건조한 사막 지대에서 볼 수 없는 겨울 풍경과 단풍 물든 금수강산의 경치는 매번 다른 볼거리로 그들의 관심을 끈다. 2000년부터 2006년까지 봄 여름 가을 겨울 작품으로 시리즈를 완성한 윤석호 감독의 첫 작품인 <겨울 연가>의 무대가 된 춘천의 남이섬은 한국을 방문할 때 필수 관광코스의 하나로 자리 잡았다. 도아에게는 <겨울 연가>뿐이었다. 도아는 틈만 나면 "춘천이 어디예요?"를 읊조리며 '배용준'을 가슴에 품었다. 두바이의 마이타 공주(Sheikha Maitha al Maktoum)는 '현빈'의 열렬한 팬이었다. 그녀는 베이징 올림픽 여자 태권도 대회 출전을 앞두고 한국에서 현지 훈련을 했다. 그때 드라마 <내 이름 김삼순>에 나왔던 배우 '현빈'에게 공식적으로 사인을 요청한 일이 국내 언론에서 크게 다뤄지기도 했다.

한국 드라마에는 젊은 아랍 여성들이 원하는 것이 모두 들어있다. 꿈이 있고 환상이 있고 연애가 있고 남자친구가 있고 절절한 사랑이 있다. 그들은 드라마를 통해 다양한 체험과 구경을 하고 있었다. 한류는 그들이 인생의 좌표를 찾을 수 있는 작은 등대였다. 폐쇄적 문화와 사회 규범이 엄격한 사회 속에서 그들은 진정 원하는 것을 찾고 싶어 한다. 아랍 사람들이 한국 드라마와 코드가 잘 맞는다고 느끼는 이유 중 하나는 유교적인 전통 가치와 서양식 개인주의를 결합한 스토리를 갖고 있기 때문이다. 조선 시대의 '남녀칠세부동석'을 기본으로 하는 내외 문화와 일상생활이 그들에게 동질감과 친밀감을 준다는 것이다. 한국 드라마에는 일상의 삶과 가족 간의 문제와 역사가 담겨 있다. 그 안에 사랑과 정, 권선징악이 있다. 사랑과 정은 때로 자극적이지만 공감을 끌어내는 스토리이고 권선징악은 누구나 좋아하는 해피엔딩이다. 할리우드 드라마와 달리 성에 대한 직접적인 묘사 없이도 사랑을 표현하는 연출에 뛰어나다. 한국 드라마는 할리우드의 자극과는 차별화되고 온순하다. 이러한 보편성은 아랍의 가정에서 공감을 일으킨다.

영국의 유명한 주간지, ≪이코노미스트(The Economist)≫는 한국 드라마의 성공 요소는 '가족 중심적인 유교적인 가치'라고 분석했다. 문화적 동질감을 공유하는 가족 간의 전통적 가치는 대중에게 매력적인 호감을 주고 있다고 한다. 관계의 수직적, 수평적 관계, 즉 전통적인 유교 문화의 수직적 관계와 서구 문물이 가져온 수평적 관계가 한국적 스타일로 잘 마무리되어 많은 사람이 즐길 수 있다는 것이다. 누군가가 한국 드라마가 너무 좋다며 입에 침이

마르도록 칭찬을 하자 옆에서 듣고 있던 림이 시큰둥하게 말했다. "처음은 그렇게 재밌어. 근데 서너 편 보고 나면 똑같아. 사랑하는데 부모가 반대하거나 암 선고를 받거나 아니면 출생의 비밀이 파헤쳐지는 스토리야." 나는 깜짝 놀랐다. 림은 한국 드라마가 뻔한 플롯임을 알면서도 매일 보고 있었던 것이다. 한류 드라마의 획일적인 콘텐츠에 대한 비판적인 시각은 오래전부터 있다. 대만에서는 한국 드라마를 주제별로 분석하고 출생과 혈연에 얽힌 비밀에서부터 극적인 장면에서는 비가 온다는 식으로 한국 드라마의 흥행 공식 10개를 제시했다고 한다. 모두 아는 이야기, 뻔한 결말. 그럼에도 불구하고 한국드라마에는 아랍 여성들을 사로잡는 매력이 있다. 우리에게는 당연한데 그들에게는 특별한 매력이다. 그것이 한류의 매력이다.

아랍에미리트의 한 조사에서 삶에서 가장 중요한 가치로 과반수 이상이 종교 다음은 가족이라고 답했다. 할머니부터 손자까지 전 가족이 함께 모이는 저녁 시간에 방영하는 한국 드라마는 세대를 아우른다. 서양 드라마보다 덜 자극적이고 성적 묘사가 덜하고 터키나 이집트 드라마보다는 이국적이다. 드라마 줄거리만큼이나 매혹적인 미술 장치 등이 있는 한국 드라마는 재미있는 볼거리와 이야깃거리를 제공한다. 사극에 나오는 의상과 문화는 아랍 여성들에게 한국을 더욱 가깝게 느끼게 한다. 아랍 여성과 한국 여성 간의 유사점과 차이점에 대해 질문하자 놀랍게도 많은 여성이 조선 시대의 장옷과 쓰개치마를 언급하였다. 몸의 실루엣을 감추던 용도의 장옷이 한국 여성과 아랍 여성을 정서적으로 친밀하게 엮고 있었다. 한국 역사 드라마에서 볼 수 있는 장옷은 깃을 갖춘 겉옷 형식의 도포 형식인 반면에 쓰개치마는 치마 형식의 겉옷으로 주로 서민들이 걸쳤다고 한다. 흥미로운 것은 장옷은 본래 몽골의 침략 이전에는 우리나라에 없던 복식이라 고려 시대를 배경으로 한 사극에는 장옷이 등장하지 않는다. 조선 시대 후기에 와서 장옷이 양반가 여성들과 일반 여성들이 애용한 외출복의 일부가 되었다고 한다. 일부 아랍 학생들은 이런 역사적 배경에 상관없이 한국 사람들은 옛날에 모두 장옷을 쓰고 한복으로 몸매를 가렸다고 생각하고 있었다. 역사 드라마는 철저한 고증이 바탕이라는 사실을 다시금 깨달았다.

2013년 '한국어와 한국 문화'를 가르치는 첫 시간이었다. 학생들이 자기소개를 할 때 '이민호'라는 이름을 처음 들었다. 드라마 <꽃보다 남자> 이야기였다. 이미 한국 단어를 많이 아는 듯한 클루드는 "이민호 때문에 한국어를 배우러 왔다"라고 했다. 클루드가 할 줄 아는 한국말은 '이민호'뿐인데 선생인 나는 '이민호'가 누구인지도 몰랐다. 클루드는 위대한 배우 '이민호'를 모르는 한국 선생님이 답답하다 못해 어이가 없다는 표정이었다. 개인적인 취향인데 나는 20대부터 텔레비전을 거의 보지 않는다. 한국 드라마도 한국의 배우도 잘 모른다. 학생들이 한국 배우 이름을 말할 때마다 인터넷 검색으로 드라마와 배우의 이름을 외웠다. 드라마 <꽃보다 남자>는 현지 방송에서는 <알얌 알 주흐르>(Ayam al Zu Hour)로 소개되었다. 이쁘게 생긴 미소년들이 교복을 입고 펼치는 사랑과 우정이 여성들의 마음을 사로잡았다. 클루드를 다시 만난 것은 7년의 세월이 흐른 지난 2019년이다. 서울의 강남역 5번 출구에서 클루드를 만났다. 카페에 앉자마자 그녀는 다짜고짜 "선생님, 이민호!"라고 했다. 나는 주위도 의식하지 않은 채 크게 웃었다. '이민호'라니, 내게 한국어를 배우던 때가 7년 전인데 그동안 변하지 않고 여전히 '이민호'다. 이상형을 바꾸어 보라고 했다. 영원한 팬이라서 절대 안 된단다. 작년에 서울을 방문한 도아도 여전히 춘천 이야기를 했다. 한국 문화 콘텐츠의 힘은 일시적인 현상이 아니라 세월이 갈수록 강력해진다.

K팝은 말할 것도 없다. 2012년 아랍에미리트 구글에서 가수 싸이의 <강남스타일>이 최고의 인기 검색어로 꼽혔다. 싸이의 <강남스타일> 뒤로 애플사의 아이패드3과 올림픽 2012이 뜰 정도였다. 삼성 갤럭시S3가 그 뒤를 이었다. 구글 검색 상위어 4개 중 2개가 한국 관련이다. 이제 <강남스타일>은 신화가 된 지 오래다. K팝은 매달 매년 새로운 모습으로 아랍 사회로 파고든다.

2012년 어느 주말에 아부다비 미술관에 갔다가 전시 관람 후에 카페에 들어서니 한 테이블에 가족이 모여 앉아있었다. 그중 한 꼬마가 나를 보더니 자리에서 일어나 두 손을 어긋나게 모으더니 말춤을 추었다. 싸이의 <강남스타일>이었다. 동양 사람만 보면 한국 사람인 줄 알고 말춤을 출 만큼 <강남스타일>은 경이로운 신드롬이었다. <강남스타일>이 유튜브에 올라온 지 2주도 안 돼서 8백만의 조회 수를 돌파했고 세계 곳곳에서 수많은 패러디 동영상이 탄생했다. 아랍 지역도 예외는 아니어서 음악이 금지된 나라인 사우디에서도 패러디가 나올 정도로 강타하였다. 현지 주요 신문인 ≪걸프 뉴스≫, ≪칼리즈 타임즈≫, ≪내셔널≫ 등에서 싸이의 <강남스타일> 열풍을 차례로 소개하였다.

알아인에서 2년여 동안 합창단 활동을 했다. 합창단은 친목의 성격이 강했다. 영국 사람들이 중심이 된 모임에서 클래식과 민속 음악을 배우고 일 년에 두세 차례 유료 공연을 하기도 했다. 한번은 알 카타라 아츠 센터(Al Qattara Arts Center)에서 이웃나라 오만에서 온 서양인 합창단과 공동 콘서트를 했다. 오만 합창단이 야심차게 준비한 곡을 듣고 깜짝 놀랐다. 한국의 <아리랑>이었다. 한국인이 단 한 명 있는 알아인의 콘서트홀에서 오만의 합창단이 대한민국의 <아리랑>을 부르는 모습은 감동이었다. 마치 나 하나만을 위해 불러주는 게 아닌가 하는 커다란 착각마저 들었다. 나중에 오만의 작은 동네인 소하(Soha)에서 온 합창단장에게 <아리랑> 노래를 어찌 알고 선택했는지 물었다. 그녀가 망설임 없이 한마디로 답했다. "아름다우니까." 더 설명이 필요 없었다. 아름다운 노래, 아리랑이 있는 내 나라가 자랑스럽다.

2016년에 K-CON이 아부다비에 온다는 소식이 알아인을 들썩이게 했다. K-CON은 최고의 쇼였다. 수업을 하려는데 뜻밖에 늘 차분하던 혜싸가 동생인 하리미와 함께 한껏 들떠있다. 혜싸가 K-CON에 가실 거냐고 물었다. 에일리, 태연, 스피카, 방탄소년단, 몬스타엑스, SS301, 규현 등 한국의 가수들이 아부다비에 온다는 것이다. "가수 이름을 어찌 그리 잘 아느냐?"라고 물었다. 혜싸는 선생님이 '한국 사람이 맞나?' 하는 안타까운 표정으로 오히려 그걸 어찌 모르느냐는 듯이 쳐다보았다. K-CON은 2012년 미국 캘리포니아주에서 처음 시작했다. 단순한 페스티벌을 넘어 K-POP, K드라마, K뷰티, K푸드 등 한국의 다양한 문화를 융복합적으로 경험할 수 있는 신개념의 축제이다. 이름은 콘서트이지만 드라마, 뷰티, 한식 등 한국 문화의 다양한 장르를 경험할 수 있는 기회이다. 낮에는 다양한 볼거리와 즐길 거리가 마련되어 있고 저녁에는 콘서트가 펼쳐졌다. 한국의 문화를 알리는 다양한 프로그램도 있고 방탄소년단(BTS)의 실물 크기 사진판과 팬 미팅도 마련되어 있었다. 아부다비 최대 규모의 야외 공연장인 '두 아레나(Du Arena)'에서 열린 K팝 콘서트에 수십만 원의 VIP 관람권이 제일 먼저 동났다고 한다. 입장료가 비싸서 나는 처음부터 갈 생각도 없었지만 학생들은 입장료는 안중에도 없고 알아인에서 아부다비로 가는 것조차 대수롭지 않게 생각하였다.

알아인에서 아부다비의 공연장에 도착한 학생들이 찍은 비디오와 사진이 끝없는 카톡 소리와 함께 실시간으로 단체 카톡방을 두드렸다. 김밥 사진이 보이고 팔목에 두른 야광팔찌의 불빛 사진이 이모티콘과 함께 색깔별로 올라왔다. 마치 내가 공연장에 있는 듯했다. 공연장의 함성도 영상으로 고스란히 카톡으로 전달되었다. 소란한 한나절이 지나고 단체 카톡방이 조용한가 했더니 늦은 밤에 또다시 카톡이 시작되었다. 이번에는 아이돌 그룹을 위한 케이크 배달 때문이었다. K-CON에서 공연한 아이돌 그룹을 위해 케이크와 선물을 준비했다는 것이다. 샤마는 케이크를 호텔에 갖다주고 싶은데 어떻게 전달하면 되겠느냐는 문자였다. 그러자 잠시 후 오만에서 알아인을 거쳐 아부다비의 콘서트장으로 간 림에게서 카톡이 왔다. 오만의 SS301 팬클럽은 이미 케이크를 호텔로 보냈다고 한다. 림이 속한 SS301 팬클럽은 조직력이 뛰어난 덕분에 무사히 케이크를 배달했지만, 일반 학생들이 준비한 케이크들은 허공에 떠돌고 있었다. 한 번도 연예인의 팬이었던 적이 없었던 나는 '이게 뭔가' 하고 어리둥절할 따름이었다. 이후에 대규모 K-POP 콘서트가 열렸고 SM엔터테인먼트의 공연 <SMTOWN LIVE>에 동방신기, 슈퍼주니어, EXO, 레드벨벳 등이 왔지만 K-CON의 열기는 내게는 작은 문화 충격이었다.

어랍여성들에게 K-CON은 단순한 공연 이상의 의미였다. 사회적, 문화적으로 억압됐던 것들의 분출이고 아우성이다. 한류는 자유다. 림의 인생에 SS301은 인생의 등대다. SS301의 일거수일투족에 함께 기뻐하고 함께 슬퍼함을 알 수 있었다. 언젠가는 SS301과 SS301 팬클럽의 라디오 인터뷰가 있었다며 림이 음성 녹음 파일을 보내주었다. 아이돌 가수들이 번갈아 아랍의 팬들에게 인사를 나누었는데, 대화라기보다는 열광의 아우성 소리로 가득했다. 아이돌 그룹의 한 명이 한마디 할라치면 벌써 환호성으로 대답하였다. SS301 팬들의 서비스 사진을 보내기도 했다. 아랍 여성들이 SS301 서울 공연장에 현수막을 두른 아이스크림차를 보낸 인증사진이었다. 오만에서 한국으로 아이스크림차를 수배해서 보냈다는 말에 신세계 이야기를 듣는 기분이었다. 국가를 초월한 팬 사랑이었다. SS501 중 한 명인 가수 김현중의 스캔들이 일어났을 때도 그들은 완벽한 지지를 보내고 있었다. 이들 팬클럽은 강력하다. 이들은 처음에는 단순히 SS501의 노래가 좋고 가수가 좋아 팬이 되었지만, 이제는 가수들을 통해 가수들의 나라까지 사랑하게 되었다. 한결같은 팬심으로 자기가 좋아하는 그룹에 절대적인 응원을 해주는 아랍 여성들의 사랑으로 한국의 대중문화와 K-POP이 성장한다. 한국 노래를 이해하기 위해 한국어를 배우고 한국 문화를 익히고 한국을 공부한다. 그들은 한국 사람들에게 어떤 이미지로 보일지도 고심한다고 한다. 자기들의 이미지나 언행이 '혹시 SS301의 뮤지션에게 폐를 끼치는 것은 아닐까?' 하고 책임감을 느끼기 때문이라는 것이다. 아랍 여성들의 마음을 사로잡은 K-POP이 지속적으로 성장하면서 방탄소년단(BTS)으로 연결되어 이제 세계가 한류의 매력에 빠졌다.

한국 노래가 두바이 분수 쇼의 메인 곡으로 선정된 것은 한국뿐 아니라 세계에서 몰려오는 관광객들에게도 엄청난 사건이었다. EXO의 노래 <파워>가 한국 음악 최초로 선정되었다. 아랍 팬들은 한달 전부터 대규모 이벤트 및 선물을 준비하며 EXO의 방문을 기다렸다. EXO 멤버들이 두바이를 방문한다는 소식이 전해지자 흥분의 도가니였다. 두바이 분수 쇼는 해마다 전 세계에서 수백만 명이 방문하는 두바이의 명소 중 명소이다. 세계에서 가장 높은 빌딩 버즈 칼리파 앞에 있는 인공 호수에서 뿜어내는 물줄기가 노래에 맞추어 춤을 춘다. 세계에서 제일 큰 분수 쇼인 만큼 규모나 수압의 파워가 어마어마하다. 연주되는 장르는 아랍의 전통 음악, 클래식, 오페라 등 다양하다. 모든 배경음악을 장중한 명곡으로 만든다. 보통 저녁 8시부터 30분 간격으로 진행된다. 저녁 6시쯤 되면 분수대가 가까운 카페들은 세계 각지에서 몰려오는 관광객들로 인산인해를 이룬다. 분수 중앙과 가까운 자리는 미리 예약하지 않으면 빈자리를 찾을 수 없다. 30분마다 다른 음악에 맞추어 그 물줄기 모양을 달리한다. 춤추는 분수는 음악의 선율에 맞추어 최고 150m까지 물줄기가 솟구친다. 보고 또 보아도 압도적이다. 그런 아름다운 배경에 한국말이 입혀진 물줄기가 춤을 춘다. 한류가 보여주는 환희의 순간이다. 중동의 한류는 아랍의 젊은 여성들이라는 특정한 그룹을 넘어 이미 하나의 사회 현상임을 EXO의 분수 쇼가 입증하였다.

6

우리들의 퀘렌시아(Querencia),
아쿠와스(AKWS)를 만들다

　아쿠와스(아랍-한국 여성 소사이어티, Arab-Korean Women Society)
는 한국을 사랑하는 아랍 여성들의 비영리 단체이며 아랍 여성들이 한
류를 통해 자신을 알아가는 공간이다. 잠재력과 열정은 있으나 기회
를 갖지 못했던 여성들이 한국을 알게 되고 한국을 공부하였다. 그
과정에서 그들의 역량이 강화되고 자신이 무엇을 잘하고 무엇을 원
하는지 모색하였다. 그런 의미에서 아쿠와스는 자아 회복의 장소인
퀘렌시아였다. '퀘렌시아(Querencia)'는 스페인어로 투우장에서 소
가 결투 전에 잠시 쉬면서 힘을 충전하는 곳이다. 아쿠와스는 새로
운 꿈을 꾸는 이들을 위한 사회적 공간이다. 한국을 사랑하는 모든
아랍 여성이 아쿠와스의 회원이다. 아쿠와스는 여성의 이름으로 서
로를 이어주었다. 아랍 여성들이 내 인생에 들어왔고 내가 그들의
삶으로 들어갔다. 나의 삶은 어지럽고 지루하고 혼돈스러웠지만 아
쿠와스를 통해 활력을 되찾았다. 무엇보다 그들과의 시간이 흥미로
웠다. 문화의 차이는 때로 생각보다 훨씬 더 예민하고 때로 감당하
기 어려울 만큼 섬세하다는 것을 몇 번의 실수를 통해 알았다. 아랍

여성들을 통해 새로운 것을 많이 알았듯이 나 또한 그들에게 새로운 지평을 여는 멘토가 되고 싶었다. 아랍 여성의 멘토가 되려면 아랍의 마음을 읽어야 한다. 그 역할을 감당하기 위해 기도하였다. 같은 세기를 사는 선배 여성의 마음으로 나는 그들에게 도움이 되는 사람, 희망이 되는 사람이고자 했다. 국적과 인종을 떠나 젊고 어린 여성들에게 길을 열어주는 멘토링에 동참한다는 것은 영광이었고, 먼저 살아가는 자의 몫이기도 하다. 그 사명은 결국 나를 도왔다. 사우디 이후에 또다시 길 잃은 나에게 가야 할 방향을 알려주었다. 우리는 다른 문화권에 있었지만 한국 사랑으로 소통하였다. 다르기 때문에 공감이 중요함을 깨우쳤고 경청을 배웠다. 그것은 다른 문화를 받아들이는 것이기도 했다. 아쿠와스는 아랍 여성들에게도 나에게도 퀘렌시아의 장소였다. 나를 나답게 만들어주었다.

아쿠와스를 구상하게 된 계기는 아랍 여성들의 가족사를 조금씩 알게 되면서부터이다. 우연한 기회에 알게 된 파티마의 가정사도 그중의 하나다. 파티마는 내게서 잠시 그림을 배우던 학생 중의 한 명이다. 언제나 시간에 정확한 파티마가 만나기로 한 약속을 갑자기 연기하더니 다음 날에는 아프다고 말하며 한동안 아예 연락이 끊겼다. 얼마 후 만난 파티마는 아버지와 불화가 있는 동생에게 "그러지 말라"라는 소리를 했고, 말하자마자 동생에게 구타를 당했다. 누나는 동생에게 맞고 있었다. 파티마는 내가 외국인이기 때문에 자신의 속 깊은 이야기와 진실된 마음을 털어놓았을 것이다. 뻔히 아는 부족 간에 가족 이야기는 꺼내기 부끄러운 주제이다. 주변의 친구에게도 하소연하지 못하고 혼자서 끙끙 앓아왔을 파티마의 아픔이 보였다. 가부장적 제도의 가정 안에서 고통받는 여성들이 많으리라는 것을 어렵지 않게 짐작할 수 있었다. 나이 어린 동생에게 학대당하고 항의할 기회도 없이 가족 안에서 묵인되고 있었다. 남들에게 터놓지 못하는 파티마의 눈물에 공감하면서 그동안 만났던 많은 아랍 여성들의 속내를 조금은 알 듯한 느낌이었다. 가장 먼저 떠오른 여인은 친구인 압둘라 아내였다. 압둘라는 예전에 남편이 영국에서 같이 공부하던 사우디 친구였다. 압둘라는 영국서 공부를 마치고 사우디에 귀국하여 살고 있었고 남편과 나는 리야드에 있는 압둘라의 집에 초대받아 간 적이 있다. 도착하자마자 나는 여자들 공간으로 남편은 남자들의 공간으로 안내되었다. 남자의 응접실과 여자의 응접실이 달랐다. 식사 시간이 되기 전까지 나는 남편과 다른 공간에 있었다. 남편은 압둘라가 영국에 있을 때 그의 가족들과 절친한 사이였다. 함께 어울리면서 식사도 같이 할 정도로 편한 사이였다고 했다. 하지만 사우디라는 장소에서 그녀는 달랐다. 압둘라의 아내는 아바야와 니깝으로 한 채 목례만 하고는 곧 사라졌다. 영국에서는 함께 어울렸는데 사우디에서는 얼굴은 물론 말조차 건네지 못했다. 그날 압둘라 집의 여자 거실에 머물렀던 짧은 시간 동안 사우디의 아바야 문화에서 결코 자유로울 수 없는 압둘라 아내의 답답한 마음을 읽었다. 보수적인 사회 인습이 평생을 지배하는 굴레를 선명하게 보았다.

아랍에미리트의 여인 파티마의 부은 얼굴에서, 그리고 압둘라 아내의 침묵에서 죽비처럼 내려치던 깨달음이 있었다. 사우디를 떠나 아랍에미리트에 왔을 때 두 나라는 완전히 다른 아랍 국가인 줄 알았다. 하지만 종교가 삶의 일 순위인 아랍 국가들은 동일한 종교와 신념의 기반에 핀 다른 모양의 꽃나무였을 뿐 같은 뿌리였다. 바람의 강도와 풍향에 따라 나뭇가지가 이리저리 흔들렸지만 아랍의 뿌리는 닻처럼 견고하였다. 아랍 여성들이 아바야 뒤편에서 숨죽이고 있는 외로움을 살짝 엿보자니 내가 이국땅에서 느낀 외로움이 겹쳐졌다. 그 점에서 나도 자유로울 수는 없었다. 서양인 남편과 서양 문화권에 살면서 아랍 문화, 영국 문화, 한국 문화를 오가면서 뒤늦게 정체성의 혼란을 겪었다. 그것은 나를 찾는 작업이기도 했지만 달라지는 장소에서 달라지는 역할이 있었을 뿐 경력은 계속해서 단절되고 있었다. 다행히도 아랍에미리트에서 한국어 강사로 일한 것은 비록 계획한 일은 아니지만 나를 기다리고 있었다. 나다움을 찾는 과정이면서 나를 맑게 들여다보는 귀한 기회였고 나를 이전보다 성숙하게 만들었다. 이국 생활에서 오는 외로움에 매몰되고 싶지 않아 일에 몰두하였다. 고난과 마찬가지로 외로움에도 유익이 있다. 이국 생활에서 오는 외로움은 나를 여기까지 밀어주었고 앞으로도 나를 밀고 나가게 할 힘이었다. 그것을 깨우치자 아랍 여성들과 나누고 싶은 것들이 생겼다. 연대해서 함께 헤쳐나갈 것이 있을 것 같았다. 공동의 비전을 만들고 싶었다. 그래서 탄생한 것이 아쿠와스이다. 아쿠와스는 여성들의 역량 강화에 목표를 둔다. 언제나 그렇듯이 변화는 쉽게 오지 않지만 일단 관점의 변화가 시작되었다. 아랍 여성들의 역량 강화에 도움이 되겠다는 신념은 소명으로 이어졌고 소명도 진화함을 알게 되었다.

아랍 여성들과의 교류를 통해 한국어 프로그램을 한 차원 더 성장시키겠다고 다짐하는 동안 남편의 인생 나침반은 아랍을 떠나 영국을 향해 있었다. 아랍을 떠나기로 작정한 남편은 고향인 영국으로 돌아갈 생각뿐이었다. 마침내 정착할 도시를 케임브리지로 정했다. 휴가 중에 영국에 머물면서 남편과 함께 거의 매일 케임브리지 시내의 집을 보러 다니는데, 내 머리에는 알아인의 KLCC 뿐이었다. '어떻게 하면 더 잘 가르치고 그들의 교실밖 생활에도 도움이 될 수 있을까?' 한국을 사랑하는 아랍 여성들을 위한 여성 단체가 있어야 겠다는 마음이 갈급해졌다. 한국 문화를 알리겠다는 사명감으로 벅찼다. 마침내 주말여행으로 간 웨일스에서 아쿠와스의 첫 작업을 진행하였다. 인스타그램과 유튜브 채널을 만들고 아쿠와스 이메일 계좌를 만들었다. 메일로 학생들에게 아쿠와스의 취지를 설명하고 의견을 수렴하였다. 취지는 분명했다. 한국을 사랑하는 아랍 지역의 여성들이 모여서 한국과 아랍 간의 문화를 이해하고 존중하며 그래서 마침내 여성의 이름으로 이 세상을 조금 더 나은 방향으로, 조금 더 행복하게 움직이고 싶은 열정과 꿈을 실현하자는 목표였다. 한동안 연락이 없던 미리암이 적극 돕고 싶다고 연락이 왔다. 미리암과 인터넷상에서 의견을 교환하면서 아쿠와스의 형태가 점점 분명해져 갔다. 아쿠와스라는 이름도 지었다. Arab-Korean Women Society(아랍-한국 여성 소사이어티)의 약자를 딴 AKWS로 이름 지었다. 초기에는 AK Women Society로 불렀다가 곧 아쿠와스(AKWS)로 바꾸어 불렀다. 이름을 결정하니 로고도 필요했다. 로고를 생각하니 제일 먼저 함다가 생각났다. 함다는 그즈음에 첫 아이를 낳고 아이 사진을 보내면서 한국어 수업을 다시 들고 싶다고 말했다. 그녀가 산후조리 중이라 망설여졌다. 고심 끝에 연락하면서도 서두르지 말고 천천히 생각해 달라는 부탁을 곁들었다. 이틀도 지나지도 않아 함다는 바로 로고를 보내왔다. 함다는 늘 그랬다. 한국어 교재 ≪Learn Korean with Wan≫의 표지 커버도 하루 만에 완성해 주었고, 강좌가 끝나자 선물이라며 한국어 강좌 광고물을 만들어 주었다. 아쿠와스의 로고는 여인이 두 손을 한데 모으는 모습이었다. 아랍과 한국 여성의 손으로 함께 행복한 세상을 만들어 가자는 취지에 딱 맞았다. 모든 것이 순풍에 돛단 듯이 순조롭게 진행되었다. 알아인의 KLCC 한국어 프로그램은 한국인이 만든 것이 아니다. 기획부터 실행까지 모두 외국인들에 의해 생긴 프로그램이다. 나는 준비된 잔치에 초대되었고 다만 필요한 한 부분이었을 뿐이다. 그래서 중동 한류의 발전이 더욱 자랑스럽다. 나는 아라비아 반도에 있는 아랍에미리트라는 나라의 작은 마을 알아인에서 아바야를 입고 다니는 아랍 여성들이 한국어와 한국 문화에 열광하고 한국을 공부한다는 사실을 한국에 있는 사람들에게 알리고 싶었다. 그래서 생각해낸 수단이 강연이다.

한국의 대학과 기관에 무작정 제안서를 보냈다. 가난한 네트워크였는데 여러사람들의 도움으로 여성가족부 소속의 양성평등 교육진흥원과 인연이 닿았다. 양성평등 아카데미 프로그램 시리즈의 첫날 강연으로 가능하다는 연락을 받았다. 그때부터 몸은 영국에, 마음은 알아인에 있었다. 한국과 아랍 양쪽에 도움이 되는 강연을 하고 싶었기 때문에 아랍 학생들의 목소리를 전달하기 위한 간단한 설문조사를 시작했다. 학생들에게 다섯 가지의 질문을 던졌다. 첫째, "한국 여성이 아랍 여성들에 대해 무엇을 알기를 원하는가?" 둘째,

"아랍 여성과 한국 여성의 공통점이 있는가?" 셋째, "아랍 여성과 한국 여성의 차이점이 있다면 무엇인가?" 넷째, "본인세대가 어머니나 할머니 세대와 다른 점이 있다면 어떤 것을 들 수 있는가?" 다섯째, "어떤 꿈이 있는가?"질문은 지극히 단순하였지만 이후에 있었던 26명의 아랍 여성들을 대상으로 한 인터뷰의 기초 배경이 되었다. 아랍의 딸이 들려주는 엄마들의 이야기였기 때문이다. 학생들의 답장이 오는 대로 내용을 정리했다. 다 이해하고 있다고 생각하고 물었는데 그들의 답은 다소 의외였다. 우선 "한국 사람들은 우리가 사막에 사는 줄 안다. 아랍에 대해 전혀 모르고 있다"라는 반응이었다. 아랍 여성들은 한국 문화를 이해하기를 원하고 친구가 되길 원한다. 하지만 아랍은 한국에 많이 노출되어 있지 않은 데다가, 이슬람권에 대한 기존의 선입견이 너무나 강력하여 심리적으로 먼 거리에 있는 것이 사실이다. 아랍에 한국 커뮤니티가 거의 없고 실제로 아랍에서 살아본 한국사람이 드물다. 소통의 네트워크가 없었다. 한편 아랍과 한국 여성의 차이에 대해서는 사랑과 연애에 대한 언급이 많았다. 아랍 여성은 한국 여성처럼 결혼 전에 남자 친구를 가질 수 없고 여자 혼자 여행하거나 외출할 수 없는 아쉬움을 토로했다. 패션에 대한 언급도 많았다. 몇몇 학생의 답변은 당황스러웠다. 한국 사람들은 전통적인 생활을 고수하여 옷을 입을 때 노출을 많이 하지 않는다는 것이었다. 기준을 어디에 두는가에 따라 달라지겠지만 한국의 젊은이들이 몰려다니는 여름 번화가를 본 적이 있다면 이런 말을 하기 힘들 것이다. 이들이 한국의 역사 드라마를 보고 지금의 한국 현실인 것으로 착각했을 수 있다는 느낌이 들었다. 아니면 서양식 의복과 비교했을 때 한국 사람들은 노출을 많이 하지 않는다고 이해할 수도 있겠다고 짐작하였다. 나는 특별히 네 번째 질문에 대한 아랍 여성들의 반응에 끌렸다. "본인세대가 어머니나 할머니 세대와 다른 점이 있다면 어떤 것을 들 수 있는가?"에 대한 반응이었다. "엄마나 할머니 세대에는 학교가 없다. 그때는 석유가 발견되기 전이다. 우리는 전통적인 가치와 가정에서 양육되었지만 인터넷 세대이다. 엄마 세대와 완전히 다르다. 우리는 직장을 갖고 독립적인 삶을 살고 싶고 나아가 우리의 조국과 민족을 위해 일하고 싶다"라고 하였다.

휴가를 마치고 아랍에미리트에 돌아온 나는 한국 강연에 쓸 파워포인트 슬라이드를 본격적으로 준비하였다. 2주일의 시간이 짧게 느껴졌다. 두바이 공항으로 출발하기 직전까지 리허설을 하였다. 영국에 있을 때 스페인도 다녀온 터라 한 달여 사이에 네 나라를 오가며 생기는 시차도 생각이 안 날 만큼 바쁜 일정이었다. 양성평등 교육진흥원에서의 강의 제목은 <한류를 통해 본 아랍의 젊은 아랍 여성들의 삶>(The Future of K-Wave in Arab)으로 정했다. 한류가 젊은 세대와 기성세대를 이어주었고 한류를 만나면서 여성들의 삶의 인식도 달라졌음을 주제로 삼았다. 강연은 세 부분으로 나누어 "나의 첫 아랍"이라는 소제목으로 1부를 시작했다. 사우디에서 내가 가장 그리워한 세 가지 이미지를 창문, 거리의 사람들과 다양한 색깔 세 가지로 요약했다. 두 번째 부분은 사우디에서 살면서 겪은 세 가지 고충에 대해 이야기했다. 외국인이어서, 여자여서, 그리고 나머지 하나는 아시아 여자였기 때문에 겪었던 어려운 순간으로 나누었다. 세 번째 부분은 예스/노 퀴즈로 사우디와 아랍에미리트를 비교하였고 퀴즈 질문은 일곱 가지로 만들었다. 아바야, 패밀리 섹션의 존재, 여자의 운전, 남자 후견인 제도, 무타와(Muttwa)로 불리는 종교 경찰, 정혼 제도, 그리고 남녀 간의 직업의 동등한 기회에 대한 설문이었다. 한국에서 처음으로 하는 대중강의였지만 다행히도 하고 싶은 말은 빠짐없이 할 수 있었다. 그만큼 말하고 싶었던 절절함이 있었다. 양평원에서 강의하고 나니 자신감이 생겼다. 부산외국어대 지중해지역원에도 강의를 제안했다. 지중해지역원의 강의는 아랍어학과 학생들 대상이었다. 아랍어를 공부하는 학과임에도 아랍 여성들의 의상인 아바야를 본 적이 없는 학생들이 대부분이어서 놀랐다. 일반인들의 아랍에 대한 이해가 어느 단계인지 짐작이 되었다. 그만큼 현실적으로 아랍은 우리에게 알려지지 않은 문화권이었다. 강의 도중에 마이크 상태를 점검하느라 잠깐 빈 시간이 생겼을 때 갖고 간 아바야를 시연하면서 설명할 수 있어 흐뭇했다. 세 번째 강의는 한국학 중앙연구원에서 있었다. 강의라기보다는 영어 프레젠테이션의 기법을 보여주는 것이 포함되어서 짧게 끝냈다. 한국에서의 강연을 통해 나의 역량도 강화되었다. 감사하다.

한국에서의 강연을 마치고 아랍에미리트로 돌아오자 아쿠와스의 할 일과 비전이 분명해졌다. 가장 시급하게 구축할 것은 네트워킹이었다. 아랍 여성들은 서로 연결되어 있지 않았다. 자신이 속한 부족 안에서 친구도 우정도 결혼도 가능했기 때문에 외부인과 연관되는 기회가 거의 없었다. 한국어 수업만 하더라도 외부 사람을 만날 절호의 기회인데 네트워킹에 대한 이해가 없었다. 자신의 목소리가 없었고 엄마의 목소리, 부족의 목소리만이 공허하게 떠돌았다. 여성의 힘은 연대에서 나오고 연대의 핵심 동력은 '관계성'이라고 생각한다. 한국 문화 홍보라는 공동의 목표가 있기에 우리들의 관계는 더욱 동력을 얻었다. 연대의 힘을 실감했다.

당시 개강했던 수업의 수강생을 중심으로 아쿠와스 위원회를 만들었다. 헤싸, 루비, 마흐바, 마흐라, 노라 M, 림, 노라, 아말, 알야지야, 막내 샤마이다. 이 중에 샤마만 고등학생이었고 나머지는 모두 일반 성인 여성들이다. 대학 행정실, 약학 및 식품 연구소, 대학 강사, 의사가 그들의 직업이다. 수강생 중에 진짜 막내는 미이라인데 야무지고 총명한 중학생이었다. 학교 마치는 시간 등에 제약이 있어서 커미티 위원회에서는 뺐지만 초기에는 잠시 함께 활동했다. 10명의 커미티 회원들은 새로운 모임의 이벤트를 위해 많은 아이디어를 공유했다. 브레인 스토밍의 과정을 통해 서로에 대해 많이 알게 되었다. 아쿠와스는 각자의 재능과 가능성을 개발하기 위해 서로의 꿈과 비전을 공유했다. 시작은 미미했지만 변화에 대한 그녀들의 갈망과 열정을 감지하기에 충분하였다. 아쿠와스의 비전은 사실 모두가 원했던 것이었다. 그들에게는 다만 기회가 없었을 뿐이었다. 림은 모일 때마다 오만의 집에서 끓여 국경을 넘어온 카약차를 들고 왔고 루비는 어머니가 만들어주신 장미잎으로 만든 특별한 아랍식 주스를 들고 왔다. 아쿠와스 모임은 학생들뿐만 아니라 다소 무료한 일상을 보내는 가족들에게도 이벤트였다. 회원들의 아쿠와스 활동은 가족과 부족에게도 활력소가 되었고 '한국'은 그들 일상의 주요한 주제로 등장하였다.

한류가 가져온 삶의 변화를 보기 시작했다. 서로 다른 신앙과 문화의 골짜기에 갇혔던 적도 있고 때론 해독이 불가한 점자책을 읽는 느낌이었던 적도 많았다. 인샬라(신의 뜻대로)와 부크라(내일)에 의지하여 일을 진행할 때는 더욱 그랬다. 그 과정에서 옳고 그름이 중요한 게 아니라 이해가 먼저임을 알게 된 것은 커다란 깨우침이다. 이해하고 공감하면 모든 문제가 풀렸다. 한류의 더듬이로 그들의 잠재력을 찾을 수 있었고 그들이 뜨개질해 가는 삶의 독특한 문양을 엿볼 수 있었다. 언젠가 한국 문화원의 행사에 가는 날 림이 말했다. "아쿠와스는 제3의 공간이에요." 무슨 말인지 물었다. 집과 학교 혹은 집과 직장만이 유일한 삶에 또 하나의 장소가 생겼다는 것이다. 림의 그 표현이 좋아서 마음에 새기고 있었는데, 림이 엄청나게 통찰력 있는 단어를 썼다는 것을 나중에 알았다. 미국의 사회학자인 레이 올든버그가 림이 말한 "제3의 장소"라는 용어를 사용하고 있었다. 사람들에게는 자연스럽게 정기적으로 만나서 즐겁게 시간을 보낼 수 있는 지역 커뮤니티 공간이 필요하다는 것이다. 그런 의미에서 아쿠와스도 단순히 한국어를 배우고 한국 문화를 알기 위해서 가는 곳일 뿐만 아니라 문화적 관계를 맺는 기능을 하는 곳이다. 한국이라는 공동의 주제를 가진 커뮤니티 공간이었다. 회원 간의 신뢰와 공감으로 함께 아이디어를 내고 브레인 스토밍을 거치면서 의견을 조율하고, 작지만 구체적인 성과를 내었다. 아쿠와스는 한류를 통해 자신의 정체성을 찾고 자신의 역량을 발견하는 곳이었고 지속적으로 자기 점검을 하는 공간이 되었다. 아쿠와스는 우리들의 퀘렌시아이고 제3의 공간이다. 언제나 한국을 사랑하는 아랍 여성들의 쉼터이다. 그래서 아쿠와스의 역사는 언제나 현재 진행형이다.

7

씨앗이 싹을 틔우고 꽃을 피우다

아이샤에게서 전화가 왔다. 2016년 '코리아 페스티벌' 소식이었다. 한국 대사관으로부터 메일이 왔는데 '코리아 페스티벌'을 알아인의 CEC(Continuing Education Center) 건물에서 여는 것이 가능하냐고 물어왔다고 했다. '코리아 페스티벌'은 해외의 한국 관련 행사 중에서 가장 큰 규모로 각 나라마다 일 년에 한 번 열린다. 한국 대사관이 주최하는 최고의 행사를 아부다비와 알아인에서 공동으로 여는 것을 고려하고 있다는 소식이었다. '코리아 페스티벌' 행사를 알아인에서 열겠다는 결정도 놀라운데, 개최 장소로 CEC 평생교육원을 고려하고 있다는 사실은 이미 결정된 사항도 아닌 데도 불구하고 가슴이 설레었다. 알아인에서 2013년부터 해온 한국어 프로그램이 마침내 한국 대사관으로부터 인정받은 듯한 느낌이 들어 괜히 혼자 뿌듯해졌다. 그동안 두바이나 아부다비 지역에 비해 알아인 교민들은 한국 행사나 한국 소식에서 소외되고 있었기에 너무나 반가운 소식이었다.

'코리아 페스티벌'을 수용할 능력이 있는지를 보기 위해 아부다비 한국 문화원의 관계자, CEC의 매니저인 샤미, 코디네이터인 아이샤와 함께 평생교육원 시설을 돌아보았다. 교육원의 시설은 UAE 대학이 새 캠퍼스로 옮기기 전에 사용했던 옛날 캠퍼스로 한동안 사람의 발길이 없던 건물이다. 낡은 건물이라 대규모 행사를 하기에는 역부족인 듯해 가슴이 조마조마했다. 문화원의 관계자는 공연을 수용할 만한 홀의 크기와 공연을 위한 앰프 시설을 주의깊게 살펴 보았다. 다행히 공연장 시설 및 안전장치가 행사를 수용하는 데 문제가 없다며 허락이 떨어졌다. '코리아 페스티벌'의 공연을 보기 위해 아부다비와 두바이에서 알아인으로 오는 사람들도 생길 예정이라 했다. 알아인의 한국어 프로그램 또한 아랍에미리트 전역에 소개될 것이라 생각하니 가슴이 뛰었다. 한류의 힘으로 현지에서 자생적으로 생긴 프로그램이라는 긍지가 있었기 때문이다. '한국어와 한국문화 센터'라는 이름으로 아랍에미리트에서 제일 큰 한국 행사를 유치한다는 사실로도 이미 설레어서 혹시 방해 요소가 생기지는 않을지 행사 전날까지 마음이 조마조마하였다.

'코리아 페스티벌' 동안 아쿠와스에게도 홍보 부스가 주어졌다. 아쿠와스의 잠재력을 시험해볼 좋은 기회이면서 현지인들에게 한국 문화를 알리고 아랍 여성들이 한류에 동참하도록 격려할 절호의 기회였다. 매일매일이 신나는 도전이었다. 학생들은 행사에 참여할 대학 관계자들과 귀빈들에게 드릴 선물로서 한국어로 편지를 쓰기 시작했다. 회원들은 자신의 재능 속에서 미처 몰랐던 자신의 새로운 모습을 보았다. 자기가 좋아하는 것이 무엇인지, 자기가 잘하는 것이 무엇인지, 자기다움이 어떤 것인지 파악했다는 점에서 그들은 모두 성공한 여성들이었다. 캘리그라피는 노라와 혜싸, 귀빈 접대는 샤마와 림, 소망 나무는 루비와 아말, 접대용 음식 준비는 샤마, 아랍 음식 소개는 마흐라와 노라 M, 아쿠와스 광고를 붙인 초콜릿은 아말이 각각 준비했다. 루비는 기존의 한국 책들을 한자리에 모으는 도서관 프로젝트를 준비하고 림은 그녀의 인생 열정인 SS301 간판을 꾸미기로 하였다. 아쿠와스 광고판은 마흐라와 노라가 담당하였고 루비와 마흐바는 아랍에미리트에 대한 질문을 내는 퀴즈 게임을 기획하였다. 이와 더불어 1인 1재능 기부 프로젝트도 기획하였다. 무리하거나 부담을 주지 않으면서 각자가 가진 재능을 최대한 끌어내고 싶었다. 노라는 캘리그라피를, 마흐라는 종이접기 공예를, 알야지야는 한국 속담을 이용한 북 마커를, 노라 M은 한국 전통매듭 공예 프로젝트를 담당하였다. 특히 알야지야의 북 마커는 기발한 아이디어였다. 한 면에는 한국 속담이고 다른 한 면에는 아랍어 번역이 적혀 있었다. 북 마커하나로 한글 공부가 되는데다가 멋진 포토샵으로 디자인이 되어서 상품성까지 갖추고 있었다. 대학 관계자와 한국 대사관 측 귀빈들에게 드릴 선물이 아쿠와스 기념품으로 가득 채워졌다. 아쿠와스 기념품 패키지에는 노라 M이 만든 한국 전통매듭 공예, 마흐라가 종이접기한 한복, 그리고 창의적인 알야지야가 기획하고 만든 한국말 속담 북 마커가 들어있었다. 그들의 자랑인 대추가 들어갔음은 물론이다. 손재주가 뛰어난 혜싸는 귀빈들 선물을 포장하였다. 모두가 만족한 준비가 진행되었다.

마침내 기다리고 기다리던 '코리아 페스티벌'의 날이 왔다. 한 달을 꼬박 준비했던 행사장으로 아침 일찍 갔다. 루비와 림은 나보다 더 빨리 도착하여 부스의 테이블을 정리하고 있었다. 오만에서 이른 아침에 온 듯한 림은 누가 옆에서 지켜보는 줄도 모르고 온전히 몰두하며 SS301 보드판을 뚫어지게 바라보았다. 곧이어 보드판과 씨름하듯이 가수들의 활동 사진을 붙이고 사진 설명을 쓰고 있었다. SS301에 대한 아랍 여성들의 반응은 아랍여성들의 열정, 그 자체였다. 그들의 K-POP에 대한 사랑과 정성이 한류의 동력이다. 림은 팬심 가득한 눈빛으로 가수들의 사진을 들고 SS301 광고판에 요리대고 저리대며 'SS301 특별 코너'를 준비하고 있었다. 행사 시작은 오후인데 점심시간이 되기 전부터 행사장은 붐비기 시작했다. 아바야를 입은 현지 여학생들이 한국 음식과 문화를 홍보하는 모습이 신기한지 많은 인파가 아쿠와스 부스에 몰렸다. UAE 대학에서 온 남학생들도 어디서 나타났는지 기웃거리기 시작했다. 아부다비의 한국 문화원에서 준비한 한복 체험과 붓글씨 체험 코너도 활기를 띠고 성황리에 진행되었다. 민속놀이와 같은 다양한 프로그램이 진행되는 행사장은 발 디딜 틈 없이 북적였다. 많은 한국인이 한복으로 단장하고 있었다. 건물 바깥의 한식 체험은 비디오를 찍어 보관하려는 아랍 여성들로 여기저기서 플래시가 터졌다. 나는 건물 안과 밖을 둘러보면서 '코리아 페스티벌'의 성공을 즐겼다.

아쿠와스 회원들은 다른 아랍 여학생들에게 보여주기 위해 준비한 물건들을 선보이느라 바빴다. 노라와 림은 캘리그라피를 위한 준비를 해왔다. 열정꾼인 림은 일본 여행에서 사 온 붓과 색깔 잉

크를 들고 기분이 한층 들떴다. 재주꾼인 노라는 참가하는 여성들의 이름을 한글로 적어 그 옆에 분홍색 꽃잎을 그려 주었다. 미소가 아름다운 마흐라는 한복과 함께 아랍에미리트의 남녀 의상을 고이 종이접기해 왔다. 수업 시간 중에 여자 한복 종이접기 하나를 알려 주었는데, 그녀는 이미 아랍에미리트 문화에 접목해서 색다른 분야를 개척하고 있었다. 진지하고 열성적인 알야지야는 북 마커의 내용을 업데이트해서 종류를 다양하게 만들어왔다. 사랑이라는 한국 이름으로 불리기 좋아하는 마흐바는 '코리아 페스티벌'을 준비하는 우리들의 모습을 비디오로 촬영하였다. 총명하고 호기심이 많은 샤마는 한국식 호떡을 직접 만들어왔다. 제대로 된 호떡이라는 말에 기쁜 샤마는 주위 사람들에게 호떡 한 조각씩을 나누면서 사람들의 반응을 보느라 신이 났다. 한국 문화원의 원장님이 나타나자 샤마는 자신의 유튜브 채널을 소개하며 한국 호떡 만들기 영상이 올려져 있음을 자랑하였다. 우아한 아말은 언제나 그렇듯이 기품있는 모습으로 녹차를 대접하고 있었다. 아쿠와스 회원뿐 아니라 회원들의 가족까지 총출동하였다. 손재주가 뛰어난 사랑스러운 노라 M은 매듭을 알려주고 한복을 입고 나타난 그녀의 애교 만점 동생은 "아쿠와스"라고 적힌 광고판을 들고 다니면서 행사장의 분위기를 크게 돋우었다. 친절하고 아름다운 홍보 레이디인 루비는 사람들에게 아쿠와스 테이블 하나하나를 설명하면서 부스 투어를 시키고 있었다. 아쿠와스 회원뿐 아니라 참여자 모두가 지역사회에서 문화적 혜택을 누리는 드문 기회의 순간을 하나하나 소중하게 즐기고 있었다.

마침내 공연이 시작되었다. 언제나 자신감 넘치는 샤마가 유창한 한국말로 사회를 보면서 멋지게 쇼를 진행하였다. CEC 외국어 프로그램의 코디네이터인 아이샤가 귀빈석에 아쿠와스 대표 자리를 마련해 주었다. 미처 생각하지 못한 배려였다. UAE 대학의 학장과 다른 두 관계자 그리고 UAE 한국 대사이신 박강호 대사님 부부가 앉은 귀빈석에 내 자리가 준비되어 있다는 사실만으로 감격이 되었다. 박 대사님 부부는 아쿠와스의 초기단계부터 아랍 여성들의 꿈과 비전에 관심을 가져주시고 아쿠와스의 활동을 격려해주셨다. 알아인에서 혼자 북 치고 장구 치며 맨땅에 헤딩하는 느낌이었는데 두 분의 격려가 큰 힘이 되었다. 언젠가 두 분이 알아인에 오셨을 때 따뜻한 한식을 사주셨다. 그때 먹은 따뜻한 국물과 함께 받은 정이 오래 기억에 남는다. 아쿠와스 대표자격으로 귀빈속에 앉아 눈으로는 공연을 보았지만 마음으로는 한국어와 한국문화를 더욱 열심히 연구하고 잘 가르쳐서 알아인 뿐만 아니라 아랍에미리트 전역의 한국어 교육을 활성화하겠다고 다짐하였다.

알아인의 행사에는 세움(SE:UM), 고블린 파티(Goblin Party), 익스프레션스 크루(Expression's crew) 공연이 있었다. 무엇보다도 화려하고 인상적인 무대는 한국 현대 무용 최초로 아랍에미리트 공연을 한 것으로 알려진 고블린 파티 무용단의 작품이었다. 한국 문화 예술위원회의 창작 프로그램인 <옛날 옛적에> 공연은 놀라운 경험이었다. 내뱉는 말이 없어도 인간이 가질 수 있는 모든 감정을 소리 없이 표정으로만 보여준 작품이었다. 한복, 갓과 같은 우리나라의 전통 의복을 착용했지만 한국인에게도 생소할 수 있는 한국의 현대 무용 공연임에도 불구하고, 관객의 호응과 집중이 높았다. 공연이 끝난 후 림이 울었다면서 손가락의 움직임, 입 모양새, 발가락 끝의 힘주는 근육까지도 느껴지는 감동이었다고 말했다. 신체의 섬세한 언어만으로도 문화 소통이 이루어진다는 사실이 흥미로웠다.

가장 뜨거운 반응을 불러일으킨 공연은 비보이(B-boy)팀 익스프레션 크루의 <마리오네트>였다. 한국에서 온 유명 댄서 팝핀 현준이 등장하자 학생들의 환호가 시작되고 미소년들의 다채로운 비보이 뮤지컬 공연에 행사장은 뜨겁게 달아올랐다. 새로움과 정교함이 뒤섞인 공연의 재미에 학생들이 감동에 찬 환성을 내지를 때마다 귀빈석에 앉았던 학장님은 더욱 몸을 앞으로 움직이며 공연에 집중하는 자세를 취했다. 가끔은 내 쪽으로 몸을 기울여 "미국에서도 저런 거 봤는데… 문화는 다 돌고 도는 거야" 하시면서 열심히 박수를 치곤 하였다. 나 역시 처음 접했던 비보이 공연이지만 세계적인 공연임을 알 수 있었다. 열광적인 성원으로 진행된 공연이 끝나자 학생들은 공연했던 미소년 배우들과 사진을 찍고 싶어서 무대 주변을 맴돌았다. 배우들도 사진을 함께 찍기 위해 서성이는 듯 서 있었지만 관객들 중 그 어느 누구도 배우들과 사진을 찍지는 않았다. 다만 나를 향해 외치는 소리만 가득했다. "선생님~" 나보고 대신 모델로 서라는 것이다. 아무리 공연장의 배우라 할지라도 낯선 남자와 사진을 찍지 않는 문화임을 알기에 학생들을 대신해서 배우들 옆에 서서 그녀들을 위한 사진 모델이 되어주었다.

'코리아 페스티벌' 행사장에서 가장 감동적인 순간은 노라 M이 한국 전통매듭을 시범으로 보여주던 모습이다. 눈썰미가 뛰어난 재주꾼인 노라 M은 동심원 매듭을 금방 습득하여 변형된 모양을 생각해낼 정도였다. 아바야를 입고 히잡을 쓴 아랍 여성이 한국인 모녀에게 동심원 매듭을 알려주고 있었다. 내겐 그 장면이 정지 화면처럼 인상적이었다. 오만의 부레이미(Buraimi) 지역에서 온 한국인 가족은 정말 진지하게 매듭을 배웠고 노라 M은 능숙한 손놀림으로 인내심 있게 매듭을 알려주고 있었다. 그 모습을 바라볼 때의 감흥이란 이루 말할 수 없었다. 노라 M이 너무도 자랑스러웠다. 한국에서 배워온 전통매듭을 아랍 학생이 배우고 그것이 아랍 여성들을 통해 다시 아랍에 사는 한국인에게 전파된다는 선순환이 좋았다. 사실 한국인 중에서도 우리 고유의 전통매듭을 맬 줄 아는 사람은 드물다. 서양의 새로운 공예는 나라를 가리지 않고 들어와 희소성이 높고 마니아를 모으지만, 한국 전통 공예는 점점 일반인들의 취미생활과 멀어지고 있음은 누구나 경험했을 것이다. 한국에서는 매듭 중에서도 가장 쉬운 매듭이 동심원 매듭이지만 아랍에미리트에서는 난이도에 상관없이 매듭 그 자체가 아름다운 한국의 전통문화였다. 매년 한국에 여행 갈 때마다 하나씩 배워 온 전통매듭 기법이 아랍에미리트에 와서 대접받는 느낌이었다 아랍 학생들에게는 자신들이 한국 매듭을 할 줄 안다는 것이 자랑이고 긍지였다. 동심원 매듭은 매듭에 담긴 의미도 좋고 방법도 단순하다. 두 마음을 하나로 묶어준다는 의미라서 우리나라 전통 혼례 때 신랑 신부의 집에 보내는 예물이나 사주단자를 쌀 때도 동심원 매듭을 사용했다. 아랍 여성들이 공공장소에서 현지 사람들에게 한국 문화를 알리는 데서 나아가 한국 사람들도 익숙하지 않은 한국의 전통매듭을 가르친다는 사실은 무척 의미가 있고 특별했다. 동심원 매듭의 의미를 통해 한국의 문화와 아랍의 문화를 한데 묶는 의미가 섬세하게 전달되었다. 이후에 KLCC 수업 시간에 따로 매듭 워크숍을 열어 전통매듭 공예 기술을 공유하게 했다.

'코리아 페스티벌'에서 두 번째로 감동적인 순간은 소망 나무, 위시 트리(Wish Tree) 프로젝트였다. 전통문화 수업 시간에 솟대 이야기를 했는데 뜻밖에도 학생들이 솟대의 의미를 무척 좋아하였다. 땅의 소망을 하늘로 전해주는 스토리에 감동한 듯했다. 누구라도 마음속 소망이 있고 그 소망을 이루길 바라는 것이 인간의 고유한 정서임을 확인할 수 있었다. 학생들은 소망을 날아 올릴 메신저인 오리를 직접 만들고 싶어 했다. 하지만 건조하고 메마른 사막에서 가늘고 긴 나뭇가지를 구하기는 불가능하다. 그래서 생각해낸 것이 솟대의 정신을 살린 소망 나무다. 루비는 알아인몰에 있는 인테리어 가게에서 작은 플라스틱 나무를 구해오고 아말은 밤새워 만든 하트와 꽃 모양의 메모지를 가져왔다. 아바야 여학생들이 줄을 지어서 소망을 쓰기 시작하였다. 소망 나무 프로젝트의 결과는 기대 이상이었다. 플라스틱 소망 나무는 순식간에 메시지 종이로 가득 차서 나뭇가지에 매달 공간이 부족할 정도였다. 그들의 뒷모습을 바라보면서 아랍 여성들의 꿈은 무엇일지 무척 궁금하였다. 행사가 빨리 끝나서 차근차근 그들의 소망이 어떤 내용인지 읽어볼 생각에 마음이 절로 설레었다. 속마음을 잘 털어놓지 않는 아랍 여성들이 익명으로 쓴 소망은 무엇일까? 아랍의 젊은 청춘은 무슨 고민을 할까?

아랍에미리트에서 제일 큰 한국 행사인 '코리아 페스티벌'은 아쿠와스의 첫 공식 활동 무대가 되었고 '코리아 페스티벌'에서 보여준 아쿠와스의 활동은 찬란했다. 사실 '코리아 페스티벌'에 대한 기대가 컸던 만큼 진행 상황에서 느낀 불안함도 많았다. 절대 오지 않을 것 같던 날이 대성공으로 마무리된 것은 아쿠와스 회원들 덕분이다. 10명의 커미티 회원들의 재능과 역량으로 아쿠와스는 아랍 여성들의 한류 사랑을 현지인들에게 홍보하는 역할을 멋지게 해낸 것이다. 평생 기억할 아름다운 하루가 되길 기도하고 또 기도했는데 이루어진 듯 모두가 행복해했다. 아쿠와스의 커미티 회원인 아말, 루비, 림, 알야지야, 마흐라, 마흐바, 노라, 노라 M, 헤싸, 샤마는 UAE 대학으로부터 공로상을 받았고, 나는 한국 대사관으로부터 감사장을 받았다. 대사관의 상장은 상투적인 의례 형식일지도 모르지만 내게는 의미가 컸다. 앞으로 대사관과 협력하여 아랍에미리트에서 한류의 저변 확대와 성장에 기여할 수 있는 책임감 있는 아쿠와스가 되어야겠다는 생각을 깊게 해주었다. 또한 이것은 겨우 시작임을 알기에 더 많은 여성이 아쿠와스에 합류하여 모두 함께 발전하며 나아가기를 희망했다. 그 여정에서 아랍 여성 한사람 한사람의 잠재력이 한껏 발휘하도록 도울 수 있는 역량과 지혜를 가질 수 있길 기도했다.

행사를 끝내고 나만의 조용한 시간이 되자 나는 제일 먼저 소망나무 앞에 앉았다. 플라스틱 나뭇가지에 실로 묶였던 종이를 하나씩 풀면서 그들의 꿈 하나하나가 이루어지길 기도하였다. 간혹 손글씨가 흔들려 읽기 어려울 때도 있었지만, 하나하나가 귀한 메시지였다. 나의 관심을 끈 소망 리스트가 2개 있었다. 하나는 "내가 원하는 방식으로 나의 삶을 살고 싶다"라는 소망이었고, 다른 하나는 "양성평등이 이루어지는 세상에서 살고 싶다"라는 소망이었다. 어느 나라 행사에서든 나올 수 있는 일반적인 소망일 수 있지만 양성평등이라는 말은 생각지 못했던 단어였다. 아랍에서 여성들과 오랫동안 소통하며 그들의 속사정을 조금은 알기에 그 말이 예사롭게 들리지 않았다. 세상을 향한 그녀들의 외침이었다. 소망 나무에 매달린 종이는 아랍어로 쓰인 것도 있고 영어도 있었다. 영어 소망종이는 내가 담당하고 아랍어로 쓴 소망 쪽지는 한 학생에게 번역을 맡겼는데 아쉽게도 분실되었다. 방에 두었는데 메이드가 치웠는지 안 보인다고 했다. 참으로 단순한 이유로 그 아까운 자료를 찾지 못해 아쉽기만 하다. 있었더라면 좀 더 방대한 자료집이 될 수 있었겠지만 언제나 완벽을 바랄 수는 없다. 영어와 한글 쪽지라도 남아있으니 감사하게 생각할 뿐이다. 68개의 소망 쪽지를 주제별로 네 가지로 대별하였다. 세계 평화, 일상적인 바람, 한국 문화와 한국 사랑, 양성평등이 그것이다(*부록: 소망 나무 목록 참조*). 소망 목록을 읽고 나니 아랍 여성들이 평소에 어떤 생각을 하는지, 한류가 일상생활에 어느 정도 스며들어 있는지도 파악되어서 그들이 더욱 친근하게 느껴졌다. 아랍 학생들도 자기의 마음속 이야기를 드러내놓을 수 있다는 이유로 소망 나무 프로젝트를 좋아했다. 그날 이후 소망 나무는 아쿠와스의 행사 마스코트가 되었다.

'코리아 페스티벌' 이후 아쿠와스 회원들은 자신의 역량을 키우는 데 시간을 할애하여 여러 가지 새로운 일에 도전했다. '코리아 페스티벌'은 내 인생에서도 큰 전환점이 되었다. 한류의 햇살아래 모래 언덕에 심은 씨앗에서 싹이 트고 꽃이 피는 과정을 목격하였다. 우리는 모두 새로운 목표를 가지게 되었다. 샤마가 한국어 말하기 대회에 나가겠다고 했다. 한국어를 꽤 잘하던 마흐바도 용기를 내어 마지막 날에 등록했다. 눈이 아름다운 마흐바는 스피치 콘테스트에 나가는 일이 두려운 게 아니라 남 앞에 서는 것을 자신 없어 했다. 한국말을 유창하게 하지만 얼굴을 가리지 않고 사람 앞에 서는 것을 두려워했다. 아마 갓 결혼해서 얼굴 드러내는 일을 더 두려워했던 것 같다. 그런 마흐바가 마침내 샤마 그리고 노라와 함께 한국어 말하기 대회에 출전하였다. 아쿠와스 회원들은 CEC에서 제공하는 봉고차를 타고 아부다비 국립 극장으로 가서 응원하였다. 학생들은 카약 차를 준비하고 간식을 준비해왔다. 알아인에서 차로 1시간 30여 분 걸리는 거리인데 그들에게는 먼 여행이었다. 행사장인 국립 극장에 도착하니 한국 음식 축제와 한국 홍보 부스가 있다. 말하기 대회는 2층에서 있었는데 우리는 늦게 도착했다. 빼곡히 들어찬 강의실에는 이미 '말하기 대회'가 진행 중이었다. 아쿠와스 회원들이 출전자의 이름을 크게 쓴 응원판을 들고 행사장에 들어서자 참가한 샤마, 마흐바와 노라가 미소를 띠었다. 모두 긴장한 모습이었다. 샤마는 한국어를 배우는 과정을 여행으로 비유했다. 커다란 여행가방을 직접 들고 와서 연극하듯이 독백하는 형식을 취했다. 마흐바는 한국말을 음악이 있는 멜로디에 비유하면서 한국말이 얼마나 아름다운 언어인지를 설명하고 있었다. 노라는 서울대병원에서의 연수 과정에서 알게 된 한국의 선진 의료 기술과 환자를 대하는 의료진의 친절에 감동한 경험을 발표하였다. 비록 세 사람 모두 입선은 못했지만, 그들이 말하고자 하는 내용은 한국인으로서 뿌듯한 자부심을 느끼게 해주었다. 그들이 한없이 자랑스러웠다. 아부다비에서 열리는 큰 행사에 참여할 수 있었다는 것만으로도 우리에겐 이미 성취였다. 이제 아쿠와스가 할 일은 회원들을 믿어주고 그들이 놀 수 있도록 배경이 되고 판을 깔아주는 일이었다. 내가 받은 혜택을 그들에게 전달하는 일이 남았다. 그것은 아쿠와스를 통해 한 명 한 명이 지역의 여성 지도자로 거듭나도록 응원하는 일이었다.

일간지인 ≪내셔널(National)≫ 신문에 아랍-한국 여성 소사이어티라는 설명과 함께 아쿠와스 회원들이 응원하는 모습이 커다랗게 나왔다. 배려심 많은 림이 만들어준 광고판 덕분인 듯했다. 한국 설날 행사에서는 아부다비 TV에도 나왔다. 한국 문화원의 활동을 소개하는 프로그램에 아쿠와스의 회원들의 모습이 담겨 있었다. 알아인을 넘어 아부다비까지 아쿠와스가 조금씩 알려지기 시작하였다. 회원들의 자부심도 높아지고 한국 문화를 홍보하는 일에 보다 능동적이고 창의적으로 변해갔다. 콘크리트 벽으로 둘러싸인 듯 소통이 어려운 아랍 문화라 할지라도 시도하는 자체가 이미 의미가 있었다.

아말과 루비가 헤리티지 민속마을(Heritage Village)에서 있을 건국일(National Day)에 참가하자고 제안하였다. 헤리티지 빌리지의 허락을 받기 위해 민속마을에 있는 알 카타라 아츠 센터(Al Qattara Arts Center)의 매니저인 모하메드를 찾았다. 아랍에미리트에 온 첫해의 건국일 행사 때 무조건 이곳을 찾아가서 한국 문화를 홍보하고 싶으니 한국 부스를 마련해 달라며 관계자들을 만나러 다녔다. 사람이 많이 모이는 장소라면 한국 문화를 홍보하기에 좋다고 생각했다. 지금 생각하면 정말 무모한데, 한국을 홍보하는 일이라면 때때로 불쑥불쑥 용기가 나왔다. 노자가 말하길 "누군가를 깊이 사랑하면 용기가 생긴다"라고 했는데 한국 알리기가 나의 소명이 되자 어느 지위의, 어느 국적의 사람을 만나도 두려움이 없었다. 자랑스러운 내 나라가 있다는 것은 그런 힘을 가져다주었다. 그럼에도 그 당시에 불쑥 찾아간 알 카타라 센터에서 담당자를 만나기가 쉽지 않았다. 건물 안에 사람도 없고 아랍어를 하는 경비원과는 대화도 안 되었다. 센터의 상황을 보니 상시 근무하는 직원은 없고 그냥 일정에 따라 관리자가 한 번씩 나오는 구조였다. 건물만 덩그러니 있고 사무실도 있는데 지나다니는 직원들이 없으니 이곳은 점조직으로 운영되는가 하는 느낌이 들 정도였다. 그때 만난 사람이 매니저 모하메드였다. 다행히도 그의 도움으로 센터장을 만났고 한국 문화 행사를 소개할 수 있는 부스와 권리를 허락받았던 경험이 있었다. 이번에는 그 한국인이 아랍 여성들의 모임인 아쿠와스와 함께 한국 문화를 홍보하겠다고 나타난 것이다. 모하메드는 잘 웃는 이집트인이었다. 모하메드는 아말의 패밀리 성을 듣더니 더욱 친절했다. 아말도 이를 눈치챘는지 자기 부족이 그 동네에서 힘 있는 부족이라며 뿌듯해했다. 지역사회에서 부족의 파워는 사소한 데까지 영향을 미치고 있음을 실감하였다. 소위 말하는 아랍의 와스타(인맥)문화였다.

아랍에미리트 국경일은 아쿠와스가 활동하기 적합했다. 건국 기념 국경일인 내셔널 데이(National Day)가 12월 2일이다. 시기적으로 크리스마스와 연말에 맞물려 외국인들에게도 축제분위기가 시작되는 시점이다. 우연히도 아랍에미리트의 국기에는 빨간색과 초록색이 들어있어서 길가의 늘어선 국기와 전등 장식이 모두 성탄절을 위한 것이라고 착각할 정도이다. 국가 대표 사진이라 할 7개 부족 에미르가 나란히 서 있는 모습의 현수막이 거리마다 넘실대고 가게마다 건물마다 국기의 물결이자 초록색과 빨간색의 잔치이다. 매년 국경일이 되면 두바이는 연말 분위기에 행사가 더욱 많아졌다. 두바이의 마리나의 요트에서 벌어지는 와인 파티도 있었고 친구 집 옥상에서 벌어진 파티도 있었다. 그럴 때면 요란하고 화려한 불꽃놀이로 두바이 전체는 밤이 낮인 듯 장관을 이루었다. 두바이의 마천루가 만들어내는 밤 풍광에 들썩이게 된다. 이에 비해 알아인의 국경일 행사는 조용하다. 그럼에도 아기자기한 밤 풍경은 충분히 사랑스러워서 그곳이 삭막한 사막 한가운데의 작은 마을임을 잊게 해준다. 시내의 도로는 아름다운 별, 달, 꽃 등이 예쁜 불빛으로 장식되어 전등 축제가 된다. 매일매일 축제의 전야제 같다.

두바이나 아부다비와 달리 알아인의 국경일 행사라고는 알 카타라 아츠 센터(Al Qattara Arts Center)에서 벌어지는 작은 축제가 전부다. 축제의 밤에 남자들은 춤추고 여자들은 남자들의 춤을 구경했다. 하얀 도우브의 남자들은 두 줄로 나란히 선 채 지팡이를 흔들며 시를 읊조린다. 가끔 상대방 팀에게 왔다 갔다 하는데 그 왔다 갔다 하는 동작이 춤이다. 우리나라 동요인 <우리 집에 왜 왔니, 왜 왔니>에 맞추어 앞뒤로 왔다 갔다 하는 율동을 연상하면 된다. 관중석에 앉은 여자들이 낯선 남자의 얼굴을 뚫어지게 보는 것이 전혀 흠이 되지 않는 순간이다. 행사장 무대 근처에서는 여인들이 쪼그리고 앉아 아랍 전통 음식을 만들고 국경일 행사 때만 문을 여는 재래식 상가 안에는 아랍 고유의 전통식 물건을 판다. 현지 사람들이 어떤 물건을 좋아하는지 취향을 엿볼 수 있다. 가장 붐비는 곳은 남녀 공히 향수 가게이다. 아랍 사람들은 향수가 아라비아에서 유래했다고 믿는다. 향수는 신의 땀이라고 믿으며 향수를 선호한다. 쇼핑몰에는 향수 자판기가 있을 만큼 향수는 그들의 일상품이다. 아이들이 주전부리를 사 먹으며 이리저리 돌아다니는 풍경은 영락없는 야시장 분위기이다. 그럴 때면 유목민으로 출발한 그들의 전통과 역사가 유형, 무형으로 전승되는 현장에 서 있음을 발견하게 되고 내 안의 아랍 이야기도 깊어진다.

알 카타라 아츠 센터에서의 아쿠와스 행사는 '코리아 페스티벌'에 비해 소규모라 수월하게 이루어졌다. 아쿠와스 회원들에게 1인 1프로젝트를 강조하면서도 다양한 경험을 하게 하고 싶어서 역할 범위를 조금씩 확장시켰다. 그림은 혜싸와 루비에게 책임을 맡기고 알야지야에게는 홍보를, 마흐라에게는 사진을 찍게 하였다. 행사마다 조금씩 다른 일을 시도해보는 것이 도움이 될 것 같았다. 대학 캠퍼스에서 열렸던 '코리아 페스티벌'과 달리 국경일은 남녀노소 다양한 배경과 직업을 가진 현지인들과 만나는 날이므로 행사의 특성도 달리하였다. 행사를 준비하면서 어린아이들이 쉽게 할 수 있는 색칠 놀이를 시도해 보았다. 야외이고 어린아이를 동반한 가족들이 모이는 곳이라 전통매듭 공예처럼 집중이 필요한 활동은 힘들 것 같았다. 아랍 어린이들을 대상으로 활동해본 적이 없어서 난감

했다. 가장 단순한 작업으로 어린이를 위해서는 단청 색칠 놀이를, 성인을 위해서는 민화 그리기를 마련하였다. 샤마가 아이들 눈높이에 맞춰 단청 색칠 놀이를 잘 지도하고 있었다. 아랍의 학교 제도에 미술 수업이 따로 없어서인지 어린이들은 색색의 화려한 색연필을 보는 것만으로도 신기해하는 모습이었다. 색칠 놀이를 마치고도 집에 가지 않겠다고 할 정도로 줄을 섰다. 준비해간 단청 무늬 밑그림 종이가 동이 났다. 민화는 한국에서 미완성으로 가져왔던 석류화의 기본 밑그림을 준비해갔다. 물감을 서너 개만 준비하고 정해진 부분에 자유롭게 붓질하도록 도왔다. 현지 사람들이 하나둘 모여들었다. 작은 테이블의 양쪽에서 한국 태극기가 펄럭였다. 일반 성인들은 한국화 테이블로 몰려들었다. 모든 것이 새로운지 아쿠와스 테이블이 한가할 틈이 없었다. 특히 현지인들은 석류알이 송송 달려 있는 민화의 아름다움에 신기해했다. 단청의 의미와 민화에서 석류가 갖는 다산의 의미에 대해 설명하자 매우 흥미 있어했다. 민화조차도, 문화 콘텐츠의 모든 것이 스토리임을 다시 한번 깨달았다. 아쿠와스 회원들은 서로의 역할을 분배하여 행사장을 질서 정연하게 만들어 주었다. 점점 독립적인 리더로 변해가는 모습을 바라보는 즐거움이 컸다.

알 카타라 아츠 센터에서의 행사역시 성공적으로 끝나자 이번에는 마흐라와 노라 M이 아쿠와스가 출동할 곳이 생겼다며 함빡 미소를 머금고 찾아왔다. 둘은 사촌인데 늘 둘이서만 다녀서 그런지 특히 수줍음이 많았다. 알아인의 마하 중등학교에서 '문화의 날' 수업을 하는데 학교에 다니는 사촌의 반에서 소개하고 싶은 나라로 한국을 정했다며 도움을 요청했다는 것이다. 당연히 아쿠와스가 나설 행사였다. 기회만 되면 한국 문화를 홍보하고 확산시키려고 노력하는 이들의 변화가 놀랍기만 했다. 난생처음으로 아랍의 중등학교를 방문하였는데, 아랍의 중학생들이 한국에 그렇게 관심이 있을 줄 몰랐다. 20대만 한류의 영향권 안에 있다고 생각했는데 10대들도 이미 한류에 익숙해 있었다. 마하 중학교의 교정에 들어섰다. 넓은 교정에 나라별로 섹션이 있었는데 한국관이 저 멀리 보였다. "한국 사랑"이라는 한국어 표지판을 따라가니 10대 여학생들이 테이블을 마련해두고 기다리고 있었다. 테이블 위에는 신라면만 가득 올려져 있었다. 아쿠와스 회원들은 중학생인 동생들을 도와 비어있는 한국관을 한국 문화 행사 코너로 꾸몄다. 노라 M은 학생들의 이름을 한글로 써주는 캘리그라피를 하고 있었다. 마흐라는 김밥을 만들기 위해 음식 재료를 미리 정성껏 준비해왔다. 이제는 말하지 않아도 척척 행사를 준비하는 모습을 보면서 그들이 한없이 자랑스러웠다. 김밥은 누구하고도 대화를 트게 하고 친근하게 참여하게 만드는 소통의 음식이다. 마흐라의 김밥은 인기가 많았다. 아랍의 10대 여학생들은 한국 드라마에 나오는 사랑과 낭만으로 사춘기의 감수성을 키우고 있었다. 한국에 대한 그들의 호기심은 마치 순정만화처럼 청순하였다. 이곳 역시 소망 나무 프로젝트가 인기였다. 낮은 테이블에 맞추어 무릎을 꿇고 소망을 써내는 학생들의 뒷모습은 마치 기도하는 모습처럼 사랑스러웠다. 한국 팝 가수들의 이름이 적힌 소망리스트를 읽으면서 배시시 미소가 나왔다.

가장 인상적인 소망은 "머리를 자르고 싶어요"였다. 긴 머리는 아랍 여성들의 정체성임을 다시금 깨달았다. 히잡에 가려 있어 보이지않는 머리가 길고 짧은 것이 상관없을 것 같았는데, 그들에게 짧은 머리는 불경한 것이었다. 학생들은 교정에서는 히잡을 벗고 있었다. 긴 치마 교복을 입고 머리를 땋은 아랍의 중학생들을 보니 그들도 한국의 중학생들과 다를 바 없이 평범한 10대들이었다. 10대 어린 소녀들이 이토록 한국을 사랑하고 한국어를 배우고 싶어 하는 것을 보면서 한류의 저변이 넓어지고 있음을 새롭게 확인했고, 동시에 한류의 미래가 보이는 듯했다. 어떤 이들에게 한류는 자유를 향한 열망이었고 미래였다.

아쿠와스 커미티 회원들이 깜짝 파티를 구상했다. 여성 전용공원에 비디오 프로젝터 스크린을 걸어두고 '코리아 페스티벌' 영상을 틀고 자축 파티를 준비한 것이다. 여성 전용 공원은 여성들만 들어갈 수 있는 공원으로 알아인에 서너 군데가 있다. 남녀가 분리된 공원이 존재한다는 사실은 아랍에미리트가 아무리 개방된 사회라 하더라도 여전히 남성과 여성을 가르는 인습의 잔재가 뿌리 깊음을 말해준다. 이러한 현지 사정을 모르고 언론에서나 인터넷에서 보이는 아랍의 현대적인 모습에 취하여 아랍에미리트에서는 여성과 남성이 자유롭게 어울린다고 착각한다면 곤란한 상황이 벌어질지도 모른다. 문화는 입체적으로 보는 것이 필요하고 그럴 때 균형감각이 생기는 것 같다. 이날 서로에 대한 신뢰와 우정을 나누는 자리에서 나는 여성의 리더십을 화제로 이야기를 시작했다. 아쿠와스 활동을 하면서 우리는 자연스럽게 리더와 리더십에 대해 공부하게 되었고 우리 각자가 리더임을 자각하는 첫걸음을 내디뎠다. 아쿠와스는 각자의 가정에서 각자의 일터에서 각자의 커뮤니티에서 리더였다. 그것이 아쿠와스의 정신이다. 독립적인 여성으로 내 가족, 내 부족, 내

지역사회의 모범이 되고 그들에게 영감을 준다면 자신의 역량이 반드시 강화되고 삶의 질이 향상될 것이다. 리더십이 결국은 영향력임을 고려할 때 자신 외에 단 한 사람에게라도 영향을 끼치는 위치에 있다면 누구나 리더이다. 미국의 대통령이었던 존 퀸시 아담스가 한 말 중에 "다른 사람들로 하여금 더 꿈꾸게 하고, 더 배우게 하고, 더 시도하게 하고, 더 발전할 수 있도록 고무시킨다면, 당신은 진정한 리더입니다"라는 말이 바로 아쿠와스의 정신이다. 알아인에서 아쿠와스의 활동은 여성 역량 강화의 한 모델이었고 그들은 준비하는 리더였다. 그들은 외부의 다른 부족 문화에 대해 가진 편견을 조금씩 내려놓고 함께 어울렸다. 그 모든 것이 한류를 통해 가능했다. 한류를 통해 아쿠와스가 생겼고 아쿠와스를 통해 여성들의 잠재력이 더욱 개발되었다. 그 현장에 있던 나는 아쿠와스 회원들과 함께 한국 문화를 지역사회에 알리고 홍보하는 과정에서 서로의 문화에 대해 가졌던 많은 선입견을 깨뜨리고 있었다.

수많은 아랍 여성과의 만남을 통해 다양한 상황과 사정에 놓여있는 삶을 보았다. 그들에게 나는 철저한 이방인이었지만 부족을 초월해서 만나는 드문 여성 중 하나였다. 서양문화권에 오래 있은 나는 많은 시간 동안 한국과의 네트워크나 소통이 거의 없는 생활을 하고 있었다. 아랍 여성들의 고립된 환경과 상황이 이해가 되었다. 우리는 서로 친구가 필요했다. 서로의 대나무숲이 되어 이야기를 품어주고 공감하는 일은 누군가에게 받고 싶은 친절이다. 격려의 말 한마디가 상대에게 얼마나 큰 힘이 되는지 알기에 희망을 꿈꾸는 젊은 그녀들에게 용기를 주고 도움이 되는 일을 하고 싶었다.

알아인의 아쿠와스는 현지 지역사회에 한국을 알렸고 그녀들의 활력은 지역사회에 작은 꽃씨 하나를 품었다. 씨앗은 어느새 싹을 틔우고 꽃으로 피어났다. "모든 꽃은 자기 내면으로부터 스스로를 축복하며 피어난다"라는 말대로 아쿠와스도 스스로를 축복하고 응원하며 피었다. 웅크려 앉아있던 꽃봉오리 안에서 나와 모래바람 세찬 사막에서 활짝 필 꽃을 피우는 수고를 택한 아쿠와스의 작은 역사는 그렇게 시작하였다. 모래를 들치고 올라온 씨앗하나가 작은 꽃 하나를 피웠고 그 작은 꽃잎에 용기도 함께 매달려 자랐다.

8

사막을 바라보며

2017년 여름, 아랍을 떠나 낯선 도시 케임브리지로 이사 온 직후의 바쁜 일상이었다. 당시 영국은 브렉시트(Brextit)로 매일매일 나라가 시끌벅적했다. 테레사 메이 전 총리와 유럽연합이 만든 합의서를 두고 표결에 대한 의견이 분분했다. 영국 사람들은 눈 뜨면 브렉시트 이야기로 모닝커피를 마시고 브렉시트로 점심을 먹고 브렉시트의 안부를 물으며 잠자리에 들었다. 아랍에서 갓 도착한 우리 부부에게 영국의 낯선 일상은 적응하기에 벅찼다.

브렉시트의 소란한 일상에 적응하느라 아둥바둥 따라가고 있던 차에 카톡이 왔다. "선생님, 한국에 왔는데, 어디 계세요?" 마하였다. 마하가 한국어를 배우기 위해 부산에 온 것은 부산외대와 UAE 대학 간의 한국어 교육 협력 프로그램의 일환이었다. 나는 2016년 한국 방문 때 부산외대에서 강연한 뒤로 부산외국어 대학과 UAE 대학, 두 대학 간의 두 가지 교육 협력 프로젝트를 추진했었다. 두 프로젝트는 아랍어연수 프로그램과 한국어 연수 프로그램이다. 그중 하나인 한국어 프로그램이 내가 아랍을 떠나자마자 성사된 것이다. 나라와 나라를 잇는 역할을 하고 싶은 나의 소망 하나가 이루어진 것이다. 오래전에 뿌린 꽃씨를 잠시 잊고 있었는데 갑자기 잎 하나가 쑤욱 올라오는 감동이었다. 막막한 사막에서 시작된 한국어 교육의 현장을 목격한 나에게는 그 사실이 크게 느껴졌다. 오만과의 국경지대에 있는 아랍에미리트의 작은 도시인 알아인의 아랍 여성들이 한국어를 배우기 위해 한국에 온 것이다. 한국어 과정을 통해 한국 문화를 더 깊이 알고 싶어하던 그들의 열정이 행동이 되고 그 결과물로 한국에 온 것이다. 마하가 부산에 공부하러 왔다는 소식을 듣자 더욱 아랍이 그리워졌다. 몸은 브렉시트의 소용돌이가 있는 영국에 있지만 마음은 온통 아랍과 한국에 가 있었다.

이듬해인 2018년에는 휴가에 맞추어 부산외대의 한국어 교육 프로그램에 온 학생들과 직접 만날 수 있었다. 한국어 학당의 윤민주 선생님이 연락해 주셨다. 예전에 한국 방문 중 부산 및 경남 지역 한국어 교사들을 상대로 강의한 적이 있는데 그때 만났던 선생님이다. 고맙게도 나를 기억하고 아랍 학생들의 근황을 알려주는 따뜻한 마음에 감사했다. 연락을 받고 중앙동의 숙소에서 나와 한걸음에 남산동에 있는 한국어 학당으로 달려갔다. CEC의 코디네이터인 아이샤와 매니저인 샤미가 29명의 아랍 여성들을 이끌고 와 있었다. 더 많은 학생이 신청했지만 관리와 안전의 문제로 숫자를 제한했다고 한다. 아이샤 A와 파티마, 림을 만났다. UAE 대학의 행정실에 근무하던 아이샤 A와 파티마는 아랍을 떠나기 직전에 열었던 마지막 한국어 기초 과정을 수강한 학생들이었고, 오만의 부래이미 대학(University of Breimi)에서 IT를 강의하던 림은 이미 KLCC

한국어 프로그램 전 과정을 마친 여성이었다. 수줍게 한글을 익히던 학생들이 그토록 좋아하던 한국에 와서 현지의 문화를 둘러보고 현지어를 배우는 단계에 이르렀다니 교사로서 그 보다 뿌듯한 일이 없을 것이다. 아랍을 떠날 때 다시는 만나지 못할 줄 알았던 학생들을 다시 만나면서 한류가 일시적인 현상이 아님을 재확인했다. 부산에서 아이샤를 보니 난데없이 눈물이 왈칵 쏟아졌다. 옛 생각이 났기 때문이다. 아이샤는 KLCC가 5년간 어떻게 발전했는지를 잘 안다. 젊은 여성 리더로서의 자질을 온전히 갖춘 그녀는 KLCC의 생존 지형도를 아는 여성이다. 그녀를 만나니 그간 알아인의 CEC에서 겪었던 고충과 보람들이 사진 한 장에 찍히듯 훅 가슴에서 올라왔다. CEC의 외국어 프로그램의 초기 코디네이터였던 조(Joe)에 이어 합류한 아이샤는 KLCC와 아쿠와스의 취지를 이해하고 적극적으로 격려해 주었다. 나는 한국어를 가르치는 이방인 교사의 역할을 넘어서고 싶었고, 그것이 가능하기까지 아이샤를 비롯한 UAE 대학 관계자들의 도움이 있었다.

아랍 여성들과의 친분은 젊은 시절 영국에서 공부할 때 만났던 사우디 여성인 파우지아와 오만 여성인 나리만과의 우정에서 시작하였다. 두 아랍 여성은 그 당시에 각자의 나라에서 교수로 일하다가 영국으로 유학을 왔었다. 처음 본 아랍 여성의 아바야에 대한 나의 철없고도 집요한 질문에 두 사람은 끝까지 웃으면서 하나하나 설명해 주었다. 그녀들이 그립다. 나는 10여 년 동안 두 나라에 살면서 그녀들을 찾고 싶었지만 만날 수 없었다. 소중한 인연의 끈을 놓쳤다. 그만큼 아랍 여성들과의 네트워크는 만들기도 어렵고 유지하기는 더욱 어렵다. 하지만 내 마음속에 둥지를 틀었던 그녀들의 자리에 아랍 여성들의 자리는 늘 있다. 아랍에미리트를 포함하여 아라비아 반도의 예멘, 오만, 요르단, 레바논, 시리아, 사우디 아라비아, 카타르, 쿠웨이트, 바레인 그리고 이스라엘, 터키 등지에서 10여 년 이상의 시간을 보냈다. 생활하기도 하고 여행도 하였다. 아랍의 겉과 속, 드러내지 못한 많은 이야기를 내 눈으로 보고 내 귀로 들었다. 하지만 내가 보고 들었다고 그것이 진실이라고 말할 만큼 세상은 단순하지 않으므로 때때로 침묵해야 한다. 아랍 여성들은 눈빛으로 이방인인 나에게 말을 걸었다. 때로 그 언어는 너무 강력하여 나는 위축되었고 가끔은 벅차서 외면도 하였다. 하지만 그들이 자신의 감정을 드러내는 것을 두려워하며 침묵하는 모습을 놓치지 않고 보았고 그녀들의 뒷걸음질을 수없이 보았다. 어떤 모습은 너무 명백해서 눈빛만 보아도 그녀의 인생 스토리가 짐작되기도 했다. 가부장적이고 억압적인 사회구조 속에서 부당함이 무엇인지조차 모르고 해맑게 사는 모습도 보았다. 나는 민족이나 국가의 다름을 떠나 인생을 먼저 걸어가는 선배 여성으로서 그들 곁에 앉아 손을 잡고 이야기를 들어주고 싶었다. 그들에게는 꿈과 용기가 필요했고 긍정적 비전을 나눌 동지가 필요했다.

2020년 1월 초에 기분 좋은 문자 한 통을 받았다. 부산외대 아랍어학과 윤용수 교수님의 문자였다. 학생들을 데리고 아랍어 연수를 하러 알아인의 UAE 대학으로 간다고 했다. 공항에서 아랍으로 출발하기에 앞서 미리 소식을 알려준 윤 교수님의 친절한 문자가 감사했다. 두 대학 간의 아랍어 연수 프로그램이 성사된 것이다.

이 프로젝트는 2017년 부산외대 교수님들이 알아인의 CEC에 오셔서 두 학교 간의 만남이 있었음에도 불구하고 결국에 결렬되어 개인적으로 아쉬움이 컸었다. 그 후 내가 아랍을 떠난 지 3여 년이 지나 마침내 성사가 된 것이다. 기쁨이 두 배였다. 당시 부산에서 오신 교수님들과 아쿠와스 회원들과의 간담회가 기억난다. 아쿠와스 회원들은 갑자기 만난 한국 사람들을 보자마자 들떴고 한국 드라마를 통해 알게 된 부산 사투리를 듣고 싶어 안달이 났다. 아랍 여성들이 부산 사투리를 매력적으로 듣는 것은 내겐 낯설지만 사실이었다. 마침내 분위기에 이끌려 림이 드라마에서 가장 많이 들었다는 부산 사투리를 썼다. "오빠야~" 완벽한 부산 사투리 억양의 한마디로 순식간에 간담회는 연령과 성별을 초월하여 사람 간의 벽이 스르륵 허물어졌다, 어색하던 자리는 바로 친숙한 자리로 변했다. 한국 드라마를 통해 알게 된 작은 단어 하나가 갖는 힘이 있고 한류의 영향력이 유감없이 발휘되었던 기분 좋은 만남이었다. 2016년 한국 강연 때 서울의 양성평등 교육진흥원과 한국학 중앙연구원에서도 강의를 했지만 아무래도 한국의 가족들이 있는 곳이 부산이다 보니 부산과 알아인의 인연이 계속 이어진다. 알아인과 부산은 한국어와 아랍어 교육뿐 아니라 의료관광을 포함한 다양한 해외 비즈니스를 진행하고 있다. 서울 중심이던 두 나라의 교류에 부산이 참여하면서 한국과 아랍에미리트의 거리가 점점 좁혀지고 있다. 알아인에서 한국어를 배우러 부산으로 오고 부산에서 아랍어를 배우러 알아인으로 간다. 한국 여행의 정석 코스인 서울, 경주, 제주였던 일정에 부산이 추가되고 있다. 알아인의 병원에서 치료가 필요한 중증 환자들이 한국의 선진 의료 기술로 신속하고 체계적인 치료를 받으러 서울뿐 아니라 부산으로 온다. 그렇게 알아인과 부산, 아랍에미리트와 한국이 오밀조밀 엮이고 있다.

　한류가 아랍 여성들의 사회활동과 경제활동에 끼친 영향은 미미하게 시작하였다. 화장품 브랜드를 결정하고 마스크팩 제품을 결정하던 수준에서 일상용품은 물론 가전제품을 결정하고 소비의 꽃이라는 가족의 여행지를 결정한다. 모두가 한국에 대한 선호도가 높아지면서 생겨난 현상이다. 여성이 의식주 전반에 걸쳐 소비를 주도하고 의사결정을 하면서 한류를 사랑하는 딸들의 결정권은 광범위해졌다. 중동에서 한류의 영향은 그만큼 크다. 나비효과처럼 시간은 걸리겠지만 한류의 영향은 아랍 비즈니스의 각 영역에서 큰 획을 그으리라 확신한다. 이러한 맥락에서 중동 한류의 중심에 서 있는 젊은 여성 세대를 주목하지 않을 수 없다. 아랍에 관한 한 더 많은 연구와 조사가 필요하다. 한두 번의 연구 조사나 휴가로 지나가는 여행으로는 절대 이해할 수 없기 때문이다. 다른 나라도 마찬가지이지만 문화의 이해는 현지인과의 소통이 제일 중요한 관건이다. 특히 아랍권, 이슬람권의 문화는 더욱 그렇다. 아랍 사회에 대한 균형 감각과 우리의 눈으로 아랍을 바라보는 시각과 전망을 갖기 위해서 그들의 사회, 문화, 역사를 공부하고 연구할 필요가 있다. 각 나라가 가진 예민하고 민감한 사안들에 대한 이해력을 갖추고 그 바탕 위에서 나라 간의 진정성 있는 교류가 이루어져야 할 것이다. 아랍 여성들이 한국어를 배우는 동기와 목적이 넓어지고 있음도 주목하고 싶다. 2019년 이후 한국에 머물면서 아랍에미리트에서 온 여성들을 다양한 경로를 통해 만났다. 의사인 언니가 참여하는 의료 학회에 따라온 경우도 있었고 가족을 따라 의료관광으로 오기도 했다. 한국어를 공부하기 위해 온 학생들도 만났고 직장을 구하기 위해 온 학생들도 만났으며 비즈니스를 하기 위해 오는 학생들도 만났다. 한국을 소개하는 아랍 여성들의 인스타그램은 이제 더 이상 새롭지 않고 아예 한국말을 가르치는 재능있는 아랍 여성들도 많다. 한류의 물레방아를 움직이는 동력은 아랍 여성들의 한국 사랑이다.

아쿠와스 커미티 회원들의 소식도 간간히 들린다. 아말은 아부다비 관광청에서 발급하는 관광 가이드 자격증을 땄다. 외국인들에게 아랍 문화를 알리는 일을 시작한 그녀 역시 자기가 가진 벽 하나를 넘은 여성이다. 부족 문화 때문에 진로 결정에 수동적이었던 그녀가 마침내 자신이 하고 싶은 일을 찾았다고 더없이 행복해한다. 아말의 집은 알아인 시내에서 좀 떨어진 곳에 있었는데, 집안에 작은 모래언덕이 있었다. 저녁 어스름에 그녀 집 안의 모래밭에 선 적이 있다. 그때 사막을 사랑하는 아말이 말했다. "선생님, 신발을 벗으세요. 맨발로 오세요. 모래가 주는 말이 있어요. 모래가 우리를 치유하고 모래가 우리를 키워요." 그런 멋진 말을 하던 그녀가 정말로 자신이 좋아하는 일을 시작하는 모습이 한없이 자랑스러웠다. 그녀가 만든 비디오 영상 선물도 받았다. 영상의 제목에 쑥스러웠지만 영상의 내용에 감동했다. 제목은 <완 홀란드는 누구인가>였다. 완 홀란드는 나의 영어 이름이다. 영상에는 정확하게도 내가 아쿠와스를 통해 말하고 싶었던 것이 들어있었다. 아말은 아쿠와스 이야기를 하고 있었다. 아쿠와스에서 받은 영감이 소중하며 그 통찰이 원동력이 되어 새롭게 일을 시작할 수 있었다는 내용이었다.

루비는 알아인의 아쿠와스 UAE의 일원으로 일하고 있다. 부산의 중동 의료관광 유치 프로젝트이다. 지금 코로나로 인해 관련 사업이 모두 주춤하지만, 알아인에서 부산으로 환자를 유치하는 일을 하고 있다. 부산 의료관광의 우수성과 부산을 홍보하는 데 많은 시간과 열정을 쏟고 있다. 부산의 병원 팸플릿을 연구하고 한국의 의료 기술 동향을 공부한다. 스승의 날이 되면 루비는 우리들의 한국어 수업을 그리워하는 문자와 아쿠와스 활동 영상을 보낸다. 그 외에도 수많은 문자와 쪽지를 받았다. 이력서를 보내는 학생들도 있다. 한국말로 쓰다 보니 거의가 단문이다. 하지만 짧은 문장 속에서 깊은 열정을 만났다. 그것은 자존감의 고백이었고 자신감의 표현이었다. 한국을 떠나 이국 생활을 하면서 이방의 여성 동지들과 연대하고 같은 비전을 공유하는 느낌은 각별하다. 아랍 여성들이 아쿠와스를 통해 한국어 수업을 통해 자신의 새로운 모습을 찾고 도전하는 용기를 가지게 되었다는 고백은 나에게 큰 힘이 되었다. 시간은 지나갔지만 시간이 남겨준 유산은 늘 우리를 감동시킨다.

작년에 사우디에서의 생활을 담은 책을 출간하였다. 바로 ≪만약에 사막을 만나지 않았더라면≫(이담북스, 2019)이다. 출간 당시 받은 피드백 중에서 아랍 문화의 전문가이시며 존경하는 이규철 교수님의 말씀이 가장 인상적이었다. "아랍을 연구하든 아니든 국내외에서 아랍에 대한 책은 극히 드물다. 그 이유는 국내외적으로 아랍에 대해 말하기를 피하거나 꺼리는 풍토가 있기 때문이다. 그런 의미에서 ≪만약에 사막을 만나지 않았더라면≫은 실제 아랍에서 살면서 아랍에 대한 이야기를 한다는 점에서 흥미로운 책이다." 책,

≪만약에 사막을 만나지 않았더라면≫이 사우디 여성들의 삶에 대한 이해를 돕기 위한 접근이라면, 이 책은 아랍에미리트 여성들의 삶에 대한 접근이다. 두 책의 출판과 함께 아랍의 각 나라와 사회에 대한 다양한 책이 나와서 아랍 세계를 알아가는 징검다리가 촘촘히 이어지면 좋겠다. 각 사회의 특수성과 독특성을 고려하면서 아랍 여성들의 삶에 대한 이해가 깊어지는 계기가 많이 생기면 좋겠다. 아랍권 문화에 호기심을 갖는 사람들이 아랍에미리트의 화려한 명성에서 잠시 눈을 돌리고 이면을 보기란 생각만큼 쉽지 않다. 세계 최고, 최대, 최초의 이벤트 바로 옆에서 모래언덕을 지나가는 낙타의 느린 발걸음을 보느라 시간을 정지시키고 한숨 돌릴 여유를 찾아야 하기 때문이다. 절대소수인 자국민을 가진 인구구조에서 오는 다양성을 이해하는 일은 어쩌면 모래사막에 떨어진 작은 실 끈 하나를 찾아 나서는 작업이 될지도 모른다. 하지만 그리스신화에서 테세우스가 아리아드네의 실타래를 잡았듯이 그 실 하나를 잡는 순간 아랍 문화권의 거대한 모래언덕을 통과할 용기와 힘이 생긴다.

아랍 여성들의 비전이 나아가는 입구에서 작은 쪽문 하나 여는 길라잡이의 역할에 나섰을 때 나 역시 함께 자랐다. 세상은 내가 아는 만큼 보이고 내가 품는 만큼 보인다. 우리는 가끔 낯선 사람의 눈을 통해 새로운 것을 배울 수 있다. 가르치면서 배우고 배우면서 가르친 교학상장을 경험하였다. 사우디의 사막에서 만난 낯선 사람들과의 교류로 그 당시 한국을 떠나야 했던 내 불안함과 죄책감이 치유되었듯이, 아랍에미리트의 광야에서 한국어를 매개로 만난 아랍 여성들과의 소통으로 나의 불안했던 또 다른 마음 한 켠도

치유되었다. 사막에서 인생을 배웠다. "배를 만들고 싶을 때 사람들을 숲에 모아 일감을 나눠주고 명령할 필요가 없다. 대신에 넓고 끝없는 바다에 대한 동경심을 키워주라"라는 생텍쥐페리의 말은 언제나 옳다. 우리는 모두 독특한 재능을 가진 사람이고 자기만의 이야기가 있다. 버지니아 울프의 말처럼 '우리는 누구도 될 필요가 없다.' 자기 자신이 되면 되는 것이다. 만개한 꽃잔치도 오무렸던 봉오리 안의 시간이 필요함을 알기에 아쿠와스라는 꽃씨의 성장을 기록으로 남기고 싶었다. 알아인에서 아쿠와스의 활동 기간은 비록 짧았지만 아랍 여성들의 열정은 결코 멈추지 않고 매번 진화한다. 한류는 전통적인 아랍 사회에 미세한 균열을 일으켰고 그 틈으로 보수적인 사회가 조금씩 개방되면서 변화하고 있었다.

아쿠와스의 활동이 힘을 얻었던 것은 결국 한류라는 공공외교 덕분이다. 한류는 아랍 사회를 움직이는 작은 지렛대 역할을 하였다. 한류는 그 역할을 너끈히 감당하였다. 알아인의 아랍 여성들은 아쿠와스에서 그들의 재능과 잠재력을 발굴하였다. 그것은 선택이고 도전이고 변화였다. 자신을 시작으로 가족에서 부족으로 그리고 지역사회에서 그들은 영향력을 미쳤다. 부족의 전통문화와 인습에 물음을 제기하였고 소소한 변화를 일으켰다. 그것은 아랍 여성의 인권과 여성 리더십의 미래에 작지만 분명한 영향을 끼칠 수 있는 힘이었다.

모래사막에 씨앗 하나 심었다. 씨앗의 이름은 아쿠와스. 충분한 물이 있었던 것도 아니었다. 놀랍게도 물방울 하나가 쌓이고 쌓여서 여린 가지를 만났고 어린 잎사귀를 만났다. 씨앗 하나에 우주가 담기듯이 모래사막에 심은 한류의 씨앗은 황량한 땅속으로 들어가 마른 모래를 밀치고 올라왔다. 아쿠와스는 중동을 포함한 전 세계의 곳곳에 퍼져있는 한류가 가져온 수많은 성과물 중에서 아주 미미한 하나의 작은 꽃씨일 뿐이다. 그 힘은 아랍 젊은 여성 세대의 잠재력이었고 동시에 한류의 가능성이었다. 씨앗의 힘은 얼마나 놀라운가. 독립 운동가 남강 이승훈 선생은 이런 말을 했다. "나는 씨앗이 땅속에 들어가 무거운 흙을 들치고 올라올 때 제힘으로 들치지 남의 힘으로 올라오는 것을 본 적이 없다." 아쿠와스라는 씨앗도 그랬다. 나무에서 중요한 것이 열매라고 생각하지만 사실 가장 결정적인 것은 '씨앗'이다. 아름다운 꽃의 시작이 알고 보면 볼품없는 씨앗으로 시작됨을 우리는 너무도 잘 알고 있다. 한류의 텃밭에 심은 아쿠와스라는 미미한 씨앗은 아랍 여성들이 품은 가능성과 잠재력으로 모래를 밀치고 올라왔다. 그 씨에서 잎도 나고 꽃도 피고 나이테가 넓어지고 그늘도 깊어질 것이다. 가부장 제도의 인습과 관습에 익숙한 아랍 남성들의 이야기가 아닌 용기 있는 아랍 여성들이 써가는 사막의 또 다른 꽃씨 이야기를 기대하면서 또 하나의 씨앗을 심는다. 씨앗을 심은 계절의 기억이 가물할 무렵 어느 날 불쑥 아랍 여성들의 꿈과 비전, 사랑과 연애, 결혼과 이혼, 취업과 일, 리더십과 역량 강화 등의 다양한 이야기를 품은 연한 이파리 하나가 나올 것이다. 그 잎들의 고향인 뿌리에서부터 직진으로 생긴 줄기를 따라 한국과 아랍과의 교류도 함께 활발해지기를 희망한다.

글을 마치며

가장 훌륭한 시는 아직 쓰여지지 않았다.
가장 아름다운 노래는 아직 불려지지 않았다.
최고의 날들은 아직 살지 않은 날들. 가장 넓은 바다는
아직 항해되지 않았고 가장 먼 여행은 아직 끝나지 않았다.
불멸의 춤은 아직 추어지지 않았으며 가장 빛나는 별은
아직 발견되지 않은 별. 무엇을 해야 할지 더 이상 알 수 없을 때
그때 비로소 진정한 무엇인가를 할 수 있다.
어느 길로 가야 할지 더 이상 알 수 없을 때
그때가 비로소 진정한 여행의 시작이다.

≪진정한 여행≫, 나짐 히크메트(Nazim Hikmet)

"여행은 출발한 곳으로 돌아와 그곳을 재발견할 때 끝난다"고 한
다. 사우디아라비아를 거쳐 아랍에미리트에서 생활하면서 아랍권에
대한 나의 이해도 조금은 웅숭깊어졌다. 이 책이 아랍 세계를 알아
가는 하나의 징검다리 역할을 할 수 있다면 영광이다. 아랍에서 10

여 년을 살며 한류 속에서 아랍 여성들의 '변화'를 목격하고 그들의 '꿈'을 발견하였다. 문화의 차이로 인한 다양한 스펙트럼에서 서로에 대한 이해의 폭을 넓히는 일이 늘 쉬웠던 것은 결단코 아니었지만, 존중과 배려의 기본 틀에서 서로의 마음을 읽고 함께 살아가는 관계의 축복을 누렸다. UAE 대학의 평생교육원에 개설한 '한국어와 한국문화 센터'를 거쳐 간 학생들을 떠올리며 그녀들의 격려와 지지에 깊은 존경과 사랑을 보낸다.

이 책은 보수적인 아랍권 문화 속에서 고군분투하는 젊은 아랍 여성들의 가치관을 이해하는 하나의 이정표이다. 이 책을 통해 아랍 속의 한류가 아랍의 젊은 여성들에게 미치는 사회적 영향이 재조명되기를 기대한다. 한류가 아랍 여성들에게 영향을 미치고 그 여파가 아랍 사회구조에 영향을 미친다고 생각한다. 그 과정에서 아랍 여성들의 역량이 강화되고 여성 리더십이 성장하면서 사회 전반에 작지만 분명한 변화를 가져온다고 믿는다. 나는 그것을 아쿠와스(AKWS, Arab-Korean Women Society) 활동을 통해 목격하였다. 아쿠와스는 한류를 바탕으로 아랍의 씨실과 한국의 날실이 만나 함께 만든 하나의 아름다운 매듭이다.

불꽃처럼 한순간에 떠오른 아쿠와스의 아이디어를 아랍에미리트의 알아인에서 실현할 수 있었음은 한류 덕분이다. 한류의 꽃씨를 품은 아랍에미리트는 기회와 도전의 나라였고 모래바람이 세찰수록 깃발은 펄럭였다. 그때마다 용기와 희망이 생겼다. 아쿠와스는 아랍 여성들뿐만 아니라 나의 역량도 강화시켰다. 겨자씨만한 성취

하나를 두고 마치 대단한 성공을 거둔 것처럼 여기는 것을 경계하면서 나는 오늘 또 다른 아쿠와스를 기다린다. 제2, 제3의 아쿠와스가 중동 한류의 꽃을 활짝 피어나게 해주리라 믿기 때문이다. 더불어 아랍 여성들이 써 내려 갈 한류 이야기도 기대해본다. 아랍 여성들이 써가는 그녀들의 한국 이야기에 기꺼이 몸을 기울여 귀를 열고 아랍 문화에 대한 이해의 폭을 넓힐 준비가 되어 있으면 좋겠다. 아쿠와스를 통해 아랍 여성들이 이룬 값진 성취의 흔적을 세상 사람들에게 알리고 싶었다. 또한 세상에 드러나지 않아도 한류 속에서 영감을 얻고 삶을 향상시켜 가고 있는 수많은 아랍 여성들이 있음을 알기에 이 짧은 기록이 아랍에미리트와 한국 간의 문화적 교류를 활성화하는 데 작은 디딤돌이 되기를 감히 희망한다.

이 책에 인용한 자료에 대해 미흡하나마 기억하는 한 따옴표로 표시하여 출처를 빌렸음을 밝혔다. 최선의 노력을 다했으나 혹시 인용에 미흡한 부분이 있다면 넓은 양해를 부탁드린다. 이 책에 나온 여성들은 가급적 실명을 사용했지만 내용에 따라 정보 보호를 위해 가명으로도 처리하였다. 아쿠와스라는 이름으로 수많은 아랍 여성과 교감하고 소통할 수 있었음을 축복으로 알고, 특히 인터뷰에 응해주신 26명의 아랍 학생들에게 깊이 감사한다. 가족 이야기를 낯선 이방인에게 속삭여준 맑은 마음을 가을날의 파란 하늘만큼 고맙게 맘에 새긴다. 또한, 황막한 사막을 건너 신비한 아랍 세계의 문을 열어 주었던 남편, 제프리 피터 홀란드(Geoffrey Peter Holland)의 후원과 지지에 감사한다. 그와 함께 한 아랍의 시간은 축복이었다. 그가 펼쳐 준 아랍의 마당에서 아쿠와스가 나올 수 있었다. 순간순간

그가 부어준 지혜와 통찰 그리고 친절과 배려로 삶의 지평 또한 한 뼘씩 자랄 수 있었다. 긴 시간 조용히 응원해준 그의 사랑과 격려에 새삼 감사하며 그의 맑은 미소를 항상 기억할 것이다.

5천 년 전, 바빌로니아 문학 작품 <길가메시 서사시(Epic of Gilgamesh)에 젊은 왕의 운명을 두고 쓴 구절에 이런 말이 있다. "그는 알지 못하는 전투에 맞닥뜨릴 것이니. 그는 알지 못하는 길을 가야 할 것이니." 나도 그렇다. 원한 것은 아니지만 조금만 익숙해지면 그곳을 떠나야 하는 나의 길을 받아들이면서 겸손한 마음이 된다. 두려움의 뒷면에 있는 변화 속으로 길을 걸어가는 자, 때로는 눈물이 그의 등을 떠밀어주겠지만 기어코 미소로 신발 끈을 다시 묶으며 길에 나설 것이다. "건축자들이 버린 돌이 집 모퉁이의 머릿돌"이 될 수 있음을 믿고 내가 선 이 길이 어느 길로 이어지는지 모르더라도, 일단 내딛는 한 발자국의 힘을 믿고 길 위에 다시 선다.

김정완

부록: 소망 나무 목록

문법이나 오타의 수정없이 쪽지에 쓰인 그대로 옮김

세계평화

1. I wish I could get over the war
2. I wish for peace all around the world
3. I hope peaceful world
4. I wish pp stop being racist and accept others no matter how different
5. Peace and love
6. Whatever it happens, we just pray and be together
7. I wish I can raise an army that achiever world peace.

일상적인 바람

1. I wish I can stay best friends with Rania forever
2. I wish to be close to God person
3. Let's be happy together, S and S
4. I wish all wishes come true
5. I wish I can live my life the way I want
6. I want to improve my Arabic
7. I wish that it is happen
8. I wish that I keep on my scholarship and to rise my GPA 3.9
9. I wan to have a good life
10. I want to be happy

11. I wish everything will be fine and happy

12. Want to be PH. D and professor

13. I wish to get A's

14. I wish I can spend my whole life with you, boys and girls

15. I wish happiness and joy to fill up my loved ones

16. I wish to graduate from uni

17. I want to live and work creative

18. To have peace and happiness throughout life

19. To stay with my sisters and friends and grow up together

20. I hope that I stay with the one who I love till the end

21. I wish married by my gentleman

22. I want to meet the real honor guy

23. 행복하게 해주세요

24. 사랑해요, 여러분

25. 샤르자, 사랑해요.

26. I hope that we will stay together for many years

한국 문화와 한국 사랑

1. Master Korea and one day I can live there

2. I hope that I learn Korean language and also to study in Korea

3. I wish to learn Korean

4. I hope that다음 1004 stays together for a long time and in finally live a fun life

5. Go to Korea

6. Wish for happiness and forever to be healthy and to meet EXo one day

7. I want to work in Korea

8. I wish I can marry a Korean guy

9. I wish I see Korea

10. I wish to live in Korea

11. I wish I get a scholarship in Ewha womens university

12. I wish다음 1004to go to 한국어together

13. I want to go to 한국어

14. 한국에 가고 싶어요 ㅠㅠ

15. 한국어 정말 가고 싶어요 ㅠㅠ

16. 한국 또 가고 싶다

17. Carol, 사랑해I hope you will stay healthy. Take care. I wish we meet one day, HHM LAS

18. One day I will meet Super Junior, Kim Hee chul. I love you

19. I wish that 다음 1004 will have a good future. I also with I get to marry Yooni and be successful

20. I wish I can be a rich doctor and go to Itlay and meet EXO

21. I want to meet Song Jung Ki

22. I wish get married to Jaebum

23. I want to meet BTS and Lee jong suk

24. One day I will meet Super Junior, Kim Hee chul. I love you

25. I wish that 다음 1004 will have a good future. I also with I get to marry Yooni and be successful

26. I wish I can be a rich doctor and go to Itlay and meet EXO

27. I wish get married to Jaebum

28. I want to meet BTS and Lee jong suk

29. Master Korea and one day I can live there

30. I want to meet CN BLUE

31. I wish to meet and see SS501 together

32. I wish to graduate, travel to the workd and meet GG, Shinee and EXO

33. Will go on trip around Korea! S+S car trip

34. 슈가, 사랑해

양성평등

1. I wish we can achieve gender equality

김정완

아랍-영국-한국(Arab-UK-Korea), 세 문화권의 접점에서 나라와 나라를 잇는 일을 좋아한다. 남천강과 솔밭이 가까운 작은 동네에서 나고 자랐고 경부선 비둘기호 기차를 타고 다니며 10대 시절을 보냈다. 한국에서 영문학을 전공하고 영문학 비평으로 석사를 마치고, 영국에서는 영어 교육 공학 석사 공부를 마쳤다. 사우디아라비아의 리야드에서 비즈니스 통역을 했고 한국 학교에서 강의했다. 아랍에미리트의 UAE 대학 평생교육원에서는 한국어와 한국 문화를 강의했고 아쿠와스를 만들었다. 현재는 AKWS(아쿠와스, 아랍-한국 여성 소사이어티)의 대표로 아랍-영국-한국, 세 나라를 아우르는 다양한 프로젝트를 진행하고 있다.

저서
≪만약에 사막을 만나지 않았더라면≫ (이담북스, 2019)

인스타그램 : arab uk korea

모래사막에
심은 희망의 씨앗,
아쿠와스

초판인쇄   2020년 11월 30일
초판발행   2020년 11월 30일

지은이   김정완
펴낸이   채종준
펴낸곳   한국학술정보㈜
주소   경기도 파주시 회동길 230(문발동)
전화   031) 908-3181(대표)
팩스   031) 908-3189
홈페이지   http://ebook.kstudy.com
전자우편   출판사업부 publish@kstudy.com
등록   제일산-115호(2000. 6. 19)

ISBN   979-11-6603-225-7 13040